사기 통일 그만!
재벌의 북한 개발 말고 희망을 주는 건국으로

이만열

사기 통일 그만!
재벌의 북한 개발말고 희망을 주는 건국으로

1판 발행	2023년 3월 15일
지은이	이만열
펴낸이	국제혁명당
펴낸 곳	도서출판 나루터
주소	서울시 중구 필동 1가 21-9 동화빌딩 404
전화	02-2285-1023
등록	2004년 4월 16일(제2-3970호)
정가	15,000원

ⓒ국제혁명당. 2023 All Rights Reserved.
Printed in Seoul Korea
무단복제를 금합니다.

ISBN 978-89-92973-29-8(03340)

사기 통일 그만!

재벌의 북한 개발말고 희망을 주는 건국으로

이만열 임마누엘 페스트라쉬
　　　　 Emanuel Pastreich

FAKE UNIFICATION?
NO!

도서출판 **나루터**

외국인이 보는 통일

예일대, 도쿄대, 하버드대에서 아시아학을 그 동안 연구해온 어느 미국인의 냉철한 눈을 통해 바라본 한반도 통일의 모습은 과연 어떤 모습일까?

그는 단지 아시아학 엘리트 프로그램을 수행했을 뿐만 아니라 2007년도부터 2022년까지 실제 한국에서 살아온 외국인으로써 이론과 경험 모두를 가지고 한국인들에게 진심 어린 충언을 이 책을 통해서 전하고 있다.

때때로 우리는 우리 스스로가 잘 안다고 이야기하지만 어쩌면 왜곡된 세상 속에서 우리 자신을 잃고 살아가는지 모른다. 그것은 마치 그들이 만든 세상의 질서 속에서 진실과 정의를 외면하고 세상이 내세우는 진실을 추구하게 하여 앞으로 우리들에게 닥칠 재앙과 같은 현실을 맞이하게 될 수도 있다는 강력한 경고를 보내고 있다. 그리고 그와 동시에 해결방안도 제시하여 위험한 방향으로 나아가는 것을 막고 있기도 하다.

나는 한국인의 평범한 소시민의 한 사람으로서 통일 문제에 관심이 많기는 하지만 막상 통일이 된다면 어떤 혼란이 올지 막연한 두려움에 빠져서 한반도의 통일을 주저하거나 반대하는 사람들 편에 서지 않을까 하는 의심이 들 때가 있다. 특히 주변 사람들의 통일에 대한 반대 목소리가 점점 커져갈 때는 나도 모르게 그 사람들의 이야기에 동조 되고 '뭐 하러 귀찮게 시리 통일을 하는 거야! 우리 먹고 살기도 바쁜데.' 하며 애써 넘어가곤 한다. 그리고 주변국의 정세 변화에 대해서도 '이렇게 복잡한 세상에 그것까지 알아야 하나?' 하며 하루하루 먹고 사는데 급급한 나머지 시시각각 변화하는 국제정세는 유튜브나 인터넷 뉴스를 통해 짧막하게 토막난 보도를 보면서 넘어가곤 한다.

하지만 막상 이 책을 보는 순간 국제 정치의 외교 안보 분야에 대한 무지가 드러나면서 우리가 이토록 위험한 세상속에서 하루 하루 살아가는지 깨닫게 될 것이다.

저자는 남북 공동의 역사를 재조명함으로써 과거의 우수했던 한국의 사례들을 새로운 맥락으로 번역하고 행동으로 옮겨 가혹한 사회주의와 소비 지향적 시장 경제 모두를 넘어선 한민족 특유의 제3의 길을 찾을 수 있을 것이라며 국가 커먼스 The commons 에 대한 아이디어도 제언하고 있다. 이는 새로운 형태의 국가 탄생을 말하는 것으로 진정한 의미의 한반도 통일을 말하는 것이다.

과거에 우리가 자연스럽게 구성했던 상부상조 마을 공동체인 두레와 그것의 규약인 향약이 일제 강점기를 거치면서 파괴되었지만 진보된 형태로 다시 거듭날 수 있으며 이는 전 세계의 모범사례가 될 수 있음을 본 것이다. 그리고 한국인들이 미래 한반도 통일 문제에 대해 미국 정부에 많이 기대고 의존하는 경향이 있는데 최근 미국에서 일어난 변화들을 보면 경악할 만한 일들로 가득 차서 자칫 전쟁으로 치달을 수 있다는 사실을 경고하고 있다.

1,2차 세계대전은 인류 역사상 가장 잔혹했던 군사작전으로 주변국들의 은밀한 조약 위반이 어떤 결과로 이어지는지 역사가 이미 증명했고 거대 자본에 휘둘리는 미국 정치인들의 모습을 보면 그 위태로움은 지금 전쟁이 안 나는게 이상할 정도이다. 역사는 전쟁의 역사라고 해도 무방하며, 전쟁과 평화는 동전의 양면과 같이 늘 공존한다. 우리는 이 사실들을 잘 알고 있다. 하지만 막상 전쟁이 문 앞을 노크할 때까지는 모른다고 한다.

이 평화로운 시기에 누가 전쟁을 원하는가? 하며 나를 혼낼 수 있겠지만 이 책을 읽다 보면 국제질서의 냉엄한 현실과 진실을 마주치게 될 것이다. 또한 그러한 가운데에서도 한반도 통일에 대한 미래가 서서히 보일 것이다.

자, 그렇다면 외국인이 보는 한반도의 통일은 어떤 모습인지 그리고 우리가 배워야 할 점들은 무엇인지 하나씩 알아가 보자. 그리고 저자인 이만열(임마누엘 페스트라이쉬) 대표가 강조하는 것을 다시 상기시키자면

> "역사에는 300년 가는 왕조는 많지 않다.
> 항상 나라의 제도가 발전할 때도 있고 후퇴할 때도 있어
> 반복되고 있다.
> 이제 미국 그리고 유럽은 명나라하고 비슷하게
> 내려가는 길로 접어들었다.
> 물론 그 과정은 오래 걸릴수 있지만,
> 한국인들은 좀 더 빨리 그 사실을 파악하고

한국의 본질적인 철학 및 정신부터 찾아서
한국이 무엇인지를 깊이 고민하고
한국의 오래된
역사 속에 존재하는 미래 도전의 해결방법을 발견하면
한국의 진정한 성공은 가능할 것이다."

라고 말하고 있다.

그는 이미 역사의 큰 흐름을 파악한 것이다. 그리고 그 해결책으로 한국의 철학과 정신을 찾아서 미래 도전의 해결방법을 발견하면 진정한 성공으로 갈수 있다고 조언한바 남북한 공통의 철학과 정신이 무엇인지 천천히 생각해보면 홍익인간과 선비정신 그리고 민족에 대한 뜨거운 애국심과 유구한 역사의 유산들이 한민족의 혼을 깨울 것이다. 그리고 이런 국혼이 깨어나야 사회적으로 혼란한 분열을 잠재우고 다시 웅비하는 한민족의 역사가 시작될 것이다.

끝으로 지금의 불안하고 잘못된 남북한 체제를 서로 인정하고 힘을 합쳐 앞으로 나아가 세계사의 모범적인 주역이 되기 위해서는 겨레의 혼이 살아 숨쉬는 건국을 해야한다는 그의 주장을 이 책을 통해 살펴보자.

2023년 01월 16일 부산에서
국제혁명당 박경호 사무총장

작가 서문

한국학 분야의 연구를 시작하고 한국으로 건너가 살면서 강의하고 있을 때 저는 일찍부터 북한이나 통일에 대한 이야기를 피하겠다고 결심했습니다.

저는 워싱턴 D.C.에서 일할 때[2004~2007년] 북한에 대한 논의는 소수의 북한 전문가들에 의해 통제되고 있으며, 그들이 워싱턴 D.C.에서 일하든 서울에서 일하든 그들의 논의에 외부인이나 아마추어를 반기지 않는다는 것을 알게 됐습니다. 게다가 북한에 관한 자료들은 평가하기 어렵다는 것을 알게 되었습니다. 그래서 많은 분석가들이 북한의 위협을 과장하거나, 팝 가수처럼 분장한 탈북자들과 협력하여 무기 체계를 위한 자금을 확보하는 데 도움을 준 것에 대해 군 계약자들로부터 보상을 받을 수 있었습니다.

그들의 접근법에 대한 어떤 것도 자신감을 불러일으키지 못 했고 그들 대부분은 극도로 비겁한 모습으로 진실에 대해 이야기하도록 강요할 수 있는 어떤 토론도 피했습니다.

반면, 북한은 외부 세계에 폐쇄적이고 1960년대의 평등주의를 경직된 계급 사회로 대체한 억압적인 정치 체제에 의해 통제되고 있습니다. 평범한 북한 주민들의 검소함과 비상업적이고 정직한 문화는 감탄스럽지만, 북한이 다국적 기업들이 만들어낸 퇴폐적이고 나르시시즘적인 남한 문화에 대안을 제시했다고는 느껴지지 않습니다.

두 사회 모두 영적인 의미에서 심각한 병을 앓고 있습니다. 그래서 저는 저의 장점을 고수하기로 결심했습니다. 저는 경희대학교에서 강의하면서 한국 문학, 철학, 역사에 대한 지식과 오래 전부터 시작한 한문 실력을 쌓았습니다. 저는 최고의 한국 전통이 어떻게 한국의 르네상스를 불러올 수 있다고 생각하는지에 대한 기사와 책을 썼습니다. 그러한 한국 전통문화의 부흥은 제가 서울에서 사는 동안 주변에서 관찰했던 피상적이고 하찮은 낭비 문화에 대한 거부일 것입니다.

진로에 대해 많은 혼란을 겪은 후, 저는 한국에서 틈새시장을 발견했습니다. 제가 쓴 책 〈한국인만 모르는 다른 대한민국〉은 베스트셀러였고 저는 한국의 도덕 철학과 예술의 전통을 되살려 더 나은 한국, 더 건강한 사회를 만들 수 있는 방법에 대해 강의할 기회가 많았습니다. 하지만 제가 TV에서 자주 인터뷰를 하여 검소함과 영적 깊이의 문화, 유기농업에 초점을 맞추고 소비를 피하는 사회에 대해 제가 홍보했던 아이디어들은 높이 평가받았음에도 아무도 그 아이디어들을 실천하는 것에 진지한 관심이 없었습니다. 대신, 한국인들은 제가 방탄소년단의 놀라운 성공을 칭찬하며 K팝을 홍보하기를 원했습니다.

저는 그럴 수 없었습니다.

방탄소년단이 예술이 아닌 영리를 목적으로 제작된, 고도로 통제된 형태의 음악과 춤을 홍보하면서 기업들이 음악 유통을 인수하여 부를 창출하고 한국을 독특하게 만든 음악의 현지 생산을 파괴하는 사례로 보았습니다. 전 세계를 휩쓸고 있는 K팝은 젊은 남성들과 여성들을 소비문화 속에서 성욕의 대상으로 변화시키고 있습니다. 저는 한국 사회의 목을 조르는 이 K팝을 홍보하는 것에 관심이 없었습니다.

다른 한국인들은 제가 한국의 기적에 대해, 한국이 다른 어떤 나라보다 경제적으로 빠르게 성장했는가, 그 기적이 한국 철학과 어떻게 연관되어 있는가에 대한 글을 쓰기를 원했습니다. 하지만 저는 점점 더 한국의 기적이 한국의 전통 문화를 파괴했을 뿐만 아니라, '한국적'인 척하는 삼성과 현대와 같은 다국적 기업의 요구를 충족시키기 위한 무자비한 경쟁에서 시민들이 지쳐가는 황무지로 전락한 재앙이라고 보았습니다. 이기심과 경쟁이라는 이 '한국의 기적'에 의해 초등학생들이 세뇌되고 소상공인들이 무너지는 모습을 지켜봤습니다. 한강의 기적은 한국을 식품과 석유의 수입, 그리고 다국적 은행의 대규모 대출 없이는 생산할 수 없는 제품인 반도체와 자동차의 수출에 의존하게 만들었습니다. 특히 더 이상 스스로 먹을 식량을 재배할 수 없는 한국인들이 거의 없는 상황 가운데 식량 위기에 직면하고 있기 때문에, 이 한강의 기적이라는 것은 저에게 전혀 기적처럼 보이지 않았습니다. 게다가 한국 대학에서 가르치면서 저는 학교에 입학하기 위해 혹독한 시험을 치르게 된 학생들 사이에서 지적 호기심이 급격하게 감소하는 것을 관찰할 수 있었습니다.

저는 어떻게 인간이 되고, 사회가 실제로 어떻게 돌아가는지를 이해하며, 스스로를 어떻게 표현하는지를 가르쳤던 인문학 과정들이 끝나고, 세상이 어떻게 돌아가는지 이해하는 것과는 아무 상관이 없는 '실용적인' 형태의 교육을 촉진하는 경제학 과정과 공학 과정으로 대체되는 모습을 보았습니다. 결국 한류, 김치, 한복 등을 홍보하며 한국에서 유명해지고 한국의 사업과 기술력을 칭찬하며 부자가 된 다른 외국인들과 저는 경쟁할 수 없었습니다. 저는 한국이 잘못된 길로 가고 있다고 느꼈기 때문에 그들과 경쟁할 수 없었습니다. 이미지에 대한 무분별한 집착과 순간적인 만족감이 깊은 가치관과 형이상학적 진실을 중시하던 나라를 휩쓸고 지나가는 것을 보았기 때문입니다. 2002년 한류가 가졌던 장래성은 낭비의 한류가 되었고, 성을 상품화했으며, 집중력을 파괴하는 스마트폰과 같은 기술이 되었습니다.

저는 이 비극을 보면서 북한과 통일에 대해 다른 생각을 하게 되었습니다. 남한의 파괴적인 문화는 너무나 악의적이고 무자비하게 성장하고 있었기 때문에 저는 더 이상 남한이 북한보다 우위에 있다고 확신할 수 없었습니다. 물론, 대부분의 사람들이 소비할 수 있는 제품이라는 면에서는 한국의 일상 생활이 훨씬 더 나았지만, 가족 구성원들 간, 이웃들 간의 관계는 너무나 멀어졌고, 사람들 간의 대화는 너무나 피상적이 되었습니다. 한국이 북한은 고사하고 세계의 모델이 될 수 있을지 의심스러웠습니다.

그리고 코로나19 팬데믹이 일어났습니다.

갑자기, 미국 국방부와 민간 정보 업자들이 추진한 사기성 질병이 한국

정부와 한국 대학 그리고 한국 언론에 의해 받아들여졌던 것입니다. 제가 미국에서 본 부패와 사기에 대한 대안이 될 수 있기를 바랐던 한국의 시스템 전체가 그만큼 나빠졌거나 더 나빠졌기 때문이었습니다. 교수, 언론인, 외교관, 기업인 등 제가 친구라고 생각했던 모든 사람들은 제가 코로나19 사기에 대해 글을 쓰자 저를 만나고 싶어하지 않았고, 저를 만난 사람들은 가볍고 사소한 주제에 대해서만 이야기했습니다. 저는 이전에 알지 못했던 소수의 한국인들과 만나고 있는 저 스스로를 발견했습니다. 그들은 모두에게 치명적인 백신을 복용하도록 강요하는 이 음모에 대해 공개적으로 반대를 표명할 만큼 용감했습니다.

한국 정치 문화의 이와 같은 새로운 단계는 통일에 대한 저의 관점을 완전히 바꾸어 놓았습니다. 한국 경제를 파괴하고, 한국인을 대량 살상하고, AI를 이용해 사람들을 바보로 만들라는 명령을 받은 다국적 기업과 민간 정보기관에 한국 정부가 넘어간 상황을 보았습니다. 좌우의 정당들은 꼭두각시로 전락했습니다. 그것은 남한이 북한만큼 부패하고 전체주의적이었을 뿐만 아니라, 남한의 기업, 정부, 대학들이 북한보다 훨씬 더 위험할 정도로, 시민들에게 직접적인 위협이 되었다는 것입니다. 그렇습니다. 화이자와 이를 지지하는 한국인들은 평양의 김씨 정권보다 한국인들에게 더 큰 위협입니다. 혁명적인 변화만이 세계 금융과 억만장자들의 꼭두각시에 의한 한국 문화와 한국 기관, 한국 정부와 연구소들의 오염을 막을 수 있다는 것이 분명해졌습니다. 통일은 더 이상 먼 미래의 숭고한 목표가 아니며, 삼성과 현대와 같은 무자비한 다국적 기업들이 북한 노동자들을 착취하여 부를 창출할 기회도 아닙니다. 한국이 분단 국가이기 때문에 혹은 통일이 되면 한국이 경제적으로 더 강해질 수 있기 때문에 통일을 추구해야만 했던 것도 아닙니다. 오히려 북한이든 남한이든 한국인들이 글로벌리스트들의 공격에서 살아남기 위해서는 통일은 즉시 필요하다는 것이 분명했습니다. 통일은 정부와 언론 전체를 집어삼켰으며 일본 식민지 군대가 했던 것보다 훨씬 더 완전히 한국 사회를 지배하고, 모두에게 믿지 않는다는 거짓말을 따라하도록 강요하며 세계 경제 포럼 World Economic Forum 하에서 노예 사회를 만들기 위한 길을 닦고 있는 전 세계 자본, 민간 첩보 회사, 그리고 '한국'의 다국적 기업들의 부패한 동맹을 완전히 전복시킬 수 있는 유일한 방법입니다.

여수의 작은 방에서 살았던 지난 1년 동안, 저는 한국의 애국자들과의 대화를 통해 정치적, 경제적 통일이 아닌 고려나 조선과 같은 건국의 과정만이 병적이고 퇴폐적이며 파괴적인 시스템을 종식시킬 수 있는 방식으로 한국에 정부, 교육, 언론, 생산과 유통, 소통의 방법을 재창조할 기회, 자유, 평등, 정의를 회복하고 가족과 공동체를 재건할 기회를 줄 것임을 분명히 알 수 있었습니다. 하지만 그 통일은 창조적인 과정이어야 합니다. 남한의 부패한 체제가 북쪽에 부과된 것일 수 없습니다. 북한이 변해야 하는 만큼 남한도 변해야 합니다.

통일이 북한에 남한의 고속도로, 아파트, 공장, 스마트폰, 온라인 게임, 세미누드 K팝 스타들의 도입되는 것이어서는 안 됩니다. 북한에 전기를 공급하는 것은 영적으로 쇠락하게 만드는 문화의 편의를 대가로 남한이 오프라인 상태가 되어 글씨를 쓰고, 책을 읽고, 불필요한 에너지 낭비를 줄이는 것보다 덜 중요한 일입니다.

통일은 사람들, 보통 사람들, 그리고 영감을 받은 한국인들이 한국의 철학과 문화의 고귀한 전통을 최대한 활용하는 것을 중심으로 이뤄져야 합니다.

글로벌 투자회사, 전 세계 억만장자들에게 서비스를 제공하는 가짜 '한국' 기업, 단기 이익을 추구하는 미국이나 일본 투자은행의 역할이 없다면 이들 그룹 중 누구도 통일에 건강한 역할을 할 수 없습니다. 하지만 그 대학의 제 오랜 친구들은 계속해서 그 사기성 논쟁을 되풀이했습니다. 다국적 기업과 투자은행의 도움을 받아 한국을 통일해야 하며, 기업에 의한 통일만이 북한과의 전쟁과 대립에 대한 유일한 대안이라고 말했습니다. 그러나 진보주의자들이 수용한 그 제안은 한국 국민들에게 착취적이었습니다.

우리는 건국의 뜻을 품고 통일은 혁명의 통일을 이뤄야 합니다. 대한민국의 전통을 바탕으로 새로운 사회를 구축하고, 전 세계인을 상대로 한 기생충 억만장자들의 코로나19 전쟁에 저항할 수 있는 국가를 만드는 것이 통일의 목적입니다. 그 통일 한국은 세계를 선도할 수 있습니다. 골드만 삭스에 의존하는 통일 한국은 노예 사회가 될 것입니다. 한국은 지금 분단되어 있고 통일이 가능하기 때문에 바로 그런 새로운 국가를 만들 수 있는 몇 안 되는 곳 중 하나입니다. 이 나라는 그렇게 진정한 혁명이 성공할 수 있는 유일한 나라입니다.

최근 이태원 사건은 세계 그림자 정부의 한국 국민에 대한 공격이 갈수록 심해지고 있으며, 새로운 형태의 '그림자 제국주의'가 곳곳에서 뿌리내리고 있음을 시사합니다. 이태원 사건의 실태는 아직 모르지만, 그것은 한국 시민들을 더 수동적으로 만들고, 그림자 제국이 어떻게 시민들을 원할 때마다 죽이고 아무런 저항 없이 빠져나갈 수 있는지에 대한 거짓 이야기를 받아들이도록 하기 위한 또 다른 시도였을 가능성이 가장 높아 보입니다.

한국을 품어온 미국인으로서 이중국적자가 된 저는 돈이나 무기보다 중요한 문화와 비전이라는 측면에서 한국의 진정한 잠재력을 실현하고 싶었습니다. 단기적인 이익을 가져다 준다면 한국을 배신할 투자은행가나 군사무기 계약자들이 아닌 호머 헐버트를 사랑하는 미국인에게서 저는 영감을 얻었습니다. 비록 평화가 우리의 목표이고, 통일이 평화를 향한 유일한 길이지만, 동시에, 우리는 힘, 심지어 치명적인 힘이 통일의 일부가 되어야 한다는 것을 인식해야 합니다. 한국과 전 세계에 글로벌리스트들이 백신과 5-G로 수백만 명을 죽이고 가짜 시장 붕괴와 디지털 통화를 사용하여 경제를 완전히 폐쇄할 계획을 세운다면 평화에 대한 막연한 개념으로는 충분하지 않을 것입니다. 우리는 세계 금융에서 우리의 진짜 적들로부터 스스로를 지켜내야 합니다.

문제는 한반도를 시작으로 안보가 무엇을 의미하는지 전면적으로 재고해야 하고, 고가의 전투기, 가치 없는 '미사일방어', 구식 핵잠수함 등이 백신전쟁, 군사위성의 공격, 그리고 글로벌리스트와 그들의 사설 첩보 업자들이 조종하는 무장로봇과 무인기에 대해서는 무용지물이라는 점을 인식해야 한다는 것입니다. 현재의 위험한 환경은 우리에게 익숙한 안보 패러다임을 완전히 뒤집고 있습니다. 우리는 생존을 위해 적대적인 북한으로부터 스스로를 방어하려고 하기보다는 빨리 통일을 하고 국민의 필요에 따라 새로운 통치 체제를 만들어야 합니다.

이 책은 한국이 세계의 모델이 될 수 있다는 점에서 낙관적인 비전을 제시하지만, 만약 통일이 다국적 기업이 통제하는 기술에 의해 부과되는 노예제도로부터 자유로운 새로운 독립 국가의 설립을 의미하지 않는다면, 우리 자녀들에겐 미래가 없을 것이라는 점에서 냉정하고 암울한 평가이기도 합니다. 고민하는 과정에서 글로벌 평화재단 문현진 이사장의 책 '코리안 드림'을 읽고 깊은 감명을 받았습니다. 새로운 통일 한반도에서 한국 문화를 기초로 하여 전 세계에 영감을 주는 나라가 가능 하다고 말씀하셔서 많이 배웠습니다. 그는 군주제에 대한 대안을 제시하는 새로운 형태의 통치가 미국에 확립되었을 때 1787년 미국 헌법제정의회가 있었던 것처럼, 또한 원칙에 따른 한국의 통일, 홍익인간이라는 신념체계가 한국 개혁의 기회가 될 수 있을 뿐만 아니라, 미국, 일본, 중국에도 변화의 기회가 된다고 제안합니다. 1787년 미국에서 수립된 민주주의 체제가 유럽 전역의 작가들과 정치인들에게 개혁을 추구하고, 군주제와 교회를 넘어 시민사회의 근간으로 나아가도록 영감을 주었듯, 통일한국도 세계 거버넌스의 모델이 될 수 있습니다. 이 새로운 국가는 서양 정치 철학의 최선과 동양 전통의 최선, 특히 한국에서 잘 나타난 유교의 전통을 결합할 것입니다. 수십 년간 한국의 전통사상을 공부하며 정약용과 박지원을 연구해온 미국인으로서 동양의 전통, 유교의 윤리적 통치가 미국의 미래에도 얼마나 중요한지를 인식해야 한다고 생각합니다.

우리에겐 사회와 가족에 대한 깊은 책임감이 있는, 헌신적인 지식인이 필요합니다. 한국 전통의 선비는 필요합니다. 비록 한국이 미국의 민주주의, 특히 1787년의 헌법 제정 의회에서 제시된 자유, 평등, 자유의 개념에 의해 영감을 받았다고 인정되지만, 유교 전통이 미국 헌법의 저작자들에게 군주제가 아닌 정부를 받아들이도록 영감을 주었음을 아는 사람은 거의 없습니다. 벤자민 프랭클린은 헌신적인 지식인에 의한 윤리적 통치의 유교적 모델이 군주제와 계급 제도의 폭정에 대한 진정한 대안이 된다고 꽤 노골적으로 표현했습니다. 남한의 정책 대화에서 한반도 통일은 또한 2010년경까지 불완전하게 기능했지만 그 이후 부자들의 장난감으로 전락한 기관이 된 UN은 그 역할을 할 수 없습니다. 그래서 이제는 통일을 먼저 용감하게 시작하여, 그것을 계기로 UN을 재창조하여 평화 증진을 위해 헌신하는 세계적인 조직으로 만드는 기회가 될 것입니다.

윤 행정부는 대한민국 정부의 부패의 마지막 단계를 상징하며, 정부뿐만 아니라 통치 철학 전체의 전면적인 구조 조정, 즉 시민과 정부의 헌법이란 계약을 무효로 간주합니다. 급진적인 조치만이 윤 행정부의 모든 정부 기능에 대한 끔찍한 민영화를 치유할 수 있음을 시사합니다. 이 정부는 문 정부의 조치에 따라 군대를 무기 체계 구매의 도구로, 교육부는 시민들을 하향 평준화 하는 도구로, 한국은행은 우리 국민의 돈을 다국적 투자은행으로 흘러가게 하는 도구로 변모시켰습니다. 그 부패는 한반도로 확산된 미국의 제도적 부패와 분리될 수 없으며, 서구 문명 자체의 총체적 붕괴의 일환입니다.

대체 문명이 있다면 동양에서 나와야 함이 분명합니다. 그럼에도 불구하고, 중국, 인도, 일본 그리고 한국은 부패한 서구 문명의 무자비한 지배에 갇혀 있습니다. 하지만 만약 한국이 통일된다면, 새로운 국가를 만들 뿐만 아니라 새로운 문명을 창조한다면, 그 새로운 문명의 요람은 여기 한국에 있을 것입니다.

마지막으로, 통일은 지리적 통일 중심이 되어서는 안 됩니다. 남북을 연결하는 도로를 건설하는 것은 통일에서 가장 중요하지 않은 부분입니다. 고속도로, 높은 건물, 인터넷, 쇼핑몰, 그리고 스마트 시티는 지역 사회를 파괴하고, 가족들을 소외시키고, 남한에 황무지를 만들었습니다. 한때 시민들은 그들 자신의 일상 생활을 조직하고, 스스로 지역 경제를 운영했지만, 지금 한국은 깊게 분열된 국가입니다. 한국 사람들은 탐욕, 나르시시즘에 빠지며, 경쟁으로 나뉘어져 있습니다. 경쟁과 방종 외에는 아무것도 모르는 외로운 사람들, 선전과 세뇌를 위해 스마트폰에 의지하는 사람들이 되었습니다. 통일은 무엇보다 하나로 뭉치는 영적 통일, 문화가 시민의 삶을 반영하는 문화적 통일이지 기업의 선전 역할을 하지 않는 것이어야 합니다.

우리는 말과 행동의 통일이 필요합니다. 그래야 신문에 실린 것이 실제 정책을 대표하고, 노동자의 실제 현실을 대변할 수 있습니다. 우리에게는 말과 행동의 통일이 필요합니다. 우리의 생각과 행동을 하나로 만들 수 있는 용기가 필요합니다. 그리고 신문에서는 청소년은 항상 통일에 반대한다는 보도를 하고 있습니다. 하지만 이는 무의미한 선전에 불과합니다. 청소년들은 부정적인 홍보 밖에 접할 수 없으니 당연히 통일에 대해 부정적인 인상을 받는 것입니다. 그래서 그것은 과학도 아니고 차세대 정신도 아닌 효과적인 거짓 언론 홍보에 불과합니다. 그런데 만약에 신문에서 통일이 되면 재벌의 힘이 사라지고 은행 또한 국민을 위해서 운영되며 청소년들은 한평생 일자리 걱정없이 살수 있다고 소개한다면 아마도 하루 이내 통일에 대한 생각이 바뀔 수 있을 것입니다. 따라서 올바른 여론조사는 대기업에서 돈을 받고 운영하는 언론 회사의 선전을 금지해야 됩니다. 그리고 또 하나는 신문에서 자주 북한의 싼 노동력을 활용하면 한국 기업들이 많이 성공할 수 있다고 보도하고 있습니다. 하지만 이 또한 위험한 거짓말에 불과합니다. 먼저 삼성과 현대와 같은 대기업들은 한국의 기업이 아닙니다. 실제 주주는 해외 부자들과 한국 서민에 관심 없는 한국의 부자들로 이런 회사들을 지원할 이유는 하나도 없습니다. 그리고 북한의 싼 노동력을 이용하는 것은 틀림없이 한국 노동자에 대한 공격의 전략입니다. 먼저 북한에 살인적인 조건으로 노동자들을 고용한 다음에 나중에는 북한 노동자의 '경쟁력'을 구실로 한국 노동자에 대해 같은 조건을 요구할 것입니다. 그리고 만약 이런 식으로 진행 한다면 한국의 노동자들은 당연히 통일에 대해 위신을 갖게 되겠지만 통일을 계기로 남북 양쪽에 동시적으로 노동자를 보호하는 법률을 실시하고 기업의 수익을 노동자들에게 합리적으로 분배한다면 아마도 통일을 반대하는 노동자는 단 한 명도 없을 것입니다.

차례

외국인이 보는 통일 / 박경호 ••• 4

작가 서문 ••• 8

문명의 위기 및 선비정신의 역할 ••• 24

이순신이 생각하는 의병정신 ••• 29

현대 한국 및 실학 전통 ••• 36

남북 공동의 역사 재조명 작업이 필요하다 ••• 41

미국 정부가 남북통일의 물꼬를 틀 거라고? ••• 47

미국인 북한전문가 ••• 67

새로운 형태의 국가를 위한

'판 짜기'에 관한 제언 ••• 80

통일 대박의 뿌리 ••• 90

판문점 정상회담 ••• 98

평양 남북 정상회담에서 더 나아가려면… ••• 107

하노이 회담 합의가 어그러진 것을 두고

트럼프에 물어야 할 것들 ••• 114

한반도의 빛과 그늘 ••• 122

#capital of 남한과 북한	131
#독일에 대해 우리가 배울 것	139
제대로 된 북한 발전 계획	144
일본 조선학교 방문	185
한국 안보의 진정한 위협은 무엇인가	191
게임의 규칙을 바꾸는 전략을 고민할 때	209
한국 정치, 북핵에 '돌직구'를 날려라	211
한국이 세계사에 기여하는 길	215
정치사상, 행정 및 한반도의 미래에 관한 남북한 간 대화 구축	229
미국의 사이코 민주주의	240
평양에 간 폼페오	256
해외에 북한이 소개되고 있는 세 가지 방식⋯ 위험하거나 가난하거나 신비하거나	280
일왕에게 욱일장 받고 주한미대사 부임한 해리 해리스	293

차례

한국 사람들은
탐욕, 나르시시즘에 빠지며,
경쟁으로 나뉘어져 있습니다.
경쟁과 방종 외에는
아무것도 모르는 외로운 사람들,
선전과 세뇌를 위해
스마트폰에 의지하는 사람들이 되었습니다

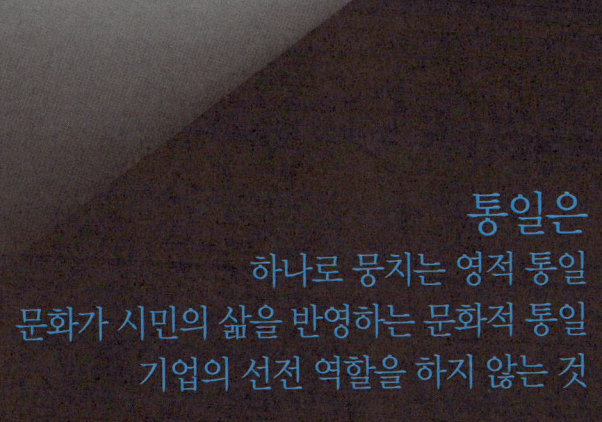

통일은
하나로 뭉치는 영적 통일
문화가 시민의 삶을 반영하는 문화적 통일
기업의 선전 역할을 하지 않는 것

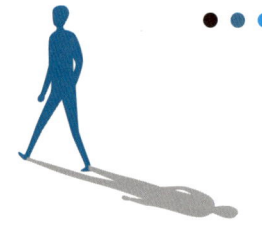

문명의 위기 및
선비정신의 역할

 결국 선비를 위해서 의병을 위해서 먼저 한국 문화에 대한 의식을 먼저 세워야 됩니다. 바로 지금 상황 하고 명나라 말기 그 시대의 유사한 점을 인정할 필요 있다고 생각합니다.

 저는 지난 15년 한국을 지켜 보는 외국인으로 매우 복잡한 감정을 갖게 된다. 최근 서양 문명이 갈수록 사양^{斜陽} 길에 접어드는 것을 보면서 동양 문명, 특히 활기찬 많은 한국의 위대한 정신문화 속에서 새로운 영감과 새로운 가치관을 찾는다. 한국의 전통 사상과 철학은 서양 문명과 대체 할 수 없는 특별한 가치가 있기 때문이다.

 아편전쟁 이후 지구의 보편적인 기준으로 간주되어 온 서양 문명은 과학, 인문학, 행정, 외교 안보분야에서 위상이 많이 퇴색됐다. 어느 언론에서도 과거 서양의 권위를 읽기가 어렵다. 이러한 변천 속에서 필자는 보물처럼 숨겨진 한국인들의 철학과 미학, 의병정신, 선비정신 등 건전한 정신과 생활 습관을 체험하고 있다. 하지만 정작 한국인들은 그들의 성숙한 국혼을 제대로 활용하지 못하고 있다. 한국은 오히려 역방향으로 가고 있는 것 같다. 많은 한국인들은 맥도날드와 스타벅스가 표상하는 서양의 표면적인 소비 문화에 집착하는데 비해 한국의 전통문화와 미래는 고민하지 않는다.

왜 한국인들은 한국인만의 큰 희망이자 미래의 산물인 전통문화를 무시하는가? 한국이 보유하고 있는 고유하고 질 높은 전통 문화는 바로 미래를 증명하는 새로운 희망이다. 하지만 그들 자신의 발밑에 켜진 등불은 보지 못 하고 멀리 보이는 썩은 서양문화, 광적인 소비문화에 매력을 느끼는지 불가사의한 일이다.

물론 국제공동어로 정착된 영어 사용은 편리성이 우세하고 과학은 지난 300년 동안 대단한 업적을 세웠으니 그 전통을 버리면 안 된다. 그러나 시간의 바퀴는 서양의 과학과 교육 그리고 외교안보 여러 면에서 붕괴를 보이는 길로 접어들었다.

한국인들이 주체성을 급히 회복하지 못하면 급속히 재편되는 문화의 소용돌이 시대에 상당한 위험과 비극을 초래할 수 있다. 지난 60년 동안 빠르게 성장한 경제발전 속에서 한국인들은 높은 교육수준과 과학기술 업적이 놀랄 만하다. 특히, 한국은 세계적으로 치안이 좋고 생활 수준이 높아 외국인들의 부러움을 사는 나라 중 하나다. 그럼에도 불구하고 한국 지식인들은 한국전통문화에 대한 긍정적인 태도보다는 여전히 서양문화를 무조건 모방만 한다.

한국만큼 미국의 하버드대 박사들이 많은 나라는 미국 빼고 없다. 한국의 미래를 제대로 생각하지 못 하는 이유는 주체성의 문제이다. 국혼이 바로 서지 않는다면 아무리 교육 수준이 높다 하더라도, 기술이 발전하더라도 한국이 나침판 없는 배처럼 나라는 제대로 방향을 잡기 어려울 수 있다. 그래서 반도체 개발 투자보다 한국의 보물인 전통을 찾고 바른 국혼을 잡는 것이 한국의 미래 발전의 필수 조건이다.

한국은 미국 헌법의 문헌을 모방했지만 정치철학과 건국 정신 파악이 더 중요했다.

미국은 한국인들의 향수다. 그러나 미국의 투명한 정치 및 합리적인 행정은 이제 많이 쇠퇴했다. 필자가 보기에 한 가지 미국이 성공적인 기반을 구축한 것은 헌법이다. 한국도 미국 헌법을 모방했다. 그런데 미국 헌법의 성립 과정을 생각해 보자. 독립전쟁이 끝난 다음, 1787년에 몇 명의 애국정신을 갖고 있는 지식인들이 겨우 2주간 한방에 모여서 뜨거운 논쟁을 하면서 새로운 나라를 위한 제헌 회의를 열었다. 그러나 250년 동안 미국의 나침판 역할을 한 미국 헌법은 그 20명들의 상상으로 만든 것이 아니다. 고대부터 서양의 정치철학, 특히 플라톤, 아리스토텔레스, 키케로 등 고대 그리스 및 로마 철학가 사상과 행정을 참고로 가장 우수한 사례를 고대 정치 전통에서 발췌해서 헌법으로 제정한 것이다.

미국 헌법은 그 후 프랑스 혁명을 비롯해서 전 세계에 큰 영향을 미쳤다. 그런데 지금 한국인의 태도를 보자. 당시의 미국하고 반대의 모습을 보인다. 특히 대한민국이 1987년 헌법을 준비했을 때, 미국 헌법 그 문헌을 모방한 것 같다. 잘 모방한 것도 아니고, 결과는 미국 헌법 정도도 안 되는 헌법을 만들어 냈다. 만약 한국이 미국 헌법을 배우려면, 그들의 콘텐츠 자체를 모방하는 것보다는 한국과는 다른 서양 문화에서 정치철학을 기초로 한 그 당시의 미국 건국 정신을 파악하고 그 건국의 방식을 배우는 것이 더 큰 의미가 있을 것이다.

즉, 대한민국 또는 통일 한반도가 한국의 고대부터 근대까지 위대한 정치철학, 각 왕조의 우수한 행정 사례, 그리고 중국 고대 정치철학을 깊이 생각해서 그 문화와 역사의 흐름을 바탕으로 한국에 맞는 새로운 행정 방법을 찾고 새로운 한국의 정신을 세우면 된다. 한국의 전통과 국혼을 활용하고, 서양 전통도 일부 활용해서 한국인들이 훌륭한 헌법을 세우면 국민들한테 많은 희망을 주고 전 세계에서 모범국가의 사례를 만들 수도 있다.

한국인들은 그런 새로운 헌법 준비가 충분히 가능하다. 물론 쉬운 것이 아니지만 한국 전통에 도움이 되는 콘텐츠가 있다. 한국인들도 충분히 그런 제헌 회의를 할 수 있는 능력도 있다. 문제는 아무리 하버드대학의 박사 학위 소지자가 많아도 한국인들이 한국의 역사, 문화 습관 및 정치철학을 모르고 또한 알려고 노력도 하지 않기 때문에 어려워진다.

아무리 서양의 문화가 썩어서 붕괴되더라도 한국인들은 나라의 미래를 한국의 과거 역사에서 찾을 생각을 못 한다. 세계적으로 보기 드물게 급속히 발전한 한국의 맹점이 바로 여기 있다.

이제는 '국혼이 바로 선 나라-한국'이라는 자부심을 구축할 때가 왔다. 돈, 예산의 문제 아니다. 교육 기술의 문제도 아니다. 기하급수적으로 해체되는 서양, 미국, 호주, 유럽의 문화·행정 제도를 보자. 한국이 잘못된 서양의 사례를 따라하면 절대 안 된다는 교훈을 받을 것이다.

한국만의 전통 문화 자부심을 세울 시간이 얼마 남지 않았다.

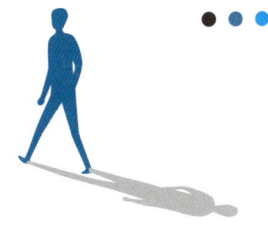

이순신이 생각하는 의병 정신

호남 여수에 지난 일 년 동안 살면서 계속 이순신의 호남 의병 정신에 많은 감명을 받았습니다.

이순신 장군의 업적을 기리는 여수 충민사를 찾아 특별히 경의를 표합니다. 이순신은 훨씬 더 잘 훈련된 일본군에 의해 학살당하면서 사기를 꺾인 국군을 고무 했고 도요토미 히데요시가 이끄는 무사들의 침략에 맞서 한국 해안에서 일련의 용기 있는 전투를 이끈 인물입니다.

오늘 우리는 이 자리에서 국제혁명당을 대표하여 이순신의 비전과 정신, 전략에서 영감을 얻고자 합니다.

이순신의 실력을 질투하거나 무시한 고위관료들은 이순신을 배신하고 고문했습니다. 이순신은 그 매우 힘든 상황에 집착하지않고, 건설적인 행동에 집중했습니다. 해외에서 온 무자비한 일본 무사들에 맞서 조선의 법치와 윤리적 통치를 회복하고자 한 놀라운 인물이었습니다.

그는 자신과 자신의 행동을 본보기로 삼았고, 자신이 겪은 억울함을 탓하기를 거부했기 때문에 성공했던 것입니다.

그 당시 그가 직면했던 것과 비슷한 위기를 현재 한국에서 맞이하고 있기 때문에 오늘 우리의 방문은 매우 중요합니다.

그때 하고 지금 하고 근본적인 위기는 같은 성질의 것입니다. 재정적으로 약해지고, 도덕적으로 후퇴하고, 과학적으로 점차 뒤처진 명나라는 자국 내에 범죄자들이 판을 치도록 내버려두었고 국제적 맞수들이 야망을 갖도록 부추겼습니다. 커져가는 혼란, 재정 파탄, 과학적 퇴보 속의 미국 또한 국내 범죄자들에게 점령 당했고 다국적 기업들과 슈퍼리치들이 글로벌 질서를 장악할 음모를 꾸미도록 내버려두고 있습니다.

그리고 또한 16세기 조선은 명나라와 명이 세운 지구적 시스템에 대한 지적, 이념적, 경제적 의존에 너무나 익숙해져 있었습니다. 한국의 지식인들은 사대주의 때문에 눈이 멀어 명의 쇠퇴를 보지 못했고 위기를 파악할 수 없었습니다. 중국의 사대부들이 북경의 기소를 피하고자 조선으로 망명 왔을 때에도 조선의 지식인들은 문제가 있음을 인식하지 않으려 했습니다.

선조 왕과 주변 사대부들은 일본이 조선을 침략했을 때 자신들을 지키기 위해 일본과 비밀리에 거래를 몰래 하며 북쪽으로 도망갔습니다. 명나라가 어떻게든 자기들을 구해줄 것이라고 기대하는 마음으로 국민들을 쉽게 버린 자기중심적 특권층으로 구성되어 있었습니다.

전략이 아닌 부정이 위기에 대한 그들의 대응 방식이었습니다.

파벌로 갈라진 선조 정권은 현재 이재명, 윤석열 등 기타 특권층 정치인들 사이에 한국에서 벌어지고 있는 무익한 정치 논란의 모습과 닮아있습니다. 이들은 코로나19 사기의 침투로 인한 국민들의 죽음은 완전히 모른 척하고 의미 없는 담론만 되풀이하며 부자를 위한 놀음을 하고 대중에게 거짓을 말하고 있습니다.

이번에는 다국적기업 및 수퍼리치들은 대부분의 시민들을 멸절하고 나머지는 종으로 만들려는 기술 군벌들이 전 세계를 지배하려는 더 큰 계획을 꾸미고 있습니다. 하지만 백신으로 수백만을 학살하는 것은 너무나 미묘하며 세력 있는 자들로부터 뇌물을 받는 기업 언론과 도덕적으로 부패한 지식인들에 의해 완전히 가려져 있어 대부분의 국민들은 범죄의 규모도 가늠할 수 없습니다. 지도자 없는 임진왜란 시대 하고 같은 상황입니다.

이순신 동상이 한국 학교에 많이 서 있는데, 그가 마땅히 받아야 할 영웅으로서의 추대를 받는 것입니다. 하지만 그가 싸운 전투들은 정확히 묘사되지 않아, 현대 한국과 그의 시대가 갖는 긴밀한 유사성, 그리고 그로부터 우리가 배워야 할 교훈들은 가려져 있습니다.

일본 침략자들에 대해 일으킨 전투에 있어서 이순신의 공로는 흔히 이순신의 전투적 용맹함과 전략적 천재성으로 표현됩니다. 이야기의 이 부분이 사실이긴 하지만, 핵심은 거기에 있지 않습니다.

예컨대 일본과의 명량해전에서 거둔 이순신의 승리는 근본적으로 명철한 전략 덕이라고 할 순 없습니다. 이순신에게 그토록 용감하고 헌신된 전사들이 없었다면, 어떤 전략도 승리로 이끌진 못했을 겁니다. 서민과 긴밀한 협력이 없다면 할 수도 없었습니다.

조선 왕조가 그토록 전적으로 부패하지 않았다면, 그는 그렇게 적은 무리의 선원들과 일할 필요가 없었을 겁니다. 군대의 부패가 그 전투 이전 수많은 패배를 연쇄적으로 안겨줬던 원인입니다. 그것은 기적적인 승리만이 가능한 상황을 만들어 낸 패배였습니다.

조선의 애국자들에게는 그토록 불가능한 전투에 임하는 것 외에 선택의 여지가 없었습니다.

기술은 1590년대 위기에도 중요한 부분이었습니다. 일본은 우월한 검과 대포를 개발했고, 일본 내 200년 간의 내전 중에 포위전을 위한 전략을 발전시켰는데 이것이 전쟁 초반에 그들에게 막대한 이점을 주었습니다. 한국과 중국의 관료들이 스스로 뒤처져 있음을 인정하고 승리를 위해 일본을 흉내내게 되기까지는 수년이 걸렸습니다.

이 상황은 오늘날 (미국 혹은 일본, 중국 또는 유럽의) 수퍼리치들로부터 한국이 마주하고 있는 도전들과 상당히 유사합니다. 새로운 기술을 통해 벌어지고 있는, 최면적 매체를 통한 마음에 대한 공격, 나노 기기와 변형 RNA를 담은 가짜 '백신'을 통한 몸에 대한 공격, 고립과 사회적 거리두기를 통한 사회에 대한 전쟁은 대다수 국민이 파악하지 못할 정도로 새롭고 충격적입니다. 한국인들은 전쟁이 미사일, 전투기, 항공모함들로 싸운다고 잘못 생각하고 있지 그 과도하게 비싼 값이 매겨진 무기들이 주로 그들의 돈을 훔쳐서 부자들에게 주는 수단이라는 것을 모르고 있습니다.

이 새로운 형태의 전쟁에 맞서 싸우고, 국내외에서 진짜 적인 수퍼리치들을 고발하기 위해 기꺼이 나서서 위험을 감수하는 시민들은 극소수에 불과합니다.

조선의 관료들은 일본인들이 일정한 규칙을 따르는 예측 가능한 전쟁을 할 것이라고 생각했습니다. 그들은 일본 무사들이 문화 주체로서의 한국을 파괴하고자 도시의 모든 주민을 죽이고, 향교와 사찰을 불태우고, 모든 한국 문화의 흔적들을 파괴할 준비가 되어 있다는 것을 전혀 알지 못했습니다.

같은 식으로 우리는 코로나19를 작은 정책적 문제, 의료적 실수, 혹은 오해로 보려는 오늘날 고학력 한국인들 사이에서도 비슷한 부인을 보고 있습니다. 그들은 이 캠페인의 요점이 정치적, 문화적 주체로서의 한국을 완전히 파괴하고 엄청난 수의 사람들을 죽이는 것임을 깨닫지 못하고 있습니다.

우리는 이순신으로부터 무엇을 배울 수 있을까요?

우리는 적들이 비밀리에 짜놓은 전략에 대응하기를 기다릴 것이 아니라 모든 것을 의지적으로 걸고 기꺼이 적과 싸우며 주도권을 잡으려는 소조직을 조직해야 합니다.

우리는 그들이 더 높은 이상을 위해 싸우고 사익을 버리도록 고무해야 합니다.

우리는 (이순신이 그랬던 것처럼) 희생과 겸손의 태도를 취하고, 후회도 원망도 없이 비겁한 관료들의 부당한 공격에 기꺼이 시달리고자 해야 합니다.

우리는 함께 일하려는 사람들과 기꺼이 함께 일해야 하며, 개인의 은퇴 연금이나 개인적인 진료가 아니라 그 집단에 대해 생각해야 합니다.

슬프게도, 이 싸움의 지도자가 될 수 있는 너무 많은 한국인들은 자기 연금 및 재산에 너무 신경을 쓰고 있어서 어떠한 실질적인 위험도 감수할 수 없습니다.

부패한 군대와 정부를 대체하기 위해 계급과 특권을 기준으로 차별하지 않고, 농어민, 사병 할 것 없이 서민과 긴밀히 협력하는, 도덕적으로 헌신된 전문 지식인(선비)들로 구성된 의병 집단을 만들어 강력한 신(新) 저항을 형성해야 합니다.

이순신 정신을 따라 지금 우리 국제혁명당이 만들어가고 있는 것이 바로 의병입니다.

우리는 이순신과 16세기의 다른 지도자들에게서 그 방법을 배울 수 있습니다. 임진왜란 시대하고 또 같이 공무원 및 군인 일부는 우리의 의병의 싸움에 참여할 텐데, 대부분은 이기심과 비겁함의 길을 선택할 것입니다.

우리는 정당과 대학, 기업과 언론에서 권력자에게 배신 당하고 버림 받는 이 위기의 시대에 실제로 지도해 주시는 지도자 없더라도 우리를 위해 지도자 역할을 해주시는 이순신의 정신을 기립니다. 이순신이 우리와 물리적으로 함께 있지 않아도 우리는 그의 리더십을 따를 수 있습니다.

현대 한국 및 실학 전통

최근 한국인들은 한때 익숙했던 미국의 정치 및 학술 기관들이 예전같지 않다는 것을 파악하는데 상당한 어려움을 겪고 있다. 하버드 교수들이 COVID19에 대한 비이성적 논쟁을 세우는 것과 미국 워싱턴 D.C.의 정치인들이 가장 저속한 수준에서 비열한 게임에 참여하는 것을 보고 한국인들은 실망하고 혼란스러워한다. 대부분의 한국 오피니언 리더들은 그들이 1980년대와 1990년대에 미국의 최고 대학에서 공부할 때 가입했던 지식인 커뮤니티를 아직도 기억한다. 그리고 그들은 여전히 은퇴한 전임 교수들과 깊은 대화를 나누고 있다. 그러나 한국의 이러한 지식층 내에서 미국의 문화적 제도적 붕괴가 속도를 내고 있는 것을 간파하고 점점 뒤로 물러서고 있다.

한국인들은 뉴욕 타임즈와 워싱턴 포스트에서 가져온 콘텐츠를 읽고 한국 언론에 구차스럽게 반영해 가며 그들은 한때 극히 존경했던 미국인들의 말도 안되는 발언에 이제는 어쩔 수 없는 부정적인 반응을 자제하려고 많이 노력하고 있다.

향수와 부정의 문화가 서울을 휩쓸고 있다. 미국과 한국 정책의 문제점에 대한 진지한 논의는 거의 불가능해졌다. 신뢰할 수 있는 우방국의 도덕적 붕괴로 사회 지배층에 대한 기본적인 가정이 뿌리째 흔들리면서 한국이 대규모 문화적 정치적 위기를 겪은 것은 이번이 처음이 아니다.

1600년대 명나라[1368년~1644년]가 심각한 사회적 균열을 내면서 조선을 휩쓸던 비슷한 문화적 실명[눈멀음]이 한국을 휩쓸었다. 그 결과 쇄국주의를 택하게 되었던 조선은 미래 발전에 대한 가능성마저 차단하는 국면을 맞이했다.

16세기 후반 조선은 일본의 침략에 맞서 군대를 파견한 명나라와 긴밀한 관계를 맺고 있었다. 미국이 북한과 중화인민공화국으로부터 한국을 지켜주기 위해 한국전쟁 당시 동맹 관계를 맺은 비슷한 상황이었다. 두 나라는 혈의 동맹국이었다. 명나라의 대명률 법과 외교 관습, 철학 사상, 교육적 및 문화적 규범은 한국에서 의심할 여지없는 권위를 가지고 있었다. 이런 이유로 한국의 지식인들은 왜 명나라가 17세기 전반에 정치적 내분, 퇴폐, 재정적 파산으로 급속히 붕괴했는지 이해할 수 없었다.

1644년 명나라가 만주족에 의해 전복되었을 때, 만주족의 군사력 때문이 아니라 중국 내에서 자국을 갈라놓는 산적 군대가 원인이었다는 것을 조선인은 받아들이지 않았다. 그리고는 자신의 문화적, 지정학적 지위를 재평가하며 자신들의 전략을 재정립하기보다는 비참하게 망국으로 치닫는 명나라에 대한 향수에 다시 빠져들게 되었다.

정복에 성공한 만주족의 세력은 한국으로부터 새로운 청 왕조를 인정하도록 강요했지만, 조선은 그의 죽음 이후 수세기 동안 마지막 황제 숭정崇禎 연호를 계속 사용했고 서원 한국에서는 오늘날에도 그 연호를 계속 사용하고 있다. 한국인들은 개혁보다는 명나라의 잃어버린 중국 전통을 고수하는데서 비롯된 한국의 정통성인 소중화小中華의 사상을 받아들여 숭고한 전통을 지탱한 유일한 국가라는 자부심을 갖고 싶어했다. 그러한 감정적 지조는 이해할 수 있지만 결과는 참담했다. 외국의 어떠한 영향에서도 벗어나고자 완고했던 조선은 국가 봉쇄를 선택했으며 그 결과로 진보적 과학기술에 뒤처졌다.

우리는 오늘날 한국과 미국과의 관계에서 매우 흡사한 반복적인 역사적 사고 방식의 흔적을 볼 수 있다. 미 국무부와 같은 기관들이 전문 지식인을 배척하고 아첨꾼들로 가득 차면서, 하버드 대학교는 미국의 정치적 자유가 약화되고 경제가 침체되면서 다국적 은행과 제약회사들을 위한 홍보 기관이 되었다. 미국 경제는 완전 초부유층의 지배하에 들어간 상황인데도 불구하고 한국인들은 옛 조선처럼 더 이상 존재하지 않는 변질된 미국에 대한 향수에 계속 젖어있을 뿐이다.

명나라 후반과 청나라 초기의 한국 정치도 마찬가지였다. 한국의 정치학자들은 명나라의 권위를 유지하며, 명나라의 몰락 이후에도 계속 좁고 편협적인 견해를 중심으로 파벌을 정당화했다.

실학實學 모델 / 실용학습

어떠한 개혁과 해외 혁신 수용 모두를 무력화시키는 명나라에 대한 애수와 향수가 국가 전체를 장악하고 있을 당시 18세기 한국의 지식인 몇 명이 새로운 철학적 전망을 제시했는데 그것이 바로 실학實學으로 알려지게 되었다. 박제가, 박지원, 정약용 등 용감한 학자들은 한국인들이 자신들의 문화·지적 주체성의 설립을 권고하고 한국이 동시대 외국 문화의 가치를 스스로 평가할 자격을 키우는 것을 주장하기 시작했다. 이 학자들은 또한 청나라가 만주에 의해 통치되고 있으며 더 이상 명나라의 맥을 따르지 않더라도, 혹 한국에 적합한 청나라의 기술, 정책 또는 제도가 있다면 당연히 채택되어야 한다고 역설했다. 즉, 그들은 이미 몰락한 명나라에 대한 향수로 인해 조선이 신기술과 지정치학적 현실에 눈을 감아서는 안 된다고 말했다. 동시에 청나라로부터 해롭거나 부적절한 영향을 받는 정책, 기술 및 제도를 피해야 한다고 제안했다. 또한 이 학자들은 일본과 서방 국가에 대해서도 같은 경각심을 제시했다. 그 정신이 오늘날 한국에서 가장 필요한 것이다.

현재의 미국 문화, 기술, 정책 및 공공 기관의 많은 측면이 한국에 엄청난 가치를 계속하고 있으며 무시할 수 없는 미국의 혁신이 있다.

하지만 반미주의에서 미국을 최고로 보는 것은 어리석고 어리석은 일이다.

미국은 빛을 많이 잃었고 지배구조의 질과 문화의 질이 현저히 떨어졌다는 것은 자명한 사실이다. 나같은 미국인은 이 점을 당연히 인정할 것이다. 그러나 현재 한국인들이 현실을 스스로 객관적이고 명확하게 판단할 수 있는 국민이라면 미국 사회의 이러한 부정적인 측면을 모두 가차없이 거부해야 하며 오히려 항거하여야 할 것이다.

오늘날 일본, 독일, 중국도 마찬가지다. 이들 국가들은 모두 한국에 여러 모델과 전통을 공유 제공하고 있지만, 분명 한국에 부적절하고 받아들여서는 안 되는 것들이 있을 것이다. 한국인들은 외국 전문가들의 주장에 대한 지적재산에 무조건 근거하지 말고 여러 다른 국가들의 어떤 부분이 우리에게 가장 적합한지 스스로 판단하고 결정해야 한다. 한국이 미국이란 국가가 어떻게 작동하는지에 대한 객관적인 평가를 내놓을 수도 있는 시기가 왔으며 더 나아가 미국에 대처한 한국은 어떠한 전략 위치 또는 격상을 유지할 것이냐에 대한 분명한 입장을 스스로 확보해야 한다.

워싱턴 D.C.의 신호나 허락만 기다리는 퇴보적이고 의존적 사고방식은 과감히 버려야 할 때다. 한국인들이 실학의 진정한 의미를 재발견할 때가 왔다. 과학적 원칙에 따라 한국인들은 외국 모델의 적합성에 대한 객관적인 평가를 할 때다.

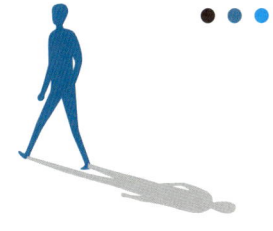

남북 공동의 역사 재조명 작업이 필요하다

한국 사람들과 대화하다 보면, 남북의 이데올로기적 간극이 너무 커서 양쪽이 정치이념이나 경제 정책 등에 대해서 논의하는 것은 일단 피하는 게 좋다고 믿는 것처럼 느껴진다. 대신 무역과 투자같은 가치중립적인 문제로 대화의 주제를 좁혀야 한다고 주장한다.

이는 구시대적 생각이다. 오히려 경제와 투자 문제야말로 예민한 문제다. 이런 것부터 남북이 함께 시작해 보면 좋을 것이다.

일본의 유명호텔인 오쿠라 호텔에는 일제 때 반출된 고려 시대 석탑이 정원에 놓여 있다. 평양 율리사지 팔각 오층석탑과 이천 오층석탑이 그것이다. 당연히 한민족에게 돌려줘야 하는 석탑들인데 남북 정부가 공동 대응을 하지 못해 여전히 일본 문화재처럼 정원에 놓여있다. 오쿠라 호텔은 세계 각국의 정상 및 귀빈들이 찾는 세계적 호텔이다. 한민족의 문화재가 일본의 유산처럼 전시되어 있는 것은 큰 문제다. 이 석탑들은 남북이 함께 힘을 모아 돌려달라고 요구해야 한다.

북한은 그러나 지금 일본과의 수교가 단절된 상태이다. 남한이 북한과 협력해 문화재 반환을 요구할 수 있어야 한다. 남한의 시민단체인 '문화재제자리찾기'의 혜문 대표가 북한 조선불교도연맹의 법적 위임을 받아 대신 일본의 법원에 석탑 반환 조정신청서를 낸 것으로 알고 있다. 민간 단계에서 남북이 역사 회복을 위해 협력한 좋은 모범 사례이다. 그러나 한민족 역사 정체성 회복을 위해서 기본적으로 나서야 할 것은 남북한 정부다.

이런 것부터 시작해보자.

군사분계선 안의 유적지 개발을 남북이 함께하면서 그간 커져온 남북 역사학계의 이질감을 극복해보는 것도 좋겠다. 군사분계선 비무장지대 안에는 궁예 도성과 같은 아직 발굴되지 않은 역사 문화재들이 있다고 한다. 905년 궁예가 송악에서 철원으로 도읍을 옮긴 뒤 왕건에 의해 폐위 당할 때까지 사용된 도성터가 아직 방치되어 있다. 통일 신라에서 고려로 이어가는 시기의 사회 문화상을 알 수 있는 중요 유적이 이렇게 방치 되어선 안 된다.

이렇게 궁예 도성 공동발굴과 같은 것을 남북이 함께해 나가다 보면, 남북의 이질적인 사관에 대한 논의도 시작할 수 있을 것이다. 임진왜란 – 임진조국전쟁, 3·1운동 – 3·1인민봉기처럼 남북 역사학계가 서로 다르게 부르는 용어들도 서서히 통일시킬 수 있을 것이다.

남북한 전문가들의 진지한 논의는 이데올로기적 갈등의 원천이 아니라 창조적인 문제 해결의 실마리가 될 수 있다. 남북한의 학자·예술가·작가·사상가 등은 당장 교류를 시작해야 한다. 공동의 연구 그룹을 결성해 과거 한민족의 역대 왕조의 계승할 만한 제도·관습·가치를 연구해야 한다. 한민족만이 갖고 있는 보물같은 유산 중 현대 사회에 접목시킬 만한 것들을 재발견해 내야 한다. 남북한 정부는 새로운 잠재력과 공통 언어를 만들 기회를 제공해야 한다.

역대 왕조는 중앙 및 지방 정부를 어떤 식으로 운영했는지, 각 왕조에서 중앙 정부와 지방 정부 사이의 관계는 어떠했는지, 이해 충돌과 부패를 방지하고 행정부 내의 능력 중심주의를 확립하며 유능하고 윤리적인 사람들을 정부에 등용하기 위해 각 왕조는 어떤 방안을 강구했는지, 그리고 투명성을 장려하고 당쟁을 막는 방법은 무엇이었는지, 각 왕조에서 정부 권력의 한계는 무엇이었고 권력 남용이나 부의 집중을 막기 위해 어떤 메커니즘을 개발했는 지에 대한 진지한 탐구가 필요하다.

한국인들은 통일에 대해 말할 때 독일을 떠올리지만, 한국인들은 이미 역사 속에서 여러 차례 통일의 경험이 있다. 신라의 삼국 통일이나 고려의 후삼국 통일과정에서 분열을 딛고 어떻게 효과적인 통합을 달성했는지 경험한 사례들이 있다. 각 왕조가 추진했던 다양한 외교·안보 정책들도 현재의 한국인들에게 도움을 줄 수 있다. 신라의 외교 천재 최치원이나 조선의 천재 무장 이순신의 사례는 많은 가르침을 준다. 우리에게 필요한 것은 그들의 말을 새로운 맥락으로 번역하고 행동에 옮기는 것이다.

남북한 사회 모두는 '지속 가능한 한반도' 통일국가를 위한 계획을 수립하고 정책을 마련하는 기능이 상실된 것처럼 보인다. 두 국가가 분열된 채 보내온 기간이 너무나 긴 탓도 있지만, 장기적 계획을 세우기 어렵게 만드는 각 체제의 내부 문제들도 큰 원인으로 보인다.

이런 때 유용하게 서로 쉽게 합의할 수 있는 연구분야는 과거 왕조에 대한 것이다. 남북 공동연구단이 각 왕조(정부)가 장기적으로 어떤 경제사회문화 발전 모델을 만들어왔는지 연구해 보는 것은 어떨까. 또 사회주의도 자본주의도 아니었던 왕조 시대에 민생을 위해 어떤 경제 모델을 구축했었는지 탐구해 보는 것도 필요하다. 이를 통해 가혹한 사회주의, 소비 지향적 시장 경제 모두를 넘어선 한민족 특유의 제3의 길을 찾을 수 있지 않을까.

특히 지금 한반도는 남북한 모두 자연환경 파괴가 심각하다. 역대 왕조가 지속 가능한 문화, 검약 생활, 환경 보호를 어떻게 장려했는지 공동 연구가 시급하다. 지속 가능한 농법을 장려하는 효과적인 농업 정책은 무엇이었으며 이것을 오늘날 지속 가능한 경제를 재발견하려는 한국의 노력과 어떤 식으로 연관시킬 수 있을 것인가, 재활용을 권장하고 내구력이 있는 제품을 제조하며 분해되지 않는 쓰레기의 생산은 피할 방법은 무엇인가, 과거를 통해 이런 질문에 대한 답을 찾는 과정도 필요하다.

남북한 모두 과거의 지혜를 무시하고 강행한 사려 깊지 못한 개발로 인해 심각하게 손상된 토양과 강을 복구할 필요가 있다. 현대 과학의 통찰력을 활용한 전통 농법 복원은 탄소 중립 시대로 가는 가장 빠른 길이다. 우리는 과거로부터 지역 영농을 장려하고 농업을 통해 새로운 일자리를 창출하는, 지속 가능한 공동체를 만들 방법을 배울 수 있다. 한국의 '지속 가능한 공동체 구축'의 전통을 부활시키는 것은 석유와 수입 식품에 대한 위험한 의존에서 벗어나는 가장 빠른 방법이다.

　　한국은 수천 년간 이어져 내려온 사립학교^{서원}와 관립 학교^{향교}의 형태로 된 풍부한 교육 및 학문 전통을 갖고 있고, 과거의 학교들은 새로운 교육 모델을 제공할 수 있다. 전통 교육에서 강조되었던 교사와 학생 간의 관계는 우리에게 새로운 길을 제시한다. 또한 전통 교육에서 가르쳐 왔던 윤리와 사회적 책임에 대한 헌신은 현재 한국의 상업화된 교육 시스템과 북한의 경직된 교육 시스템을 넘어서는 새로운 길이 될 수 있다.

　　우리는 불교·도교·유교를 통해 삶의 경험을 더욱 깊고 의미 있게 만드는 많은 방법을 배울 수 있다. 그러한 배움의 과정에서 내면의 평화를 찾는 길과 얄팍하고 천박한 소비문화를 뛰어 넘는 삶으로 나아가야 한다. 자연과의 교감^{풍수}, 조상에 대한 의식과 존중, 불교의 자신과 세계에 대한 깊은 명상, 유교 주자학의 윤리적 사회 참여를 결합한 한국의 전통은 반지성적 현대 사회에 절대적으로 필요한 대안을 제공해 줄 수 있다. 그리고 이러한 전통적 사상은 한국인들이 물질적 풍요에 대한 강박에서 벗어나 진정한 자유로움을 얻을 수 있도록 해 줄 것이다.

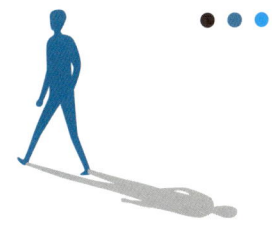

미국 정부가 남북통일의 물꼬를 틀 거라고?

한국인들이 알아야 할 미국의 변화

도널드 트럼프와 김정은의 회담은 포퓰리즘과 파시즘 사이에서 간교한 이득을 취한 나폴레옹 3세조차 시기할 만큼 시끌벅적했다. 그러나 이 시끌벅적함의 이면에 정확히 무엇이 있었는지 살펴야 한다. 과연 남한 사람들이 생각하는 것처럼 그렇게 시끌벅적한 결과들이 있었을까?

북미회담이라는 행사는 마치 헤비급 챔피언 쟁탈전처럼 꽤 노골적으로 홍보되어 왔다. 트럼프는 끊임없이 전쟁을 들먹인 해리 해리스Harry Harris 대사와 마이크 멀린Mike Mullen 전 합참의장 등 강경파의 도움으로 만약 자기 뜻대로 일이 풀리지 않으면 북한에 참혹한 결과가 있을 것임을 암시했다. 모하마드 알리Mohammad Ali가 조 프레이저Joe Frazier와 결투를 하기 전, 반복해서 프레이저를 조롱한 것과 크게 다르지 않았다. 그리고 트럼프에게는 책임이 따르거나 지루할 수도 있는 실제 입법 행위와 정책보다 이런 정치 퍼포먼스가 훨씬 편안한 선택이었을 것이다.

'핵확산방지 전문가'로 거듭난 농구스타 데니스 로드맨$^{Dennis\ Rodman}$까지 부록으로 붙은 이 리얼리티 쇼를 위해 싱가포르가 낙점된 것은 우연이 아니다. 싱가포르는 그냥 국가가 아니다. 아시아와 중동, 동남아시아의 세계 자본이 흘러 들고 이번 회담이 개최된 카펠라 호텔처럼 호화스러운 호텔이 무성한 초현실적 공간이다.

빈곤 인구가 적은 싱가포르는 마치 빗장도시처럼 역내의 분쟁으로부터 스스로를 차단시켜 왔고, 덕분에 싱가포르를 일컬어 '사형제도가 있는 디즈니랜드'라는 우스갯소리를 하기도 한다. 싱가포르의 5성 호텔들은 일반 서민이나 전문가를 위한 시설이 아니다. 이번 행사는 그 의미도 모르는 자가 CVID $^{Complete,\ Verifiable\ and\ Irreversible\ Dismantlement\ 완전하고\ 검증\ 가능하며\ 불가역적인\ 핵\ 폐기}$ 같이 현란한 단어를 주문처럼 반복해서 외는 목소리로 점철되었다. 진실과 정의에 대한 관심은 어느 곳에도 없었다. 전 과정이 심각하게 반(反) 지성적이었다. 미국은 트럼프가 중간선거까지 버틸 수 있을 정도의 혼란만을 조성하기 위해 이성적인 토론없이 감성과 연계에 기대는 전략을 썼다.

그러나 한국 언론에서 이러한 비판적 진단을 거의 찾아보지 못했다. 온통 장밋빛 청사진 속에 트럼프 대통령을 문재인 대통령만큼 사려 깊고 역사적인 인물로 부각하려는 욕망을 느꼈다. 세계의 시민들은 한국의 특수한 분단 상황을 이해 못 하는 것은 아니지만 한국 언론이 객관적인 분석을 할 수 있는 사회분위기에 놓여 있지 못하다고 느꼈을 것이다.

우리는 언론 또는 회담에서 전혀 언급되지 않은 다음 사항에 주목할 필요가 있다.

1) 중국, 일본, 한국, 러시아, 미국이 동아시아에서 벌이고 있는 소름 돋는 군비경쟁
2) 핵확산금지조약을 노골적으로 위반하는 미국의 차세대 핵무기 증강
3) 남북한 내 건조지 확산 등 한반도와 동북아지역에 기후변화가 끼치는 영향
4) 남북한 모두에서 점증하는 부의 편중과 그로 인한 사회 및 정치의 왜곡
5) 더 이상 의미 있는 뉴스를 찾기 어려울 정도로 쇠퇴한 언론

트럼프가 노벨평화상을 수상할 수도 있다는 관측을 듣고 한국인들은 위안을 얻었을지도 모르겠다. 또는 트럼프의 대담한 행동이 과거 로널드 레이건Ronald Reagan이 미하일 고르바초프Mikhail Gorbachev에게 접근했을 때와 매우 유사하다는 사설을 읽었을 수도 있다.

그렇지만 냉전의 종식도 그렇게 유사한가? 독일과 폴란드, 소련이 조약을 맺은 기이한 역사의 한 순간을 기억해야 할 것 같다. 독일은 1938년 체코슬로바키아를 분할할 당시, 폴란드가 보후민Bohumin을 원하

자 이를 지지하였다. 이에 소련이 소련-폴란드 불가침조약을 파기하겠다고 위협하였으나 독일과 폴란드의 지배세력 간에 협력관계는 형성되었다. 그런데 1939년 8월 23일, 소련과 독일이 불가침조약을 체결하였고, 이윽고 9월 1일 독일이 폴란드를 침공했고, 같은 달 17일 소련은 폴란드의 그 외 지역을 침공했다. 당사자들 간에 신뢰가 없었고, 시민사회의 의견 청취 없이 몇몇 권력자들끼리 의사결정을 독점했기 때문에 그저 협약을 위한 협약은 아무 의미가 없었던 것이다. 결국 그로부터 2년 후인 1941년 6월 22일, 독일이 소련을 침공하며 그들의 조약을 위반하고, 인류 역사상 가장 잔혹한 군사 작전을 시작했다.

현재 미국 행정부의 의사결정 과정에서 전문가는 고사하고 의회의 의견조차 듣지 않고, 시민들이 용납할 수 없는 몇몇 인물들만 모여서 일처리하는 풍경이 자주 벌어지고 있는 것을 한국인들은 잘 모른다. 이런 희비극은 트럼프의 정치적 천재성 때문이 아니라, 미국 내 의미 있는 정치 담론의 실패에 의해 발생되었다. 지식인들은 자신들만의 세상으로 물러나버렸고, 형편없는 교육과 언론에 노출된 대부분의 시민은 혼자 힘으로 세상사를 버텨야 한다.

차일디시 감비노(Childish Gambino)의 뮤직비디오 'This is America'는 9 · 11이나 찰스턴 교회 총기사고와 같이 끔찍한 폭력이 새로운 오락거리로 쉽게 잊혀지는 미국의 페티쉬적인 소비문화를 완벽하게 표현하고 있다. 미국의 시민들은 새로운 흥분을 추구하는 소비자로 몰락하고 있다.

꼭두각시 주인과 꼭두각시를 하나로 합친 마이크 폼페오

마이크 폼페이오Mike Pompeo 미 국무부 장관이 대북 협상의 중심인물로 부상한 배경에 바로 이러한 문화적 환경이 있다. 폼페이오는 미국의 역대 국무부장관들과는 완전히 다른 인물이라고 해도 과언이 아니다. 그는 수십억 달러 자산가인 찰스Charles와 데이비드 코크David Koch 형제의 명령을 받들어 권력을 잡았고, 극소수의 부유한 후원자 외에 다른 사람들의 생각에는 관심도 없다.

폼페이오는 평양에서 김정은을 만나 핵 확산금지에 대한 어떠한 진지한 대화도 나누지 않았음을 확신한다. 폼페이오는 핵 확산 금지 협약을 시행하고 외교조약을 협상하는 기술적이고 까다로운 과정에 대해서는 아는 것이 없다. 그는 수년간 의회에서 말도 안되는 이유로 이란과의 핵 협정을 훼손하기 노력했기 때문이다. 게다가 그의 전임자인 렉스 틸러슨Rex Tillerson이 국무부의 거의 모든 고위급 공무원을 해임, 강등 또는 사직하도록 했기 때문에, 폼페이오의 국무부에는 냉소적 관료주의자들만 남아 있다.

미국이 이란 핵협상을 폐기하기로 한 결정은 폼페이오의 열렬한 지지를 받았지만 미국 외교의 정통성에는 최후의 일격이었다. 이 복잡한 조약을 위해서는 진정한 비확산 전문지식과 투명하게 문서화 되는 협상이 필요했고, 다른 국가와의 협력도 요구되었다.

그러나 오늘의 미국은 국제법과 외교관례를 그 역사상 유례없을 정도로 무시하고 있다. 우리는 한번도 가지 않은 위험한 해역에 와 있는 것이다.

현재 북한에 필요한 것은 지난 수십 년간 파괴된 토양과 산림을 재건하기 위한 노력이다. 기초 영양소가 턱없이 부족한 맥도날드 햄버거나 미국산 농산물에 중독되는 것이야 말로 북한주민에게는 재앙이 될 것이다.

트럼프가 아무리 트위터로 떠들어도, 이산가족상봉이나 사회 및 의료분야에 NGO가 참여한다는 소식은 없다는 것에 주목해야 한다. 북한주민의 진정한 관심은 무엇인가에 대해 트럼프 행정부가 진지하게 논의를 하고 있다는 소식조차 없다.

대신, 언론이 이런 저런 중요한 회의가 열릴 것이라는 암시를 하며 우리를 애태울 뿐이다.

미 의회는 완전한 비핵화라는 불가능한 과제의 완성을 트럼프 정부가 확인할 수 있을 때까지 대북제재를 유지해야 한다고 선언했다. 그런데 이 정부는 그런 능력도 의지도 가지고 있지 않다.

한국인들은 내 주장이 과격하다고 느낄지 모르겠다. 왜냐하면, 이런 미국 행정부의 전문성의 후퇴 혹은 붕괴를 체계적으로 설명해 준 한국 언론이나 지식인이 거의 없기 때문이다. 이제부터 미국 정부 내에서 지난 몇 년간 벌어진 일을 자세히 기술하겠다.

미국의 표면과 이면의 격차

미국 국무부 본청인 해리 트루먼 빌딩의 전면부는 인턴쉽 과정을 위해 워싱턴 DC를 방문하는 전 세계 대학생들이 기념사진을 찍는 인기장소이다. 1941년 지어진 이 석회석 전면부는 WPA^{미국 공공사업촉진국} 건축양식을 정제한 양식으로 절묘하게 절제된 우아함을 가지고 있다. 시간이 흐르면서 파시즘에 맞서 싸운 외교관들이나 유엔을 설립하기 위해 조지 마셜^{George Marshall} 국무장관과 늦은 밤까지 고생한 자들을 떠올리게 하는 고풍스러운 아름다움이 묻었다. 그러나 이러한 고풍스런 아름다움은 석회석처럼 단단하고 회색빛으로 굳어져 가고 있다. 렉스 틸러슨 전 국무장관^{2017년 2월~2018년 3월 미국 국무장관}은 모든 윤리적이고 능력 있는 전문 외교관들을 이 건물에서 쫓아내는 데 많은 시간을 할애했다. 그는 고위 외교관들을 노골적으로 해고하거나 그들이 스스로 떠나지 않을 수 없게 만드는 불쾌한 환경을 조성했다.

국무부 종말의 마지막 단계가 다소 급하게 진행되고 있지만, 오랜 기간 이어져 온 후퇴의 흐름의 정점일 뿐이다.

국무부의 종말은 연방정부의 종말이라는 더 큰 사건의 일부이고, 그 시작은 1970년대였다. 로널드 레이건과 그의 부자 측근들이 권좌에 앉은 1981년에 그들은 연방 공무원이 기존에 누리던 보호조치를 박탈하고 이들의 노동조합을 훼손하기 위해 신속하게 움직였다. 전문 공무원들은 권위의 기반을 잃기 시작했고 더 이상 정치인을 견제할 수 없었다. 정부기관은 더이상 지식인들에게 매력적인 직장이 아니었고, 지식인들은 변호사가 되거나 은행에 취업했다.

레이건 정부는 정책 민영화의 첫 걸음을 내디뎠으며, 장기적 정책이 아닌 이윤을 추구하는 사설 싱크 탱크, 컨설팅 기업, 그 밖의 정부에 기생하는 기관들에 납세자의 세금을 배정하기 시작했다. 정부는 자체 전문성을 개발하기 위한 자금에 목말랐고, 어쩔 수 없이 컨설턴트들에게 의존하게 되었다. 이는 기업과 정부의 권력 관계가 영구적으로 달라지는 것을 의미했다.

국무부 내 전문성을 찾으려는 전쟁은 조지 부시$^{George\ W.\ Bush}$ 정부 출범 이후 더욱 급박해졌다. 부시 대통령은 언제든 기회만 주어진다면 세계대전을 시작할 준비가 되어 있는 우익 극단주의자들을 백악관으로 데리고 왔다. 물론 정부 내의 저항도 만만치 않았다. 무엇보다 클린턴 전 대통령이 임명한 조지 테넷$^{George\ Tenet}$이 CIA에 버티고 있었고, 자유주의 성향의 공화당 출신 콜린 파월$^{Colin\ Powell}$이 국무장관이 되었다. 이 둘이 영웅은 아니지만 각자의 자리에서 오래 살아남아준 덕분에 딕 체니$^{Dick\ Cheney}$와 도널드 럼즈벨트$^{Donald\ Rumsfeld}$처럼 자신의 불법행위에 저항할 수 있는 사람은 모조리 제거해 버릴 기세인 자들의 활동이 부분적이나마 성공하지 못 했다. 여전히 연방정부에는 외교와 안보를 진지하게 생각하는 훌륭하고 의욕적인 자들이 남아있었고, 이들은 체니 부통령의 임기가 한창일 때도 공개적으로 부시 정부의 정책에 반하는 보고서를 발표했다.

이러한 저항의 목소리로 인해 체니와 그 측근들이 시도한 이란과의 전쟁이 두 번이나 (또는 그 이상) 좌절되자, 우파 진영에서는 공무원 체제 전체를 무너뜨리고 그 기능은 기업에 위탁해 버리기로 결정했다. 민간 부문은 이윤을 추구하기 때문에 명령을 불복종하지 않을 것이라는 게 이유였다.

정부에 남아있던 사람들도 달라졌다. 평범한 공무원들의 대우는 형편없어진 반면 고위공무원들은 특전을 받았고, 퇴직 후 컨설턴트로 일하며 큰돈을 벌 수 있게 되었다. 원래 미국의 정책결정은 정부가 해야할 일인데 이것이 이윤을 추구하는 단체의 손에 맡겨졌다. 미국 정부의 정책 상당수가 위헌적임은 공공연한 비밀이다.

국무부가 전문성을 상실하고, 의사결정 과정에서 국무부의 입지가 무너졌더라도, 폼페오가 진짜 권력을 쥐고 있고 정책결정을 이행할 능력이 있음은 분명하다. 무엇보다 그는 의회를 완전히 무시하고, 법률 절차 문제를 유린할 수 있기 때문에 역대 국무장관들보다 강력한 위치에 있는 것으로 보인다.

그의 힘이 어디에서 오는지에 대해 답하기 위해서는 지난 30년 동안 연방 정부와 주 정부 전체를 둘러싼 변화의 과정을 고려해야 한다. 기업을 견제할 능력을 잃고 정부 정책 입안을 이윤을 쫓는 법조계와 로비스트, 컨설턴트에게 전가한 것은 비단 미국 정부만의 문제가 아니다. 미국의 시민 사회도 더이상 정책 입안이라는 민주적인 과정에 개입하지 않는다.

이러한 상황을 두고 스코치폴[Theda Skocpol]은 〈민주주의의 쇠퇴: 미국 시민생활의 변모〉[Diminished Democracy : From Membership to Management in American Civic Life]라는 책에서 모든 계층의 미국인들이 민주주의에 일상적으로 참여하던 관행이 어떻게 사라지게 되었는지에 대해 설명한다.

과거 미국인들은 학부모 모임이나 라이온스 클럽 조찬, 동네 행사 등에서 다양한 배경을 가진 사람들을 주기적으로 만났고, 퇴역군인 모임과 여성단체, YMCA나 보이스카우트 등의 모임을 통해 한데 모인 반면, 오늘날 미국 시민은 혼자 지내거나 소수의 친구들과 스타벅스에 앉아 연예인 이야기를 한다.

과거 세대에서는 그런 단체들도 선거를 했고, 많은 시민들이 이런 지역 단체들을 관리하는 과정에 참여했다. 그러나 1980년대 이후, 그 중에서도 특히 지난 15년간, 대부분의 시민들은 소셜 미디어를 통해서만 의견을 교환할 뿐, 참여와 헌신이 필요한 활발한 단체활동은 하지 않고 있다.

그 결과는 무엇인가? 선거운동과 정책입안은 여전히 계속되지만, 공화당과 민주당이 독점한 선거에는 시민의 생활 속 민주 단체가 낄 자리는 없고, 그러다 보니 점점 더 일상과 동떨어지게 된다. 정부는 불투명하고, 참여를 독려하지 않는 '경영 스타일'을 모델로 삼았고, 민주적 과정은 시들어버렸다.

일반 시민들이 민주주의 과정에 참여를 하지 못하는 동안, 부유 계층과 기업들은 엄청난 돈을 지출하여 자신들의 이익을 충족하는 NGO

를 설립할 수 있었고, 자신들의 목소리를 대변할 수 있는 신문과 잡지를 찾거나 아예 광고 예산으로 압박해 이 뉴스 저 뉴스 옮겨다니며 북한의 위협이나 자유무역의 이점이라는 허상을 설파할 수 있는 전문가가 출연하도록 자금을 댔다. 그러는 와중에 폼페이오는 한숨 돌려왔을 것이다.

트럼프의 정책을 지지하는 미국의 소위 '보수주의자'는 극소수의 우파 기업이 소유한 상업 매체가 조직적으로 허위정보를 보도하는 가운데 미쳐가는 세상을 이해해 보려고 애쓰는 무고한 시민들일 뿐, 정치적 신념에 의해 탄생된 무리가 아니다. 안타깝게도 부유한 가정에서 자라 고등교육을 받은 운 좋은 사람들은 이런 트럼프 지지자들이 겪어온 상황에 대해서는 아무런 고려도 없이 이들을 '어리석은' 유권자로 치부해 버린다.

어마어마한 돈을 투입해 전문가와 언론인을 매수하고, 보여주기식 행사를 만들어내고, 기업 금융을 지원하기 위한 운동을 하는 듯한 이미지를 만들기 위해 로비스트를 고용하는 방식으로 사람들을 사로잡는 이 과정은 '미국을 지지하는 NGO 모임'^{NGO People for the American Way}가 1996년 발간한 보고서 '돈으로 시민운동 사로잡기'^{Buying a Movement}에 세심하게 기록되어 있다. 이 보고서는 어두운 자본이 미국 정계를 집어삼킬 무렵 작성되었고, 이후 20여 년간 상황은 더욱 악화되었다. 기업의 영향력 확대는 미국 정책 과정 왜곡의 첫번째 단계에 불과했다. 장기적으로 소수의 개인들이 엄청난 부를 가지면서 미국은 갑부의 부 축적이 기하급수적으로 늘고, 기업이 아니라 개인 부호들이 황제처럼 책임은 지지 않되 정책은 결정할 수 있는 단계로 나아갔다.

여기서 더 나아가, 지난 5년간 지속된 감세와 친 기업적 규제완화는 완전히 새로운 정치 세계를 만들어냈다. 한 연구소가 발간한 '2018년 부자 인구조사' Wealth X report에 따르면 부자들의 재산은 2017년 24% 증가했으며, 세계 GDP의 12%인 9조2천억 달러가 이들 손에 있다.

20년 전에는 기업의 대표들이 정책에 대단한 영향을 끼쳤지만 민간 부문을 관리하는 역할을 했고, 느슨하고 관대한 능력중심주의에 대한 책임을 졌다. 그런데 이제 이들은 빌 게이츠Bill Gates, 제프 베조스Jeff Bezos, 마크 저커버그Mark Zuckerberg, 워렌 비핏Warren Buffet 등 마치 현대의 예언자라도 되는 듯 한마디만 하면 언론을 휩쓰는 억만장자들에 자리를 내주며 물러났다. 그러나 비밀스러운 돈 더미와 언론 통제로 트럼프를 백악관에 입성시킨 숨겨진 억만장자들이 있다. 강경 친 이스라엘파인 셸던 애덜슨Sheldon Adelson과 버나드 마커스Bernard Marcus, 로버트 머서Robert Mercer, 그리고 가장 중요한 석탄 석유의 큰손인 데이빗과 찰스 코크 형제가 그들이다.

이 갑부들은 정치에 충분한 돈을 댐으로써 사회 전체를 쉽게 손아귀에 넣고, 자신들의 요구에 가장 먼저 응답할 대통령을 뽑기 위한 도박을 했다. 모순덩어리의 우스운 트위터 멘션과 멍청한 보도로 세상 사람들이 혼란을 겪는 상황을 이용할 수 있을 것이란 계산이었다.

지금까지는 이들의 노림수가 옳았다. 5년 전만 해도 이런 시나리오는 불가능했다. 최근의 '세제개편' 이후 눈에 띄게 증가한 부의 대물림은 이 갑부들과 그들의 측근이 권력에 취해 앞으로는 더 과감히 행동할 것임을 암시하고 있다.

합산 자산가치가 대략 1천억 달러를 초과하는 코크 형제가 바로 마이크 폼페이오를 만든 힘이고, 폼페이오는 미국인이나 국제사회의 요구는 커녕, 연방정부 관료로서 자신의 의무가 아닌 코크 형제의 요구에 응답하고 있다.

한국인들은 내가 왜 자꾸 코크 형제를 반복해서 소개하는지 의아할 것이다. 이들 형제는 미국의 강경 보수 우파를 지원하는 막강하고 유력한 재벌가들이어서 미국 사회를 이해하는데 핵심인데도 정작 한국인들은 잘 모른다.

도널드 트럼프 미국 대통령이 2017년 6월 파리 기후협약을 탈퇴했다. 노벨 경제학상 수상자인 제프리 색스 컬럼비아대학 교수는 〈뉴욕타임스〉에 "코크 형제의 정교한 캠페인에 따라 공화당 의원들이 움직이고 있다. 심지어 트럼프가 읽어 내린 탈퇴 발표문의 문장 하나하나가 코크 형제의 평소 주장과 놀라울 정도로 일치한다"고 밝혔다.

찰스 코크와 데이비드 코크 형제는 미국 캔자스주 위치토에 본사를 둔 코크산업$^{Koch\ Industries}$의 소유주들이다. 두 사람의 재산은 '포브스 선정 억만장자 순위' 10위 안에 든다. 2017년 기준 둘의 재산을 합하면 974억 달러$^{약\ 110조원}$을 넘어 1위인 빌 게이츠$^{860억\ 달러}$를 가볍게 뛰어넘는다.

코크 형제가 관리하는 정치인으로는 미국 부통령 마이크 펜스가 있다. 그는 2012년 코크 형제가 대통령 후보로 민 적이 있고 선거자금으로 30만 달러를 기부했었다. 마이크 폼페이오는 코크 형제의 텃밭인 캔자스주 하원의원 출신으로 아예 '코크 가문의 하원의원'이라는 별명이 있을 정도로 지원을 많이 받았다.

〈뉴요커〉에서 21년째 기사를 쓰고 있는 제인 메이어가 쓴 〈다크 머니〉는 "트럼프야말로 본질적으로 코크형제의 후계자인 동시에 그들이 1970년대 이후 계속해서 매진해온 광범위한 정치활동의 결과물임에 틀림없다"고 썼다.

코크 형제는 2016년 대선 때 1,600명이 넘는 유급 직원들을 미국 35개 주에 파견해 전체 유권자의 80%를 접촉하도록 움직였다. 이들은 정치 자금을 8억8900만 달러나 모아 공화당 공식 조직보다 자금과 규모 면에서 앞질렀다.

이들은 1단계로 지식인들에 투자하고, 2단계는 정책 연구소에 투자하고, 3단계로 시민 모임에 대한 지원을 한다. 코크 형제는 철저하게 민주주의가 아닌 자본의 작동 방식으로 미국 정부와 사회가 운영되도록 장악해왔다.

한국 언론들이 워싱턴의 백악관과 의회나 월스트리트의 소식만 전하느라 정작 미국 사회 생리의 변화가 어떻게 되고 있는지 무심하다. 폼페이오나 트럼프의 동향 하나하나에 한반도의 운명이 걸려 있는데, 정작 그들을 움직이는 보이지 않는 자본가들에 대해서는 분석이 없다. 한국인들이 좀 인내심을 갖고 폼페이오와 코크 형제의 관계에 대한 미국 지식인들의 설명을 살펴봐 주기를 바란다.

폼페이오는 미 육군사관학교인 웨스트포인트를 수석으로 졸업한 똑똑한 사람이다. 그러나 그는 다른 그 누구도 아닌 코크 형제에 대한 흔들림 없는 충성을 통해 이 자리까지 올랐다. 그는 이렇게 급격히 부가 집중되고 부가 곧 힘이 되는 사회에서 '힘없는 자'들을 위해 시간을 낭비할 필요가 없음을 일찌감치 깨달은 정치인 중 한 명일 수 있다.

현재 폼페이오는 무시할 수 없는 권력을 쥔 채, 해리 해리스 주한 미 대사 및 다른 인물들과 북한 문제를 두고 샅바 싸움을 하고 있다. 그러나 폼페이오의 권력이 미 국무부의 공무원이나 CIA 또는 국방부에서 오는 것이 아니라는 게 한국 사람들에게는 걱정거리가 되어야 한다.

Documented Investigations의 이사이자 진보적 언론활동가인 리사 그레이브스Lisa Graves는 한 인터뷰에서 폼페이오가 사회에 처음 나왔을 때부터 코크 형제와 밀접한 관계였다고 설명했다.

폼페이오는 코크 형제가 제안한 입법을 지지하고 캔자스 일반 유권자의 문제는 무시할 수밖에 없는 구조에 사로잡혀 있다. 그는 기업을 규제하거나 환경을 보호하고, 스스로 의사 결정을 할 줄 아는 시민을 양성하는 데 초점을 둔 정부 교육제도를 축소시키는 코크 형제의 운동에도 앞장서 왔다.

정부를 무력화하기 위해 미국의 부자들은 허울좋은 싱크탱크를 만들어 폼페이오를 지원하고, 정부의 권력 남용 문제는 해결하지 못 하면서 기업의 범죄행위에 맞설 능력만 제한하는 '제한된 정부' 같은 생각을 옹호해 왔다.

시민단체 'Food and Water Watch'를 이끌고 있는 위노나 호터 Wenona Hauter는 "폼페이오는 가장 높은 가격을 제시하는 입찰자에게 자신을 팔 수 있는 기회주의자"이며, "그는 GMO 식품 표기를 요구할 수 있는 캔자스 주 정부의 권한이 사라지는 것을 방치했다. 그의 충성심은 평범한 미국 유권자가 아니라 몬산토Monsanto 다국적 농업기업와 위험한 농화학물질, 그리고 모든 농부가 이 물질에 비정상적으로 의존하도록 만들도록 향해 있었다"고 비판한 바 있다.

폼페이오는 의회에서 쓰레기 과학을 옹호하고 기후변화를 부인하며, 코크 형제가 출자한 단체가 출간한 가짜 연구결과를 배포해 마치 환경오염과 코크 형제의 사업과는 아무런 관련이 없는 것처럼 주장하는 데 거리낌이 없었다.

호터는 또 다음과 같이 말했다. "코크 형제가 수천만 달러를 들여 기후변화에 대한 공감대를 부정하기 위해 쓰레기 과학을 선전했다는 걸 압니다. 그런데 우리는 이들이 완벽한 거짓말을 하고 있다는 것도, 과학계는 기후변화의 심각성에 공감하고 있다는 것도 압니다."

코크 형제의 노력은 이게 끝이 아니다.

코크 반대 단체인 'UnKoch My Campus'은 코크 형제가 자신들의 위선적 '자유시장' 정책, 즉 국가의 번영을 위해서는 기업 규제완화가 필수적이라는 논리를 옹호해 줄 교수를 만들기 위해 어떻게 대학의 교수 임용에 적극적으로 개입했는지를 보여주는 문건을 발표했다. 코크형제는 여러 대학들이 교수를 임용하거나 고용유지를 결정할 때 비밀리에 자신들의 발언권을 주장하는 방식으로 영향력을 행사했다.

이들은 또한 대학생과 고등학생에게 법인세와 정부의 규제를 최소한으로 줄여야 한다는 메시지를 보내기 위해 어마어마한 돈을 투자해 '청년기업가' Youth Entrepreneurs 를 육성하기도 했다.

트럼프와 마이크 폼페이오를 움직이는 사람들이 누구인지 알았는가. 이제 한국인들은 트럼프 행정부에서 얼마나 많은 전문가들이 떠나간 상태인지 알아야 한다. 그래야만 한반도의 운명이 얼마나 엉터리같은 자들에 의해 좌지우지되고 있는지 경계심을 갖고 대비할 수 있을 것이다.

하나의 기사를 보자.

'The Atlantic'은 2018년 2월11일 '미 국무부에서 전문가들이 사라진다' The Hollowing Out of the State Department Continues 라는 기사를 게재했다. 이 기사에 따르면, 트럼프 행정부의 첫 8개월간 12퍼센트의 외교부 전문가들이 정부를 떠났다고 한다.

외교부에는 특히 민간전문가들의 역할이 중요하다. 왜냐하면 무역, 약물 문제, 무기 거래, 환경 문제 등과 같은 국제문제들은 시민사회의 역할이 중요하기 때문이다. 국제적인 협상 단계에서 민간전문가들은 핵심 열쇠로 작용할 때가 많다. 그러나 트럼프 행정부에서 이 전문가들이 떠나가버리고 있다.

핵확산 문제에 있어 미국 내 최고 전문가인 리차드 존슨이 2018년 5월 트럼프 행정부를 떠난 것은 상징적인 사건이었다. 미국 언론들은 미국 정부에서 인재 유출이 계속 벌어지고 있는 것에 심각한 우려를 하고 있는데 리차드 존슨의 이탈은 쐐기를 박는 사건이었다. 그는 트럼프 대통령이 이란과의 핵협정을 탈퇴한다고 선언하자 결국 미국 정부를 떠났다. 리차드 존슨은 영국, 프랑스, 독일 등과 협력하며 난파 위기에 놓인 이란 핵협정을 구하기 위해 노력했지만 끝내 실패한 것에 회의를 느낀 것으로 보인다.

북한의 핵문제 해결을 진심으로 갈구하는 한국인들에게 이것은 대단한 미국 뉴스임에도 한국에서는 그다지 알려지지 않았다.

이뿐인가. 미 국무부에서 한반도 정보국장을 했던 존 메릴[John Merril]도 떠났고 프랭크 자누지[Frank Jannuzi]는 2000년대에 동북아 외교의 핵심인물로서 기대가 많았는데 역시 미국 정부에서 더 이상 일하지 않는다. 석유나 팔던 엑손 모빌의 렉스 틸러슨이 미 국무부 장관에 임명되는 정부이니 어떤 전문가들이 납득하겠나.

소위 동북아 전문가들은 더 이상 트럼프 행정부와 일하지 않는다. 한반도의 운명이 어떤 아마추어와 극단적인 자들에 의해 결정되고 있는지 지금처럼 정보가 별로 없고 불안한 시기도 없다.

얼마 전 미국 국무부 카렌 스키너[Karen Skinner] 정책계획 국장이 신황화론을 주장한 적 있다. 이것은 19세기 미국 사회에 퍼져있던 아시아 경계론을 21세기에 끌고 나온 것이다.

20세기 내내 미국은 소련과 경쟁하면서 보냈다. 다만 이것은 이데올로기 경쟁이었지 문명의 대립은 아니었다. 미국은 오랫동안 러시아와 중국을 비판했지만 그것은 '이질 문명'의 대립은 아니었다. 그러나 이제 신황화론 따위는 새로운 문명의 대립을 주장하는 것이다.

지금 이질 문명에 대한 미국 사회의 두려움은 많이 잊혀졌지만 19세기에는 심각했다. 미국은 그때 아예 중국인의 이민을 금지했었다. 1882년 중국인 이민 금지법안이 있었고 아예 아시아 인종 전체의 이민을 금지했다. 미국이 백인 다수 사회가 된 건 그 덕분인데 아마 그때 이민이 금지되지 않았다면 지금 미국 사회 상당수는 아시아계가 차지했을지 모른다.

한국인들은 이런 신황화론은 중국인들에게 해당하는 것이지 자신들과 상관 없는 것이라 여길 수 있다. 그러나 미국의 백인 우월주의자들의 글과 활동을 내밀하게 관찰하면 그들은 동양인 전체를 위협적 존재로 생각한다는 것을 알 수 있다. 이들은 갈수록 경찰과 군인 사회에서 힘을 모으고 있다. 이들이 트럼프 대통령의 중요한 정책 자문 역할을 하게 될 것이다.

지금 미국 행정부의 상당수 관료들은 중국에 대해 그런 태도를 갖기 시작했다. 일본과 한국에 대해서도 그런 경계적 태도를 갖출 수 있다. 모두 미국 행정부 내에서 실력 있는 동아시아 전문가들이 떠난 것에서 벌어진 파생 효과다. 그렇다고 동아시아 전문가를 새로 양성하지도 않는다. 그나마 냉전시대에는 정치적 필요에 의해 아시아 전문가를 키워야 한다는 생각이라도 있었는데 지금은 돈이 안 되면 어떤 생각도 폐기될 수 있다.

미국 내에서는 이러한 것들이 하나의 사회 문제이지만 한민족 입장에는 미래 운명을 결정할 수 있는 절대적 문제이다. 그러나 이에 관심을 기울이는 한국 언론은 거의 보지 못했다. 미국 사회를 객관적으로 연구할 자세가 안 되어 있기 때문으로 분석한다.

안타까운 일이다.

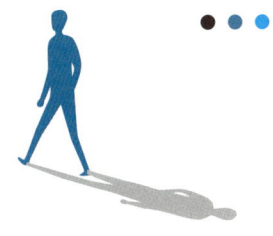

미국인 북한전문가

좋은 사업의 원천

잠시 시간이 있다면 교보문고의 영어 도서 섹션에 가보는 것이 좋다. 영어 도서 섹션의 중간에 위치한 해외 독자들을 위해 영어로 출간된 북한 관련 도서들을 발견하게 될 것이다. 이 책들은 밝은 색상의 매력적인 표지들로 덮여 있다.

북한 관련 서적에는 세 가지 장르가 있다.

첫 번째는 끊임 없이 전쟁을 벌이고 무기를 사용하여 한국, 일본 및 미국을 공격하려 하는 호전적인 군사 독재국가로 북한을 묘사한 유사 학술 서적이다. 이 책들은 독자층이 다소 제한되어 있으며 북한의 의도나 군사력을 진지하게 비교 분석하기보다는 한국, 일본 및 미국이 고가의 무기 시스템을 구매해야 함을 사람들에게 설득하기 위한 수단으로 출판되고 있다.

이러한 무기 시스템의 구매는 단순히 북한에 대한 오해의 결과가 아니며 군수 산업을 통해 돈을 벌어들이는 은행 및 다른 투자자들이 소수의 사람들을 위한 이익을 창출하기 위해 일반인들이 낸 세금을 사용하는 방법의 일환으로 의도적으로 그러한 이미지를 널리 홍보하는 것이다.

나는 많은 이들이 북한의 위협에 대한 이 지루한 책들을 정말 끝까지 읽었을 것인가에 대해 의심이 든다.

북한 관련 서적의 두 번째 장르는 수많은 지독한 시련과 끔찍한 고통을 겪은 후 한국이나 미국에서 자유를 찾은 용감하고 고결한 사람들이 북한의 압제적이고 범죄적인 환경으로부터 탈출하는 것을 묘사한 책들이다. 대개 탈북자들이 서구 작가의 '도움'을 받아 쓴 이러한 이야기들은 극적인 반전과 서사 구조를 조합함으로써 북한을 세계의 다른 어느 나라보다 끔찍하게 보이도록 만들었고 서양과 서구 문화가 안전하고 평화롭고 자유로운 환경을 제공함을 시사함으로써 위험하고 무서운 북한과 대조를 이루고 있다.

이 흥미 진진한 이야기들은 모험 소설로 더 잘 분류되며 실제 경험을 바탕으로 한 섹션들이 포함되어 있음은 의심의 여지가 없지만 더욱 강렬하고 호소력을 갖도록 서구 편집자들에 의해 각색되었다. 이러한 책들은 북한에서의 생활에 대해 자세히 설명하는 것이 아니라 에드거 앨런 포의 소설들처럼 가슴 아프거나 끔찍한 장면들을 설명하는 데에 더욱 중점을 두고 있다.

이 책들이 북한 사람들이 자신들의 의지에 반해서 한국에 머무르도록 강요당하는 방법과 한국이나 미국에서 학대 및 조종당하는 방법 또는 지배 계급이 노동자와 농민을 학대하는 전 세계의 다른 많은 개발 도상국들과 북한 사이의 유사점에 대해서는 아무 것도 묘사하지 않는 점에 주목할 필요가 있다. 이러한 이야기들에서 북한은 여전히 독자적인 상태로 남아 있다는 사실이 중요하다.

나는 약 2년 전 서울에서 열렸던 공개 행사에서 작가로서 새로운 경력을 쌓으려고 노력하는 한 탈북 여성 옆에 앉을 기회를 가졌다. 그녀는 탈북자 중 가장 유명 인사는 아니지만 탈북자의 이야기를 출판 시장에 내놓으려고 열심히 노력하고 있었다. 그녀는 그 행사에 에이전트와 함께 왔는데 이벤트를 진행하는 과정에서 중요한 역할을 했다. 그녀는 행사를 위해 진한 화장을 하고 매력적인 드레스를 입었다. 그녀는 북한에 있는 형제 자매들의 대변인이라기보다는 모델이나 가수가 되려고 노력 중인 사람처럼 보였다.

가장 중요한 것은 그녀가 청중의 질문에 답변했을 때 나라 전체가 전 세계 어느 곳보다도 억압적이고 폐쇄적이며 전체주의적임을 시사하면서 북한에 대한 모든 것들을 무조건적으로 비난했다는 사실이었다. 그녀는 북한의 어떤 것에 대해서도 긍정적인 말을 할 수 없었고 지나치게 부정적이었기 때문에 자신이 자란 나라를 묘사하기보다는 정해진 대본에 따라 말하는 것처럼 보였.

이러한 '북한 탈출' 이야기를 읽으려고 시도할 때마다 나는 인위적인 구성에 금방 질려버리게 된다. 나는 북한에 가본 적은 없지만 이런 이야기들이 북한을 기상천외할 정도로 악의 소굴로 보이도록 윤색되어 있다고 말할 수 있다. 반면에 비록 극소수지만 이 이야기들 중 일부는 북한의 검소하고 상업주의에 물들지 않았으며 스마트폰이 없는 생활의 미덕을 시사하고 있다.

또한 이러한 '탈출 소설' 장르는 필연적으로 북한이 자유롭고 개방된 시장 경제를 채택하지 못했고 정부가 자유 무역을 개방하려는 의지가 없으며 자유 무역을 위한 시장 개방에 대한 정부의 의지가 결여된 것이 현재 북한이 직면한 기근과 빈곤의 원인임을 암시하고 있음에 주목할 필요가 있다. 시장 경제가 미국과 한국에 미친 엄청난 피해를 살펴본다면 코카콜라와 디즈니 상품의 소비가 국가에 긍정적인 것으로 보기는 어렵다. 전 세계인들은 이른바 자유 무역에 매우 적대적이다. 더욱이 한국에서 대량 광고를 통한 소비 문화의 홍보로 인해 엄청난 불행이 발생했다. 그러나 또한 우리는 북한 사회의 잔인성이 미국, 일본, 한국에서처럼 부와 지위의 찬미에서 비롯된 지배 계급들의 이기심과 관련이 있는지에 대해 스스로 자문해 볼 필요가 있다.

소비재 상품의 보유에 따라 가치가 결정되는 문화의 진흥은 북한이든 한국이든 관계 없이 사회에 강력한 영향을 미치며 우리가 그러한 문을 여는 가치에 대해 진지하게 의문을 제기해야 할 수도 있다. 사람들이 그토록 가난한 시기에 그러한 소비주도 경제에 문을 여는 것이 가치가 있는지에 대해 심각하게 고민해 봐야 할 것이다. 북한이 직면한 문제들에 대한 해결책이 시장경제라고 말할 이유가 과연 있을까? 소비에 집착하는 한국이 어떤 의미에서든 북한의 모델이 될 수 있을까?

예를 들어 강철환이 피에르 리굴로의 도움을 받아 쓴 베스트셀러 '평양의 수족관 : 북한 강제 수용소에서 보낸 10년' The Aquariums of Pyongyang: Ten Years in the North Korean Gulag 을 살펴보자. 저자 강철환은 자신과 가족들이 어리석고 세뇌된 북한 사람들과는 대조적으로 매우 강인하고 유능했음을 상세하게 설명하고 있다. 그는 북한의 강제 수용소에서 살아남아서 북한을 탈출할 수 있었다. 그는 한국에서 코카콜라를 마실 수 있게 되었을 때에 느꼈던 안도감에 대해 말하고 있다.

북한 감옥의 야만성에 대해서는 의심의 여지가 없지만, 북한 감옥이 전 세계의 다른 감옥들보다 더욱 끔찍한 곳이라고 확신할 수는 없다. 어쨌든 이 책에서 칭찬하고 있는 미국은 북한을 비롯한 다른 어느 나라보다도 많은 인구를 감옥에 수감하고 있으며 특히 미국의 감옥은 악랄하고 위험하여 많은 사망자가 발생하고 있다. 미국과 북한 감옥들의 잔혹성에 대한 비교는 도움이 될 수 있겠지만 저자에게 그러한 비교는 관심의 대상이 아니었다.

다음으로 우리는 성매매범들로부터 학대 받았던 탈북 여성의 고통스러운 이야기를 다룬 박연미의 저서 '살기 위해서' In Order to Live 를 살펴보기로 하자. 이 책은 대부분 실제 사건들에 기반한 것이 분명하다. 그렇지만 이 책의 저자는 여전히 선진국에 비해 북한이 얼마나 뒤떨어져 있는지 듣고 싶어하는 서구 독자들에게 영합하려는 것으로 보인다.

미국인으로서 박씨의 책을 읽었을 때 북한을 익숙하지 않은 곳으로 소개하기 때문에 필자와 같은 독자들이 이 책에 끌린다는 느낌을 받았다. 북한은 한국인이나 미국인이 자신이 살고 있는 사회에서 제도와 도덕이 붕괴되는 데에 대한 두려움과 우려를 투영할 수 있는 장소 역할을 한다. 이 책은 여성 학대가 한국과 미국을 포함한 전 세계에서 보편적으로 벌어지고 있다는 사실에 대해 눈을 감도록 부추기고 있다. 여기에서는 사람들이 보편적으로 겪는 인간적 경험을 무시하고 북한을 정말로 특이한 공포의 대상으로 그리고 있다.

우리는 북한인들이 겪고 있는 기아와 박탈 또는 자유의 부재를 미국의 흑인들이나 멕시코의 원주민 또는 한국에 사는 캄보디아 이민자들의 경험과 비교한 적이 없다. 그러한 비교는 전체적인 맥락에서 북한을 이해하는 데에 크게 도움이 될 것이다. 그러나 그러한 비유는 문제의 진정한 원인이 북한의 이데올로기보다는 무자비한 시장의 속성이나 부의 집중에서 비롯되었음을 시사할 것이다.

북한 관련 서적들의 세 번째 장르는 제3자들의 보고서나 단기간의 북한 여행을 통해 스스로 관측한 바에 근거해 작성된 서방 전문가들의 글로 이러한 글들은 북한의 모든 측면을 제대로 작동하지 못하고 전체주의적이며 범죄적 특성을 가진 것으로 다루고 있다. 그런 책들의 범위는 다양하며 일부는 다른 책들보다 더 객관적이지만 대부분은 이 고립되고 끔찍한 나라가 얼마나 기괴하고 으스스하며 기이하고 잔인하며 비인간적인지를 허구적으로 묘사한 이야기들로 되어 있다. 이러한 책들은 북한의 지역별로 다른 문화나 지리적 차이를 제대로 설명하지 않으며 현직 정부 관리, 정책, 인프라나 핵무기를 제외한 과학 기술에 대해 상술하고 있지 않다. 북한과 관련된 인기 있는 영어 도서에서 지난 500년간 북한의 각 지역이나 도시의 고유한 특성이나 지역별 제도적 변화에 대해 설명한 것을 본 적이 없다. 프랑스나 독일에 관련해서는 그러한 지역적 특성이나 제도적 측면을 다룬 책들이 많이 있다. 그렇지만 어떻게든지 북한은 전혀 하나의 국가로 취급되지 않는다.

직설적으로 말하자면 이 책들은 북한을 이해하려는 시도가 아니라 차라리 다른 나라들과 달리 '동양'에 대한 환상으로 국가 전체를 나타내려는 문학적 프로젝트에 가깝다.

이러한 분석을 위한 접근 방식은 서양인들이 터키와 아랍에서 시작해서 나중에는 인도, 중국, 일본으로 확대된 동양에 대해 매력을 느끼는 데에서 시작된 '오리엔탈리즘'의 오랜 전통에서 전혀 벗어나지 않는다. 서양인들은 이러한 '동양' 문화를 유럽의 모든 규범으로부터 벗어났으므로 매력적이지만 궁극적으로는 기이하고 알 수 없는 신비한 세계로 보기를 원했다.

19세기와 20세기 오리엔탈리즘의 전통은 다른 문화를 이해하려는 노력과는 아무 관련이 없었고 오히려 에드워드 사이드의 고전 연구 '오리엔탈리즘'에서 입증된 것처럼 국내 문화와 정치를 정당화하고 설명하기 위한 수단으로서 가장 중요했다.

영국은 인도가 매우 낙후되어서 합리적으로 만들어야 했기 때문에 인도를 식민지로 만들 권리가 있었다. 그러나 진실은 영국이 주로 경제적 이익을 위해 인도를 착취하는 데 관심이 있었다는 것이다. 영국인들은 인도나 터키를 기이하고 흥미롭지만 부패하고 비이성적인 문화로 묘사함으로써 그러한 동양 국가들보다 훨씬 더 기이하고 잔인하게 여겨왔던 중앙 아시아와 아프리카 지역에서 이익을 얻기 위해 잔인한 식민지 전쟁에 참여했을 때 우월감을 느낄 수 있었다.

북한은 이 북한 전문가들의 손에 의해 미국에서 정확히 이 역할을 수행하고 있다. 코카콜라를 마시지 못 하거나 한국의 아이돌 그룹들을 볼 수 없는 폐쇄적이고 억압적인 사회가 묘사될 때 그러한 설명은 북한에 대한 설명만큼 가치가 있는 것이 아니라 오히려 한국과 미국의 소비 지향 문화를 정당화하는 역할을 한다. 대중 문화, 북한 연구 서적을 읽는 독자들은 돈이 충분하다면 자신이 이러한 모든 소비재에 접근할 수 있고 자신이 원하는 것을 자유롭게 구매할 수 있다는 점에 대해 감사하게 생각할 것이다.

그러나 한국의 현 상태를 기이하고 권위주의적인 북한과 대비해 이를 정당화하는 것은 증가하는 자살과 과도한 경쟁에서부터 시작해 SNS 중독 및 가정의 붕괴에 이르기까지 현재 한국을 휩쓸고 있는 심각한 병폐들로부터 사람들의 주의를 돌리는 데에 도움이 된다. 이는 매우 심각한 문제들로 언론 매체들은 여기에 대해 언급하는 것을 꺼리고 있다. 끔찍한 북한에 관한 이야기는 한국의 현상을 정당화하는 데에 이용된다. 그렇다고 북한에 비극이나 잔인성이 없다는 의미는 아니다.

서구의 전문가들이 쓴 두 권의 북한 관련 유명 도서인 브라이언 R. 마이어스의 '가장 순수한 인종 : 북한인들이 스스로를 보는 방법'The Cleanest Race : How North Koreans See Themselves과 미국에서 가장 유명한 한국 정치학자 빅터 차의 '불능 국가 : 북한, 과거 및 현재'The Impossible State : North Korea, Past and Present를 살펴보자.

북한 전문가를 자칭하는 브라이언 R. 마이어스는 미국 언론에 현 통치자 김정은 및 그의 아버지 김정일과 할아버지 김일성에 대한 극단적인 개인 숭배가 북한을 얼마나 지배하고 있는지에 대해 기고하면서 북한의 정치 선전에서 찾아볼 수 있는 한민족의 순수성에 대한 강조가 2차대전 이전 일본의 파시즘으로부터 영향을 받은 결과라고 주장한다. 마이어스의 책에서 많은 부분은 사실이지만 문제는 그것이 특이하게 기이하고 무서운 나라의 이야기를 만드는 방법으로 사용되었다는 것이다.

나는 개인적으로 북한의 구호에서 인종적 순수성을 사용하는 것에 대해 불안하게 생각한다. 그것은 오해와 차별을 부추기는 것이 위험한 전략이라고 생각한다. 그러나 마이어스의 책은 북한의 인종 정책과 미국이나 유럽 정치에 사용되는 인종 정책 사이의 유사성을 전혀 밝히지 않는다. 그러한 비교는 지나치게 계몽적이지만 저자가 자신의 독자들이 보기를 원치 않았던 정치에서 '인종적 순수성'의 문제는 후진적인 북한에만 국한된 것이 아닌 보편적이라는 사실을 알 수 있도록 할 것이다.

마이어스는 축구 경기나 학생 집회에서 드러나는 북한의 행동을 심하게 병든 정치 체제를 대표하는 것으로 해석한다. 그의 책 속에는 북한이 자신들 나름의 방식으로 북한인들을 이해하거나 또는 북한 문화의 왜곡이 억압적인 정부뿐만 아니라 북한이 겪었던 잔혹한 전쟁과 외부적 요건으로 인해 강요되었던 지독한 고립의 결과였음을 분석하려는 시도가 전혀 없다.

그러나 내게 있어 이 책의 모든 전제는 지성에 대한 심한 모욕으로 여겨진다. 그렇다. 인종적 순수성을 지향하는 북한의 이데올로기는 뭔가 불안한 것이 있다. 그러나 무자비한 경제 확장을 목적으로 외국에서 수백만 명을 살해하고 자유와 민주주의의 명목 하에 천연 자원 확보를 위해 전쟁에서 열화 우라늄의 사용을 정당화하는 미국의 이데올로기는 어떨까? 그것은 위험한 이데올로기이다. 그러나 마이어스의 책에서는 '북한은 미국이 제국주의 및 팽창주의 이데올로기를 가진 것과 마찬가지로 인종주의적 이데올로기를 갖고 있다'고 이야기하지 않는다. 그러한 북한 전문가들에게는 북한을 스탈린 시대 러시아나 나치 독일을 제외한 다른 국가들과 비교하는 것이 불가능하다.

마이어스는 북한이 자신의 존재를 정당화하기 위해서는 그와 같은 미국에 대한 적대감이 필요하다고 시사한다. 물론 그 진술은 사실이다. 북한의 정치 지도자들은 미국에 대해 저항한다는 명목으로 주민들을 모으고 그들의 권력을 정당화한다.

물론 미국이 지속적으로 북한을 공격하겠다고 위협하고 종전 평화 조약을 체결하지 않고 있기 때문에 북한 정치인들이 이러한 주장을 쉽게 할 수 있을 것이다. 그러나 마이어스가 제기하지 않으며 제기할 수도 없는 질문은 미국이 스스로의 존재를 정당화하기 위해 북한을 이용하는지 여부이다.

이 문제에 대해 깊이 생각하지 않은 사람들에게는 이 질문은 터무니 없을 수도 있겠지만 물어볼 만한 가치가 있는 질문이다. 미국은 기후변화에 대처하고 자국 내의 지독한 부의 편중을 줄이거나 수천 개의 핵무기로 인한 핵전쟁 위험을 줄이는 데에 자원을 할애할 수 있었다. 그러나 오히려 미국에서는 광적인 무기 구축 사업에 점점 더 많은 투자가 이루어지고 있다. 무기 제작은 몇 안 되는 미국 내 제조 산업 중 하나가 되고 있다. 미국 경제의 군사화가 정당화되는 이유는 무엇인가? 상상화된 북한의 위협은 경제 왜곡을 정당화하는 데에 있어 큰 부분을 차지한다. 북한은 미국의 광기 어린 경제 정책을 정당화하는 데 사용되는 위협이다.

다음에는 CSIS의 우수한 한국 전문가 빅터 차와 그의 판타지 소설 '불능 국가: 북한, 과거 및 현재'에 대해 살펴보도록 하자.

이 책에서는 북한을 이해하기 어려운 이상한 나라로 너무 기이하고 이해할 수 없을 정도로 무너져서 붕괴되어야 마땅한데 계속 유지되고 있는 사회로 소개하고 있다. 빅터 차에게 있어 북한의 미스터리는 그것이 작동한다는 것이다.

이 책에서는 전기 사용이 극도로 제한되어 자동차가 많지 않기 때문에 '불능' 도시로 간주되는 평양의 거리에 대해 상세하게 묘사하고 있다. 그러나 모든 기후변화 전문가들은 최대한 빨리 자동차를 제거하고 전기 사용을 크게 제한해야 한다고 말할 것이다. 그 문제에 대해서 북한 청소년들이 기업의 이익 증대를 추구하기 위해 중독되도록 독려하는 스마트폰에 빠져들지 않는 것이 좋은지 나쁜지 여부를 묻는 것은 좋은 질문이다.

또한 이 책은 북한 주민들의 상대적으로 검소한 생활을 기이하고 후진적인 것으로 여김으로써 부패한 미국 문화를 조장한다. 이러한 접근 방식은 자연과 조화를 이루며 지속 가능한 삶을 살았던 미국 원주민들을 '야만인'으로 묘사하면서 광물 자원을 착취하고 야생 동물들을 무차별적으로 사냥해 멸종에 이르게 했으며 거대 도시들을 건설해 환경에 큰 피해를 가져왔던 서구인들과 매우 유사하다.

이 책은 자유롭고 개방된 국가인 미국과 대조적으로 북한이 조잡하고 조작된 선전을 통해 김씨 일가의 학정에 대해 사람들을 오도하는 방법을 설명하고 있다.

그러나 이 책에 대해서 실제로는 자동차를 운전하고 큰 집에서 살면서 많은 에너지를 낭비하지 않는다면 자유롭지 못하다고 제시함으로써 미국 사회의 깊은 모순으로부터 사람들의 주의를 돌리도록 하는 선전 선동의 걸작이라고 주장할 수도 있을 것이다. 궁극적으로 '불능 국가'는 실제로 잔인하고 억압적임에도 불구하고 북한이 아니라 오히려 미국 자신이다.

트럼프 행정부의 증가하는 광기와 국내에서의 통치 붕괴를 둘러싼 정치적 혼란은 미국 정치의 오랜 부패의 결과일 뿐이며 그 기원은 2000년 선거 당시로 거슬러 올라간다. 북한은 미국의 활동을 제어할 수 없다.

빅터 차에게 북한은 미국에서 점점 확산되고 있는 권위주의에 대한 실질적 불확실성을 투영할 수 있는 장소이다. 미국인들이 신문을 선전으로 가득 채우는 방식에 대해 스스로 정직할 수 없다면 대상이 '미국'이 아닌 '북한'일 경우에는 적어도 이 진실을 간접적으로 인식할 수 있을 것이다. 내부의 사회적 모순을 그처럼 생경한 북한에 전달, 계획하는 것은 많은 미국인들로 하여금 미국으로 알려진 '불능' 국가에 대해 더욱 편안하게 느끼도록 만든다.

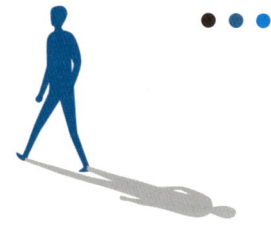

새로운 형태의 국가를 위한 '판 짜기'에 관한 제언

이 책을 읽은 사람들은 내게 물을 수 있다. '베트남과 중국식의 개방도 아니고, 미국에 의존하지도 않은 경제성장을 대체 어떻게 하라는 거냐'고. 대안을 내어놓으라고 할 수도 있겠다. 나는 정치인도 아니고 경제학자도 아니고 그저 인문 사회학자에 가깝다. 그렇기 때문에 대안이라는 표현은 좀 과하고, '새로운 형태의 국가를 위한 판 짜기'에 관해 상상력 정도 보탤 수는 있겠다.

북한이 더럽고 착취적인 성장을 거부하면서도 지속 가능한 경제·정치적 성공에 도달하는 '제3의 길'로서 제시하고 싶은 게 있다. 그것은 현재 국제적으로 부상하고 있는 '글로벌 커먼스' commons 경제를 활용하는 것이다. 협력적인 경제와 사회를 구축하는 커먼스는 이미 곳곳에서 피투피 P2P 시스템 및 커먼스 기반의 생산물(예를 들어 리눅스, 위키피디아)을 활용해 교육·정치·제조 및 경제 분야에서 확산하고 있다.

남북통일과 함께 많은 변화를 시행하게 될 북한은 사실상 처음부터 시작하는 국가나 다름 없다. 다른 국가들의 문화를 망가뜨린 상업주의나 소비 물신주의도 거의 없다. 그래서 새로움에 대한 상상력의 폭도 넓다. 지정학적 변화와 새로운 기술 덕분에 '국가 커먼스'The commons에 대한 아이디어는 결코 허황된 상상이 아니다.

북한은 다른 곳에서 행해지던 것보다 더 포괄적인 방식으로 블록체인blockchain이나 홀로체인holochain과 같은 '검증 인터넷'을 채택할 수 있다. 의사 결정과정이 사회 전체에 분산되어 권위주의 정치를 타파할 수 있고, 공동체가 우선 순위를 설정할 수 있도록 권한을 부여하게 될 것이다. 북한의 노동력과 광물자원을 착취당하는 대신, 자본이 아닌 사람들에 의해 작동되는 긍정적인 세계화의 모델을 개발할 수도 있다.

북한의 출발점이 제로이기에 이런 상상도 해볼 수 있다. 북한은 현대 기술이 거의 없다. 북한의 모든 건물에서 태양 에너지 발전을 사용하도록 할 수 있다. 북한의 지역 경제 자치를 구축하는 수단으로 암호화폐 및 크라우드 펀딩을 사용해 지역 협동조합을 육성할 수도 있다. 외국인 투자를 크라우드 펀딩 형태로 허용하는 것도 가능하다. 진공청소기와 세탁기, 태양열 발전기에 이르기까지 모든 것을 공동체에 맡기는 공유 경제 시스템을 도입할 수도 있다. 북한의 개방은 이렇게 건강한 피투피 국제화 모델을 구축할 수 있는 귀중한 기회가 될 수 있다.

남한이 이를 도울 수 있다. 이미 남한은 피투피 경제의 강력한 전례를 확립하고 있다. 서울시는 2014년 시 전역에서 공유경제를 위한 강력한 기반을 제공하는 지역 마을을 만드는 프로그램을 시작했다. 또한 서울시는 최근 서울 전역에서 블록체인 시스템을 구축하고 효과적으로 사용할 수 있는 새로운 세대의 전문가를 양성하기 위해 5400만 달러^{한화 약 620억 원}의 예산을 투입했다. 한국인들이 이룩한 2016년 촛불 혁명은 피투피 활동이 사회를 변화시킨 또 하나의 전례이기도 하다.

커먼스에 대한 근본적인 개념의 예는 전근대 조선에서 찾을 수 있다. 전근대 조선에서는 마을공동체 성격을 가진 두레와 그것의 규약으로서 향약이 있었다. 두레는 일종의 상부상조 공동체로서 농사공동체 등을 만들어 함께 농사를 짓고 생산물을 노동기여도에 따라 분배하는 역할을 했다. 그 외 집안의 대소사 등 힘든 일이든 기쁜 일이든 마을공동체 구성원들이 함께 모여 나눌 수 있는 공간을 제공했다. 1938년 일제 조선총독부가 조사한 것에 따르면, 이러한 마을 단위의 자치조직은 480종, 3만여 개에 이르며, 조직원 수가 90만 명을 넘었다고 한다.

그러나 1910~1945년의 일제는 이렇게 조선에서 번창했던 상호 지원 공동체와 향촌과 두레 등을 파괴했다. 조선 민중을 억압하고 강력한 제국주의 통제 국가를 건설하는 데 있어 이러한 마을 공동체는 방해물이었기 때문이다. 일제의 토지조사 사업에 이어 토지사유제가 확립되면서 많은 농민들이 소작농으로 전락했고 이는 자영농민에 기초를 두고 있던 두레가 소멸하는 원인이 되었다. 또한 마을 단위의 통폐합으로 마을의 공동계금이 없어지는 등 두레의 물질적 기반이 사라졌다. 여기에 농업진흥위원회 등 관제조직은 두레의 소멸을 더욱 부채질했다. 조선인들의 땅과 전통적인 생산 수단을 빼앗은 일본의 '인클로저' ^(enclosure) 행위라고 할 수 있다.

남한에서 이제 두레와 향약은 소멸했다. 그러나 북한에서는 이러한 철학에 기반을 둔 새로운 경제 체제를 만들어볼 여지가 훨씬 크다. 사회주의 경제가 존재한다는 전제 하에서 이러한 경제 혁신이 공유되겠지만, 의사 결정 과정이 사회 전체에 분산되는 과정에서 권위주의 정치를 어느 정도 타파할 수 있을 것이며, 공동체가 우선순위를 설정할 수 있도록 권한을 부여할 것이다. 사회주의자들이 흔히 말하는 '프롤레탈리아 독재' 국가에 더 가까워지는 것이다.

이를 위해, 북한에 단기적 이익이 아닌 경제적·기술적 변화의 윤리적 의미에 초점을 둔 '피투피 자문위원회'를 두면 어떨까. 남한도 이 역할을 할 수는 있지만, 신흥 경제가 빠질 수 있는 함정을 피하는 방법에 대해 북한이 전 세계로부터 조언을 구하는 것 또한 중요하다.

이런 접근 방식은 북한이 국제 금융의 지시를 따르지 않으면서도 북한이 국제화로부터 이익을 얻을 수 있도록 해줄 것이다. 네덜란드 암스테르담의 피투피 재단과 서울의 커먼스 파운데이션^(Commons Foundation)은 착취 및 추출 시장 경제에 대한 실행 가능한 대안인 공유 경제를 위한 구체적인 제안을 제시하고 있다. 이를 참조해 볼 필요도 있다.

북한은 모든 건물에서 태양 에너지 발전을 사용하도록 할 수 있다. 이 제조 방식은 지역 단위에서 오픈소스 혁신을 가능하게 한다. 이 서비스는 중개인 없이 공유된다. 또한 지방 정부가 다른 국가의 다른 지방 정부와 교육 및 사회적 교류를 위한 유대 관계를 맺을 수 있도록 허용해야 한다.

북한은 지역 경제 자치를 구축하는 수단으로 암호화폐 및 크라우드펀딩을 사용하는 지역 협동조합을 육성하는 혁신적인 금융 시스템을 구축할 수 있을 뿐만 아니라, 크라우드펀딩의 형태로 외국인 투자를 허용하거나 전 세계 지지자들의 소액 투자를 허용할 수 있다.

북한은 진공청소기와 톱에서부터 세탁기와 태양열 발전기에 이르기까지 모든 것을 공동체에 맡기는 공유 경제를 구축할 수 있다. 모든 시민의 공헌을 인정하는 서비스 교환 청소, 요리부터 아동과 노인돌봄 노동까지 프로그램을 계획할 수 있다. 노인들을 젊은이들과 농민들을 도시 거주민들과 연결하여 새로운 문화적·경제적 시너지를 창출할 수 있다. 지역 농업과 미시 제조업에 뿌리를 둔 공유 경제의 커먼스를 도입하는 것은, 낭비와 경제적 격차를 촉진할 뿐만 아니라 군사적 갈등의 주요 요인이기도 한, 오늘날 동아시아의 골칫거리인 지속 불가능한 과잉 생산을 줄이는 데 필수적이다.

북한은 양질의 고속도로와 자동차에 대한 의존성이 적다. 따라서 수송수단이 모두 전기로 작동하며 교통수단이 공유되는 도시, 자동차에 대한 필요성을 줄이는 도시를 계획하는 것이 가능하다. 북한의 개방은 건강한 피투피 국제화 모델을 구축할 수 있는 귀중한 기회가 될 수 있다.

북한에는 6조 달러 규모의 석탄·우라늄·철·금, 아연 및 희토류 광물이 대규모로 매장되어 있다고 한다. 피투피 자문위원회의 첫 번째 권고 사항 중 하나는 북한이 개발의 장기적인 환경 영향을 평가할 수 있는 충분한 전문 지식을 보유할 때까지 지하자원 개발을 동결하는 것이 될 수 있다.

북한은 개방의 첫 단계에서 과도한 부채를 지는 것 역시 피해야만 한다. 투자자의 단기 수익을 보장하는 것을 계획의 요소로 삼지 않는 정책을 수립하도록 위원회는 도울 수 있으며, 자본 도피의 위험이 없도록 계획을 짤 수 있다. 소련 붕괴 이후 과두정치가 부상했던 것과 북한의 상황이 유사해지는 것을 막기 위해 사람들은 공동체 은행을 만들고 참여적 자금 조달 메커니즘을 만들어야 한다. 북한이 산업화된 선진국을 '따라잡아야 한다'는 기치를 강요하는 폐쇄적이며 불가역적인 냉전 시대의 잔재가 될 필요는 없다.

북한 주민들은 그들의 빈곤을 초래한 노동당의 후진적인 경제 정책을 따를 필요도 없고, 글로벌 투자 은행과 그들이 자금을 대는 컨설팅 회사들이 운영하는 신자유주의 개발 정책을 받아들일 필요도 없다. 커먼스 기반의 미시 생산을 통해 잠재력을 실현하며, 값싼 노동력을 요구하는 자본이 아닌 사람에 의해 작동되는 또다른 세계화의 모델을 북한이 구축했으면 한다. '제3의 길'이라는 다양한 상상들을 세계의 지식인들이 북한에 전해야 한다.

서울 커먼즈파운데이션 최영관 이사장과 나눈 대화

(2018년 12월11일 '북한의 새로운 경제 모델을 위한 커먼즈 경제 구축 논의' 세미나)

임마누엘   북한에서 어떻게 커먼즈 경제를 구축할 수 있을까. 구상하고 있는 구체적 아이디어가 있다면 듣고 싶다.

최영관   북한 사회의 배경을 먼저 살펴볼 필요가 있다. 한국 전쟁이 있기 전의 식민지 상황과 그 전의 왕조시대까지. 한국은 유럽 등과는 다르게 봉건제라고 하는 제도가 없었다. 왕은 있었지만 그런 왕조사회가 유럽의 봉건제랑은 다르다. 북한은 식민지 항일 운동했던 사람들이 많이 정착했고, 왕조시대 때는 신라시대부터 그 당시 평민 사회에는 커먼즈 시스템이 있었다. 마을 공동체와 경제 공동체별로 우리가 얘기하는 그런 커먼즈다. 일본 제국주의 식민시대 때도 존재했었다. 그러나 한국 전쟁 이후 모든 (남한에서는) 커먼즈 조직이 와해되었다.

한국 전쟁 이후 남한은 미국과 일본의 자본으로 산업화를 겪는다. 남한은 아이엠에프 1997년 경제위기 시대 이후 초경쟁 사회로 바뀌고 빈부격차도 전 세계에서 2위인 국가가 되었다. 자살률 1위로 가는 나라가 한국이다. 공동체가 다 깨지고 자본주의 고도화 과정을 거치면서 남한은 완전히 종속적 자본주의 형태로 바뀌어 버렸다.

북한에는 항일운동 했던 사람들이나 사회주의자들이 주로 정착했다. 남한과 북한의 사회주의자들 북으로 가서 북한이라는 국가를 만들었다. 북한은 1980년대 초반까지는 남한보다 경제가 좋았다. 그 이후 고난의 행군을 거치면서 북한 경제가 몰락했다. _{미국이 주도한} 대북제재가 큰 이유였다. 남과 북 모두 미국의 영향을 크게 받고 있고 남한은 종속적 자본주의 틀 안에 있고 북한은 사실 민족주의인지 국가사회주의인지 모를 그런 시기에 있다. 그리고 실제 지배세력으로서 빨치산 1세대부터 해서 군부까지 해서 자긍심을 갖고있는 사람들이 북에서 권력을 갖고 있다. 이런 게 남한과 북한의 차이점이다.

지금 상황에서 통일 논의가 부각되면서 북한 사회를 자본주의화 할거냐 아니면 또다른 국가 중심의 경제로 갈거냐, 국가자본주의와 혹은 아니면 그냥 자본주의. 또다른 방안이 있느냐가 관심이다.

나는 커먼즈 사회를 고민한다. 많은 공동체들이 북한에도 깨져 있다. 피투피 형태의 북한 장마당이 있는데 그런 상황에서 커먼즈 자원, 그런 지속 가능한 사회를 과연 북한에 전개할 수 있느냐 하는 것은 대단히 조심스럽게 접근하고 있다. 그거를 낙관적으로 볼 수만은 없다는 게 내 생각이다.

결국 북한의 현재 지도부가 이러한 제안 _{공유경제 아이디어 등} 을 받아들일 것인가가 대단히 중요하다고 생각한다. 커먼즈 사회로 간다 했을 때 김정은 체제의 권력을 쥐고 있는 여러 사람들이 과연 자기 권력을 내려놓고 커먼즈 사회화할 것인가 이런 결단을 할지에 대해서는 의문이다. 다만 북한이라는 사회가, 거기도 사람 사는 사회라는 개념을 갖고 접근 해주면 좀더 커먼즈 사회의 긍정적인 부분을 엿볼 수 있을 거라 생각한다.

내가 이사장으로 있는 커먼즈 파운데이션에서 하려는 건 토지와 건물에 있어서의 커먼즈화다. 사용권과 소유권을 구분하려는 계획이다. 사용권과 소유권을 분리시키면, 예를 들어 건물은 다중이 소유하게 되고 다중에 의해 결정된다. 토지에 대한 사용 등등을 커먼즈 조직으로 만들 수 있고 그 지역에 있는 사람들이 아주 싼 가격으로 사용할 수 있는 커먼즈 조직을 만들 수 있다.

에티오피아의 주정부에서 커먼즈 파운데이션으로 제안이 왔다. 토지가 있는데 자기네 토지가 아니라고 한다. 국유화된 토지인데 국가 소유와 사적 소유가 아닌 커먼즈화하는 그런 걸 고민한다고 한다. 커먼즈의 소유인데 다중의 소유이다. 피어투 피어, 수평적 관계에서 그렇게 땅을 소유하고 그 지역의 농민들이 농사 짓고 농산물 갖고 살게 해주는, 그러면서 일부 적은 수익을 남겨서 소유권 갖고 있는 사람에게 일정 부분을 배당할 수 있는 그런 과정에서 재분배를 어떻게 할 것인

가. 지금보다 '센트럴라이제이션'을 어떻게 할까 하는 면에서 커먼즈를 어떻게 할지 에티오피아 주정부가 우리에게 자문을 해왔다.

북한에도 토지 건물에 관해 토지는 국유화 되어 있는데 국유화를 풀어야 한다. 국유화도 국가가 사적 소유하는 건데 커먼즈화 해서 풀고 공동체들이 들어가 사용하는 거다. 자원도 마찬가지겠다. 철광석이든 희토류든 석유든 그런 거 많다는데 그런걸 커먼즈화해서 자원을 지속관리하게 해주는 조직을 만들어내는 게 필요하다. 국유화도 아니고 민간소유도 아닌 그런 거다. 과연 북한 지도부가 이런 거를 받아들일까의 문제가 있다. 아마도 북한은 베트남식 경제발전을 추구할 수도 있다. 그러면 커먼즈 개발은 불가능해진다.

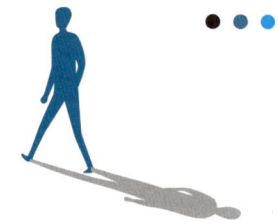
통일 대박의 뿌리

2014년 1월 박근혜 당시 대통령이 새해 기자회견에서 '통일 대박론'을 처음 주창했다.

"통일은 대박이다라고 생각한다. 한반도의 통일은 우리 경제가 실제로 대도약할 기회다."

이게 박 대통령의 언급이었다. 남과 북이 통일 된다면 한국이 경제적으로 엄청난 이익을 얻을 수 있다는 그런 논리일 것이다.

나는 처음에 '대박'이라는 단어를 듣고, 한 국가의 미래를 결정하게 될 중요한 국정 목표로서 너무 경박한 용어가 아닌가 싶어 처음에 놀랐다. 통일이라는 게 단순히 경제적 필요 때문에 준비하는 것이 결코 아닌데, 이제 남한 사람들에게 통일은 겨우 저 정도의 과제로 다가오는 것인가 싶어 씁쓸하기도 했다.

그런데 시간이 갈수록 머릿속에서 '대박'이란 단어가 함유하고 있는 역사·사회적 기원에 관심이 집중되기 시작했다. 분명 조선의 현대사를 연구하며 어디선가 봤던 단어인데 뭐였는지 처음에는 잘 기억이 안났었다. 그러다 갑자기 무릎을 탁치며 떠올렸다.

"보로모케! 때돈벌이 ぼろ儲け 1930년대 만주개발론자들이 쓰던 바로 그 단어잖아! 조(선)-만(주) 통일은 대박!"

그렇다. 이번 글은 통일 대박론의 역사·사회적 맥락의 기원이 바로 제국주의자들의 만주 개발론에서 비롯된 단어라는 설명을 하려는 거다. 박근혜 대통령이 이것을 알고 사용한 것인지 확인할 길은 없지만, 적어도 이 단어의 기원을 한국 사람들이 제대로 안다면 '통일 대박론'이라는 표현은 신중해야 한다고 생각한다. 결코, 박근혜 대통령을 좋아하고 싫어하고의 문제가 아니다.

1930년대 지금의 만주 지역에는 일본이 침략하여 세운 만주국이라는 괴뢰국가가 있었다. 당시 일본은 만주와 조선을 하나로 통일시키려 했었다. 즉, '조만일여(朝滿一如)'론이다. 그러면서 만주의 활발한 개발을 위해 조선의 자본가들이 많이 건너가 투자를 하도록 유도했다. 조선총독부가 계획을 발표하면 연일 조선의 신문에는 만주 개발을 찬양하는 글들이 실렸다. 조선의 자본가들에게 만주의 석탄자원 등의 채굴에 참여하고 철도와 기타 부동산, 공장 등에 투자해 '대박' 나라고 홍보했었다. '만한 실업협회' 따위가 앞장섰다. 조선과 일본의 자본가들은 만주와 조선이 통일되어 하나가 되면 자본의 투자, 즉 만주에 대한 수탈이 더욱 쉬워질 것으로 여겼다.

당시 친일 작가 이광수가 조선일보에 쓴 만주 관련 글을 살펴보자.

"우리는 만주 여행은 과거의 유적을 방문하고 감동하는 것보다, 현실적인 만주의 중대성에 관심이 모이고 있었어요. 그 비교할 수 없는 비옥한 토지는 우리를 놓을 수 없어요. 지하자원은 끝없는 보물."

이것을 보면, 당시 만주 개발론자들이 만주를 어떻게 바라봤는지 알 수 있다. 그저 자원을 개발해 어떻게 돈이나 벌어볼까 하는 것이었다. 실제 만주 개발에 참여하라는 신문 광고에는 '일확천금'이란 단어가 자주 등장했다. 만주와 조선의 평범한 민중들이 어떻게 질적으로 풍요로운 공동체를 만들어볼까 하는 철학 따위는 끼어들 자리가 없었다.

이러한 만주개발에 대한 조선 지배 계급의 인식은 '대일본 만주국의 유산' 고단샤, 2010이라는 책에서도 살펴볼 수 있다. 일제 때 만주군 군관학교를 다녔던 박정희 대통령은 1961년 11월 일본을 방문해 기시 노부스케를 만난다. 기시 노부스케는 1936년 만주국 정부의 산업부 차관이었고 1957년에는 일본의 총리 _{아베 신조 총리의 외조부이기도 하다} 가 되기도 했던 자다. 그때 기시 노부스케는 박정희 대통령과의 대화에서 '만주 개발 5개년 계획'이 실제로 잘 안 되었던 것을 언급했고 박 대통령은 "한국은 열심히 하고 있다. 일본의 명치유신 같은 정신을 갖고 꼭 빈곤에서 탈출해 강한 나라가 되겠다"고 답했다고 한다. 만주국에서 못 해낸 경제발전론을 박정희 대통령이 이어받겠다고 하자 기시 노부스케는 큰 감동을 받았다고 한다.

1930년대 만주국에서는 부동산의 개념이 바뀌었다. 당시 오랫동안 같은 땅에 농사를 지으면 과거에는 소유권이 명확하지 않아 농민들을 함부로 내쫓을 수 없었다. 그러나 농장의 개념이 부동산으로 바뀌면서 그때부터는 땅주인이 농민더러 나가라고 하면 나가야만 하는 법이 생겼다. 동양척식주식회사가 조선땅에서 했던 일을 그대로 만주에서 실행에 옮긴 것이다. 박정희 대통령이 기시 노부스케의 뜻을 이어서 그런 것일까. 박정희 정부 때 남한의 부동산 개발도 비슷한 논리로 가속화 됐다.

1930년대 만주 개발의 수혜는 누가 다 가져갔을까? 만주의 평범한 농민들이 만주 개발로 부자가 되었을까? 결국 부자가 된 건 조선과 일본의 자본가들이었다. 만주 주민들의 균등한 삶의 질의 향상은 없었다. 한국 사람들은 일제 때 부자가 된 일본 사람들을 비난하지만 조선의 자본가들, 즉 친일파의 길을 걸어 부자가 된 이들에 대해서는 상대적으로 관대하다. 조선의 자본가들 역시 만주의 자원과 만주 사람들의 피를 빨아 부자가 되었다. 만주를 개발한 수익으로 조선과 만주의 평범한 사람들이 부유해졌다고 생각하면 안 된다.

우연의 일치인지 모르겠지만, '조선-만주를 통일하고 만주의 자원을 개발해 경제대박을 내자'고 주장했던 만주개발론을 보고 따랐던 박정희 대통령의 딸인 박근혜 대통령이 비슷한 '통일 대박론'을 들고나왔다. 통일을 그저 경제발전의 논리로 국한시키는 그 철학에도 놀랐지만, 아버지 때의 만주 개발 선전 용어였던 '대박'이란 단어를 비슷하게 따온 것에서도 놀라웠다. 그러나 한국 사람들은 이 대박이란 단어의 역사적 맥락을 잊어버린 것 같다. 그저 갑자기 박근혜 대통령이 대박이란 단어를 사용해서 의외라는 반응이 거의 전부였던 것 같다.

만주와 조선을 통일하고 만주의 자원을 수탈해 부자가 되려 했던 일본과 조선의 자본가들이 즐겨 사용했던 '대박'이란 단어를, 남한의 대통령이 통일을 언급하며 사용한다는 것은 북한 민중의 심기를 거스를 수 있는 부적절한 단어이다. 설사 박근혜 대통령이 그런 뜻으로 사용하지 않았다 하더라도 '대박'이란 단어가 일제 때 어떻게 사용되었었고 북한이 어떻게 오해할 수 있는지 참모들은 주의를 주었어야 한다. 북한 민중들은 남한의 자본가들이 남북통일로 북한의 자원을 수탈하는 것만 계획한다고 생각할 수 있다.

나는 이전에 몽고에 '한-몽 평화협력 회의' 참석차 방문한 적 있다. 그런데 실제 논의가 된 것은 남한의 자본이 어떻게 몽고의 자원을 개발해 공장을 만들고 하는 이런 것 따위들이어서 크게 실망했었다.

몽고와 한국은 민족의 기원이 같은데 그저 한국 사람들은 몽골이라는 대박을 터뜨려 어떻게 돈을 벌어볼까에만 관심을 두는 것 같았다. 자본 앞에 민족 전체의 발전 따위는 없어보였다.

지금 북한을 바라보는 남한 사람들의 태도도 이와 비슷해 보인다. 대박이란 단어를 써 국민들에게 통일관을 설명하는 대통령이 있는 나라는 문제가 있다. 통일은 박을 터뜨려 보물이나 얻고자 하는 그런 단기적 과제가 결코 아니다. 북한 사람들을 마치 동아시아 노동자 비슷하게 부려 먹어 어떻게 돈이나 벌어볼까 생각하는 따위로 통일을 접근하면 결코 안 된다. 그건 그냥 자본주의 식민지 확장에 불과하다. 한민족 전체에 불행이다.

내 우려가 너무 앞선 것일 수도 있겠지만, 문재인 정부도 노골적으로 '대박' 이란 단어만 쓰지 않았지 통일에 대한 기본 철학은 박근혜 정부와 큰 차이가 없어 보인다. 남북 정상회담 때 데려가는 기업인들의 면면만 봐도 그렇다. 그저 자본의 이익 창출 논리대로만 움직이며 사는 대기업 총수들이 문 대통령과 함께 북한을 방문하고 있다. 북한을 자본주의도 계획경제도 아닌 제3의 방식으로 개발해야 한다고 주장하는 시민 경제 운동가들은 동행하지 못한다. 일본, 미국, 중국, 남한의 자본은 철도·도로 등 인프라, 자원 개발 등에 대한 준비를 하고 있겠지만 우리는 그 내용이 뭔지, 맞는 방향인지에 대해 알 수가 없다.

그리고 중요한 지점이 빈부격차 문제다. 남북 모두의 사회에서 일반 시민들과 부자들 사이 격차가 커지고 있다. 미국의 1980년대 남부의 보수적인 주에선 노조를 말살하는 법률이 있었다. 이 법률의 최종 목표는 남부가 아니라 북부였다. 이것과 비슷하게 북한에 적용될 나쁜 노동 정책을 남한에도 도입하려고 할 가능성이 있다. 남한 기업들은 북한에 투자할 때 남한까지 염두에 두고 진행할 것이다. 북한 노동자의 임금이 낮으니 남한의 최저임금도 내리자고 할 수도 있다. 북한에서 벌어지게 될 개발 방식은 남한의 노동자들에게도 결국 영향을 줄 수 있다.

원래 나는 2007년 한국에 온 뒤 북한과 통일에 대한 이야기는 안 했다. 북한 전문가가 많은 데다 나는 지식도 없어 남한 문제에만 집중했다. 그러나 최근 문재인 정부 들어 북한 자원개발, 값싼 노동력 활용 등을 통해 돈을 벌 수 있다는 담론이 계속 나와 나도 뭔가 목소리를 내야겠다고 생각하게 됐다. 특히 남한에서 미세먼지 문제가 이렇게 심각한데 북한에도 석탄화력발전소를 짓겠다고 발표하다니 놀랐다.

북한까지 남한식으로 개발해서는 안 된다. 남한에 여러 사회 문제를 일으킨 경제개발 방식을 그대로 북한에 적용하겠다는 게 남한 자본가들과 그들에 둘러싸인 남한 정부의 인식이다. 북한도 남한처럼 대형마트가 골목 상권 다 장악해서 평범한 사람들이 다 망하는 식으로 개발되는게 그게 한민족의 미래인가?

그런데도 문재인 정부는 대통령 직속 북방경제협력위원장에 권구훈 골드만삭스 전무를 위촉했다. 한반도 발전에 대해 투자자와 자본가들의 시각에서 낸 보고서만 읽을 가능성이 높은 그런 사람이 북방경제

협력위원장이라는 것은 큰 문제다. 문재인 정부가 박근혜 정부가 갑자기 들고나온 '통일 대박론'을 계승하는 것처럼 비치는 것은 참 슬픈 일이다.

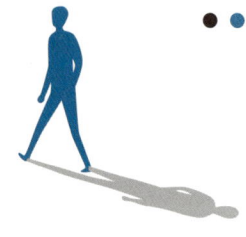

판문점 정상회담

감동과 우려

　판문점에서 문재인 대통령과 김정은 위원장간의 정상회담이 열린 2018년 4월 27일 나는 한국의 영어 방송 채널인 아리랑TV로부터 남북 정상회담에 대한 해설자로 초대되어 대담을 진행했다.

　그 방송에서 가장 중요했던 순간은 아마도 두 지도자가 남북한 간의 적대 관계를 끝내고 향후 협력을 위한 경로와 비전을 제시했던 소위 '판문점 선언'을 소개하는 짧은 연설을 한 직후였다. 나를 인터뷰한 아리랑 뉴스의 한국인 앵커가 그 연설을 보고 감동받은 것은 분명했다. 앵커가 생각을 정리한 다음 내게 영어로 질문을 하기까지는 몇 분의 시간이 필요했다.

　솔직히 말해서 이날 정상회담에서 양국 지도자들이 보여주었던 배려 행위에서 나 역시 다소 감동을 받았다. 우리는 60여 년 전 이데올로기, 선전, 경제 및 안보 관련 이유로 인위적으로 분단된 양쪽의 국가 지도자들이 더 이상 상대를 어깨 너머로 보지 않고 손을 마주잡고 함께 이야기하는 것을 보았다. 그 순간 모든 한국인들의 어깨에서 엄청난 부담이 내려지는 것처럼 보였다. 문 대통령과 김 위원장이 판문점 내 산책로를 함께 걷다 벤치에 앉아 수십여 분간 대화를 나누는 모습이 생중계 되는 것을 두고, "한편의 무성영화를 보는 듯 했다"는 한국 언론의 보도에도 공감했다.

나는 어쩌면 이번 기회에 과거 김대중 대통령이나 노무현 대통령이 북한과의 교류를 통해 성취할 수 있었던 것 이상으로 양국간에 교량이 구축되겠구나 하는 생각을 했다. 어떤 문제가 앞에 놓여 있더라도 정책적으로 상대를 무조건적으로 악마화했던 암울한 냉전 시대로는 결코 돌아가지 않을 것이라는 확신이 들었다. 물론 냉전 시대의 악마 놀이를 하는 이들이 미국에도 있지만 그들은 점점 더 웃음거리가 되고 있다.

문 대통령과 김 위원장, 이 두 지도자의 긴밀한 교류 덕에 남한의 시민들은 이제 김정은을 미치광이 독재자나 무자비한 인권탄압자 또는 비인도적이고 기괴한 거짓과 범죄의 왕국 지도자에서 평범한 사람으로 볼 수 있는 조건을 갖추게 됐다. 북한 사람들이 어떤 결점을 갖고 있든 상관없이 이제 남한 사람들처럼 보통 사람이 된 것이다. 남한에서는 광화문 광장에서 열리는 노인들의 집회를 제외한 대부분의 곳에서 북한을 악마화하는 표현들이 사라지게 될 것 같다.

한국인들이 어렸을 때부터 반북 사상을 주입 받았고 대부분의 언론들이 그런 상황을 더욱 조장해왔음을 감안한다면 두 지도자가 엄격한 제한 없이 함께 이야기하던 그 순간은 정말로 획기적이었다.

　공동 선언문의 내용도 내게는 인상적이었다. 여기서는 남북 관계의 완전한 변화와 함께 모든 적대 행위의 종식을 자신 있게 선언했다. 나는 이제껏 평화를 선언하는 방향으로 나아간 그 선언문이 트럼프 행정부나 미국 정부의 입장을 전반적으로 반영하지 않았다고 확신한다. 아마도 한국 정부는 미국의 제안을 거절하거나 트럼프 행정부에 미리 사본을 보여주지 않았을 가능성이 매우 높다.

　이번 공동 선언의 본문은 독창적이고 고무적이었으며 당연히 한국어로 작성되었다. 초안 작성자는 미국이나 일본, 중국이 듣고 싶어 했던 것을 예측하려고 시도하지 않았다. 실제로 미국에 대한 언급은 전혀 없었는데 나는 이것이 매우 적절한 결정이었다고 생각했다. 그러나 적어도 트럼프 행정부를 기쁘게 하기 위해서 미국과의 관계에 대해 어느 정도 언급하기를 많은 시청자들이 기대했을 것으로 나는 확신한다.

　그러나 나는 초기 열정을 가졌었던 이번 정상 회담에 대해서 실제로는 매우 불편하게 느끼고 있다. 결과적으로 어떠한 도덕적이고 지적인 혼란을 느꼈다.

　어쨌든 나는 아시아에서 일하는 미국인 전문가이고 미국이 동아시아에서 중요한 역할을 할 것이며 내가 객관적인 관찰자로서 기여할 것이라는 가정 하에 이 일을 시작했다. 그렇지만 지난 17년간 부시, 오바마, 트럼프 정부를 거치며 지속되어 왔던 미국의 역겨운 군국주의로 인해 내 조국에 대한 환멸을 느꼈을 뿐만 아니라 미국이 이 지역에서 긍정적인 역할을 해 왔는지에 대한 심각한 의문을 갖게 되었다. 그러한 의심은 지난 60년간 전 세계에서 행해왔던 불법적이고 파괴적인 행동을 확인하는 기밀 자료들이 공개됨에 따라 더욱 증폭되었다.

남의 나라 정상의 휴대전화를 도청하고 있다는 사실이 최근 드러났지만 사과 한 번 하지 않고 위선적인 태도를 보이는 게 미국이다. 베트남전쟁의 이유로 설명했던 통킹만 사건은 대표적인 미국 정부의 조작으로 벌어진 사건이었다. 이 조작된 사건을 믿고 얼마나 많은 한국인들이 미국을 위해 싸우다 목숨을 잃고 지금까지도 고엽제 같은 전쟁 후유증을 앓고 있는가. 미국은 쿠바와 북한같은 독재정권을 비난하지만, 자신들에게 도움이 된다는 이유로 칠레의 아구스토 피노체트, 과테말라의 군부 정권, 니카라과의 소모사 왕조, 엘살바도르의 군부독재정권같은 파시스트 정권을 지지하는 모순을 보였다. 그러나 이것에 대해 제대로 알고 있는 남한 사람들은 드물다.

남북 정상 회담에 대한 대담을 진행할 때조차도 내 마음 속에서는 '한국에 관해 말하고 있는 나는 누구인가?', '내가 모르는 사이에 한국인들을 계속 분단된 상태로 만든 과정에 나도 어떤 식으로든 관여하지 않았을까?'라는 의문이 계속 떠올랐다. 말할 필요도 없이 한국에 처음 왔던 15년 전이었다면 나는 그러한 의문을 결코 갖지 않았을 것이다. 나 역시 아시아 민중들 입장에서 미국의 모순적 행동들을 객관적으로 바라볼 능력이 부족했기 때문이다.

나는 미국인으로서 남북정상회담에 대해 논평을 하는 것은 객관적으로 한계가 있을 수밖에 없음을 인정한다. 어느 정도까지는 예일대, 도쿄대, 하버드대에서 아시아학을 연구해온 엘리트 프로그램의 결과물로서 나의 판단을 구성해 왔음을 인정할 수밖에 없다.

나는 실존적인 난제에 직면했다. 그래서 내 한계에 대한 성찰로서 이제부터는 이런 분석도 필요하다고 설명하고 싶다. 이번 판문점 정상 회담에는 단지 미국의 입지가 줄어들고 있음을 발견하는 것 외에 보다 가시적인 것들이 있었다. 이번 정상회담 때 토의된 주제들은 만족스럽지만 아직까지 누락되고 있는 대화 주제들에 대해서도 이야기해야 한다.

나는 마치 한국인들이 왜곡된 시간 속에서 살고 있는 것처럼 어느 순간 느끼게 되었다. 한국인들은 김대중 대통령과 김정일 국방위원장 간의 정상회담이 있었던 2000년으로 어떻게든 돌아왔으며 문 대통령과 김정은 국무위원회 위원장이 그때 이루지 못했던 것들을 성취하고 있다고 생각하고 있다. 그러나 현재의 세계는 2000년 당시와는 완전히 다르다. 기술의 급속한 발전, 빈부 격차의 증가 또는 기후변화의 위협 여부와 상관없이 우리는 한반도의 미래에 대한 논의에서 중심에 놓여야 할 일련의 엄청난 위험들에 직면해 있다. 한데 이번 정상회담에서는 그저 신뢰 구축, 경제 교류, 정부 간 연락 사무소 개설 및 적대 행위의 종식에 관한 이야기만 나왔다. 물론 그들은 진지했으며 분명하게 표현하는 것이 좋다. 그렇지만 남북은 다루기 편한 문제만이 아니라 실제 문제들에도 초점을 맞출 필요가 있다.

우선 이번 정상회담은 잘못된 전제 하에서 진행되었다는 것을 지적해야 한다. 한반도 평화를 위해서 북한이 핵무기를 포기해야 한다는 가정 하에 모든 것이 수립되었다. 왜 미국 또한 비핵화 약속을 지켜야 한다는 생각을 못 하는가. 남한의 진보언론조차 미국이 북한을 핵으로 선제타격하지 않는다는 약속을 해야 한다는 경고를 하지 못 한다. 미국은 엔피알[NPR]을 통해 여전히 그들의 구미에 맞지 않는 적대국가에 대해서는 선제적 핵공격을 할 수 있는 가능성을 배제하지 않고 있다. 2010년 클린턴 당시 국무장관은 "선제 공격 가능성을 포기할 정도로 국제안보상황이 호전된 것은 아니다"고 언급한 바 있다. 그러나 미국이 비핵화에 참여하지 않는다면 핵전쟁의 위험은 북한과의 관계를 넘어서서 미국과 러시아 또는 미국과 중국간의 문제 탓에 한반도에서 어떻게 다시 고개를 내밀지 알 수 없다.

지난 1994년 제네바 합의 협상 당시에 미국은 국제법을 대부분 준수했으며 다양한 무기 통제 협약에 전념했다. 미국의 주장에 문제가 있기는 하더라도 북한은 국제법을 따르지 않는 것처럼 보였다. 하지만 현재 트럼프가 대통령으로 있는 미국이야말로 무기 통제에 관한 대부분의 국제 협정을 존중하지 않는다는 비판에 직면해 있다.

2018년 5월 8일 트럼프는 이란 핵협정 파기를 일방적으로 선언했다. "이란이 핵개발을 계속 추진했다는 증거가 있고 핵합의가 거짓이었다"는 트럼프의 주장이 있긴 했지만 국제 사회는 미국의 일방적 선언에 당황해 했다.

트럼프는 2018년 10월 중거리핵전력조약^{INF}도 파기를 선언했다. 1987년 러시아와 미국이 양국의 핵탄두 장착이 가능한 중거리 및 단거리미사일을 모두 폐기하기로 한 이 조약을 파기하면서 뜬금없이 트럼프는 "러이사와 중국이 새로운 협정에 합의하지 않는 한 미국도 무기를 개발해야 한다"며 중국을 끌어들였다.

그뿐 아니라 트럼프는 선제 예방 공격을 통해 러시아 미사일이나 중국 미사일을 타격하겠다고 적극적으로 위협하고 있다. 미국이 서명한 핵확산금지조약^{NPT}을 노골적으로 위반하면서 미국 핵무기를 폐기하기보다는 전쟁광적으로 개조하고 있다. 그 뿐인가. 미국은 미국은 핵확산금지조약 밖에서 핵무기를 유지하려는 이스라엘과 인도의 노력을 지지했다.

미 국무부 핵정책고문을 지낸 알렉산드라 벨 무기통제비확산센터 국장은 영국 가디언지와의 인터뷰에서 "조약에 문제가 생기면 협상을 통해 고치면 되는데 트럼프 대통령은 그러지 않았다"면서 "북한이 이런 대통령과의 협상을 믿을 이유가 있겠냐"고 비판하고 있는 실정이다.

그러나 한국인들을 보면, 트럼프 행정부와 관련한 국제 사회의 우려를 별로 심각하게 생각하지 않는 것 같다. 그저 "노벨 평화상을 받기 위해서라도 트럼프가 어떻게든 북한과 대화해 한반도 평화를 이끌어

내지 않을까"하는 순진한 기대를 하는 것처럼 보인다. 트럼프의 주된 관심사는 북한이 아니라 중국과의 힘의 전쟁 쪽으로 이미 넘어갔는데도 말이다.

남북 양국의 지도자들은 동북아의 진정한 안보 위협인 중국, 일본, 한국, 러시아, 미국 간에 벌어지는 무시무시한 군비 경쟁 문제를 어떻게 해결할 것인가에 대해서도 논의할 수 없다. 이러한 군비 경쟁 강화로 인해 핵전쟁을 포함한 전쟁 위험이 급격히 높아지고 있으며 미국에 의한 북한, 러시아 및 중국에 대한 노골적인 군사적 위협은 더 갈등을 초래할 위험이 있다. 이러한 위험한 상황을 우선 해결하고 포괄적인 해결방안을 제시해야 한다.

이러한 우려가 남한 내에서 찾아보기 어려운 것은 어쩌면 뿌리 깊은 미국 사대주의 탓이 클 것이다. 또한 남한 내 진보 진영 역시 문재인 정부의 대북 대화 노력에 찬물을 끼얹을 것을 지나치게 우려해 트럼프에 대해 솔직한 분석을 주저하는 듯하다. 17세기 명·청 교체기에 조선의 학자들은 망해가는 명나라만을 숭상하며 국제 사회의 급격한 변화의 조짐을 알아채지 못해 병자호란같은 큰 화를 입었다. 국제 정세의 분석에는 정치적 이해 관계를 탈피해 객관적인 자세가 필요함은 역사가 말해준다.

끝으로, 향후 남북 정상회담에서 이런 이야기들도 다뤄지길 희망하며 첨언한다. 바로 한반도의 기후 변화 문제이다. 남북한은 향후 5년간 탄소 배출량을 크게 줄일 계획을 즉각 시행하고 한반도를 황폐화시킬 해수면 상승 및 증가하고 있는 사막화 문제에 대해서도 준비해야 한다. 수조 달러 규모가 소요될 두 프로젝트 모두 미룰 수 없다.

그러나 한국의 대북 교류를 주도하는 것은 NGO가 아니라 북한의 광범위한 석탄 매장량에 매력을 느끼고 저비용으로 공장을 가동하기 위해 다수의 석탄 발전소를 건설할 수 있다고 가정하는 기업들이다. 이 과정에서 기후 과학자들이 제기하는 심각한 경고는 무시되고 있다.

남북한 및 전 세계에서 극소수의 부자들에 의해 부의 독점이 점점 심화되고 있는 현상은 오늘날 매우 심각한 문제이다. 이 문제는 이번 정상 회담에서 다루어지지 않았으며 문 대통령의 국내 정책에서도 심각하게 다루어지지 않고 있다. 이 지역에서 증가하고 있는 경제적 불평등은 북한이 몇 가지 핵무기를 보유하는 것보다도 더 위험한 위협이 되고 있다.

이번 회담이 역사적인 전환점이 될 것이라 생각할 수 있겠지만 또한 트럼프 행정부가 중국과의 전쟁 준비를 은폐하고 한국인들과 세계인들의 관심을 돌리기 위한 수단으로 이용된다고 볼 수도 있다. 분명히 말할 수 있는 것은, 한국인들이 트럼프에 대해 무엇이든 신뢰할 수 있다고 가정하는 데에서 나는 충격을 받고 있다.

평양 남북 정상회담에서 더 나아가려면…

 2018년 9월 18일 문재인 대통령과 김정은 국무위원장이 평양에서 가진 정상회담은 지난번 판문점 정상회담 때보다 훨씬 더 진전된 성과로 이어졌다. 한반도의 문화적·정치적 지형을 바꿔 놓았으며 특히 남북이 영구적으로 짊어질 운명처럼 보였던 서로간의 적대감이 상상할 수 있는 범위 내에서의 최대치로 엷어지는 계기가 될 것 같다. 변화의 범위가 너무 커서 그 파도에 휩쓸린 한국인들에게는 미처 그게 보이지 않을 정도이다.

 정상회담 뒤 서울의 언론 매체들은 북한의 고유한 음식을 소개하는 방송 프로그램을 선보였으며 포탈사이트 네이버는 사상 처음으로 평양 시내에 대한 세부적 내용을 소개하는 지도 서비스를 시작했다. 북한과의 모든 경제 교류를 가로막아왔던 제재 조치가 아직 살아있음에도 불구하고 남북 교류를 위해 굳게 닫혀있던 문이 마침내 열리기 시작한 것이다. 남북 모든 당사자들에게 있어 역사적으로 기이한 순간이었다. 그러나 나는 이 자리에서 좀 다른 이야기를 해보고 싶다. 평양 남북 정상회담은 물론 역사적으로 크게 의미 있는 사건이지만 우리는 끊임 없이 남북의 지도자들에게 더 많은 것을 이야기하고 더 많은 것을 상상하고 더 많은 결과물을 가져오라고 요구해야 한다. 사회 계약론의 창시자 존 로크의 말처럼 '어떤 사람의 지식도 그 사람의 경험을 초월하는 것은 없다.' 지금의 남북 정상회담에서 우리가 무엇을 목격하고 경험하느냐에 따라 다음 남북 지도자들의 정상회담의 논의 주제가 달라질 것이다. 굳이 이런 서론을 다는 것은, 남북 정상회담의 의미를 무조건 까내리기 위해 로봇처럼 더욱 의미 없는 말만 쏟아내는 정치인들과 나를 구별 짓기 위함이다.

먼저 문 대통령과 김 위원장은 남북의 지배계층들간의 만남 그 이상의 만남을 허용해야 한다. 남북 정상회담이 두 차례나 개최되는 동안 남한의 평범한 사람들이 북한을 방문하는 것은 여전히 금지돼 있다. 남북 교류는 정부 고위 관료들과 대기업의 대표들 사이에서만 제한적으로 이루어지고 있다. 실제로 북한에 대한 향후 투자를 위한 계획을 세우는 과정은 완전히 불투명한 상태로 남아 있다.

한국의 시민단체 또는 대규모 자본 조직과 연계되어 있지 않은 순수한 북한 전문가들은 남북 대화 과정의 조연 취급 정도의 역할만 부여됐다. 대신 문재인 대통령과 함께 북한을 방문한 이재용 삼성 부회장, 박용만 대한상공회의소 회장 등 경제인 17명은 마치 자신들이 남한의 대표라도 된 양 각종 부각을 받았다. 그러나 남한 내에서 이러한 문제를 지적하는 언론이 별로 없다. 이들이 가서 서명하고 합의한 내용을 공개하라는 요구도 없다.

또 나는 개인적으로 문 대통령이 9월 평양을 방문하는 방식에서 좀 이상한 점을 발견했다. 어쩌면 이것은 왕조 사회를 겪어 보지 않은 미국인인 나에게 유난히 눈에 띄었던 점일 수 있다.

문 대통령과 영부인인 김정숙 여사는 평양에 도착해 김정은 노동당 위원장과 그의 여동생 김여정 노동당 선전선동부 제1부부장의 영접을 받았다. 그런데 그 모습은 마치 오래 전 갈라섰던 두 명의 왕족이 마침내 재결합한 것처럼 좀 괴상하게 비쳤다. 양국 지도자들이 형제처럼 손을 잡고 껴안는 것 정도만 간단히 비쳤으면 괜찮았을 텐데, 유감스럽게도 두 지도자의 영접 장면은 너무 지나치다고 내가 느끼게 될 때까지 계속 반복되었다.

문 대통령은 민주적으로 선출된 일시적인 남한의 대표일 뿐이다. 비록 김 위원장이 자신의 나라를 군주국처럼 운영한다고 하더라도 문 대통령은 그와 몇 장의 사진을 찍은 다음부터는 좀 한 걸음 물러나서 자신은 임기가 제한된 남한 국민의 대표일 뿐이라는 겸손함을 보였어야 한다.

문 대통령은 물론 그런 의식을 갖고 사는 정치인이라고 믿어 의심치 않는다. 다만 왜 의식과 달리 저런 왕족과 같은 행동을 북한에서 하고 돌아왔을까 하는 점에 대해서는 좀 구조적 문제를 들여다보며 생각해봐야 한다.

나는 단순히 북한이 다른 관습을 갖고 있는 국가라서 이런 문제가 벌어졌다고 생각하지 않는다. 오히려 부의 편중이 커지고 있는 이 시대에서는 남북 모두 왕족같은 삶을 사는 자들이 사회를 장악하고 있다. 텔레비전 프로그램들도 이러한 부유한 왕족같은 이들의 행동을 모델처럼 맞추고 있다. 이처럼 언론 매체들이 유명인들에게 초점을 맞추고 있는 것은 전 세계의 정계에 서서히 파급되고 있는 신봉건주의적 사고와 떼어내 생각할 수 없다.

극소수 사람들의 손으로 부가 점점 빠른 속도로 집중되고 있고 전 세계에서는 왕은 아닌데 왕과 유사해지는 인물들이 등장하고 있음을 목격한다. 오늘날 가장 부유한 8명이 소유한 재산이 하위 50%의 사람들이 소유한 재산과 같은 말도 안되는 세상에 우리는 살고 있다. 이러한 부의 편중은 인류 역사상 유례가 없는 수준이다. 트럼프 미 대통령 같은 정치인 자체가 억만 장자이다.

한국 사회는 보통 사람들과 VIP 구역에 사는 사람들이 점점 더 분열되어 그 간격이 벌어지고 있다. 문재인 대통령마저 그들의 구역 안으로 점점 걸어 들어가 갇히는 듯한 모습은 안타깝다. 촛불 시민들이 그간 목격했던, 자신은 서울의 거리에서 언제든 편하게 만날 수 있는 '촛불 혁명 대통령'이라고 지칭했던 그런 모습과는 거리가 먼 대통령의 모습이다. 그간 문 대통령에게 어떤 변화가 있었던 것인가.

김정은 위원장과 문재인 대통령이 백두산 천지에서 사진을 촬영한 모습은 분명 인상적이었다. 천지는 고대부터 한민족에게 성스러운 공간이었고 천국과 자연 및 인간이 깊은 유대 관계를 맺어 대지의 웅장함에 몸을 낮추던 곳이었다. 이곳은 한반도의 미래를 위한 상징적인 무대로서 완벽한 조건을 갖춘 곳이다.

문 대통령은 그러나 이 성스러운 호수의 기슭에서 허리를 굽혀 그만 플라스틱 용기를 꺼내고 말았다. 천지의 성스러운 물을 역사적인 기원을 담아 남한으로 가져갈 것이라는 말은 꽤 멋졌지만 왜 하필 그 도구가 플라스틱 용기였을까. 고려 시대의 도자기 병이나 최소한 유리병 정도를 상상했던 나는 순간 웃음이 나올 뻔했다.

플라스틱 병은 한국 전역의 더러운 매연을 내뿜는 화학 공장에서 쉽게 볼 수 있다. 이 플라스틱 병은 자연 분해되는 데에만 수백 년이 걸리는 지구에 유해한 물질이다. 이 플라스틱 병을 만들기 위해서는 100% 수입된 석유를 사용해야 하고 이 석유는 토양과 수질을 오염시킨다. 플라스틱 병에 담겨 판매되는 물은 비싸고 에너지를 낭비하며 한민족에게 불필요한 재정적 부담을 지우고 있다.

문 대통령은 아마 플라스틱 용기에 천지의 물을 담아가는 것이 무엇을 의미하는지 크게 생각하지 못 했던 것 같다. 그저 남한으로 천지의 물을 가져왔다는 모습을 기자들에게 보여주기 위한 퍼포먼스 정도로 간주했다면 너무나 안타까운 순간이다. 소수의 부유한 물 산업 투자자들과 민영화된 물 산업에 길들여진 남한의 국민들은 아무런 문제의식 없이 이 장면을 보았던 것 같다.

남한 사람들은 공공재가 민영화되는 것에 문제의식이 별로 없다. 플라스틱의 사용이 환경 및 자신의 건강에 미치는 부정적인 영향 역시 전혀 인식 못 하고 산다. 심지어 환경운동을 하는 남한 사람들조차 별 생각없이 플라스틱 용기를 사용하는 모습을 본다. 우리는 우리 자신의 환경으로부터 병적으로 소외되어 있다.

그러나 이 소외와 무지의 결과는 결코 낭만적이지 않다. 나는 경고한다. 물 공급의 민영화를 도모하는 남한의 기업들이 평양의 상류층들과 생수 공급 계약을 맺고 다른 아시아 국가들에서 했던 것과 비슷한 방식으로 북한 주민들이 물 브랜드에 비이성적으로 집착하도록 만들 수 있다. 천지의 오염되지 않은 맑은 물이 서울의 가정으로 플라스틱 물병에 담겨올 것이다. 그리고 민영화와 소비문화의 질병이 북한의 '자본주의 처녀림'으로 급속하게 유입될 수 있다. 두려운 일이다.

마지막으로 남북 정상회담 뉴스가 미국 내에서 어떻게 소비되고 있는지 한국인들에게 알려주고 싶다.

물론 이번 평양 정상회담은 적법하게 당선된 미국 대통령이 어떻게든 한반도 통일에 대한 진정한 의지를 표명했다는 전제 하에서 열리고 있다. 그러나 도널드 트럼프 행정부는 세계사에서 가장 위험한 전환을 미국 사회에 도입하려는 음모를 은폐하는 수단의 하나로 남북 정상회담을 이용하고 있다.

미국의 언론들이 평양과의 교류에 관한 기사들로 가득채워지는 동안 극우 성향의 브렛 캐버너를 대법관 후보가 지명됐고, 케이 허치슨 나토 주재 미국 대사는 러시아를 공격할 수 있다는 식의 위협적 발언을 했고, 남중국해에서는 미국의 또다른 '항해의 자유' freedom of navigation 활동으로 인해 거의 군사적 충돌이 벌어질 뻔했다. 게다가 2018년 9월 미 국방부가 발표한 '미국 제조업 및 방위 산업의 기반과 공급망의 탄력성 평가 강화' Assessing and Strengthening the Manufacturing and Defense Industrial Base and Supply Chain Resiliency of the United States 보고서에는 중국이나 러시아와의 전쟁에 대비해 미국 경제 전체를 재구성해야 한다는 내용이 담겼다. 지금 미국에서 생산되는 정책들은 평화지향적이 아닌 매우 위험한 쪽으로 전환되고 있다. 그리고 이러한 내용들은 남한 사회는 물론 미국 사회에 조차 제대로 알려지지 않고 있다. 이번 평양 남북 정상회담은 남한과 미국의 언론 모두에게 '언론 매체의 소비를 위한 축제'에 가까웠다. 애석하게도 이러한 깊이 있는 분석을 하는 지적인 콘텐츠는 부족했다.

나는 다음 남북 정상회담의 문 대통령의 연설에서 한국인들이 성공하기 위해 진정으로 필요한 것이 무엇인지에 대한 비전과 남한과 북한 사람들이 일상 속에서 직면하고 있는 가혹한 현실을 어떻게 헤쳐나갈 것인지에 대한 대안이 담기길 바란다. 남북 정상회담은 비핵화와 통일문제를 넘어 평범한 한민족의 삶이 어떻게 나아질 수 있을 것인지를 논의하는 것까지 나아가야 한다. 트럼프같은 영리한 사업가들의 비즈니스 전략에 한민족이 쇼처럼 이용당하지 않기를 바라는 미국인의 선량한 충고가 전해졌으면 좋겠다.

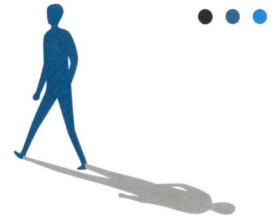

하노이 회담 합의가 어그러진 것을 두고 트럼프에 물어야 할 것들

 2019년 2월 28일 하노이 회담 이후 북미간 공동선언은 결렬됐다. 많은 사람들, 특히 남한의 언론들은 이후 "다음 회담이 과연 열릴 수 있을까"라는 질문에 대해 분석하기 바빴다. 그러나 회담의 끝에 던져졌어야 할 중요한 질문은 "트럼프는 이번 결렬을 두고 어떤 책임을 질 것인가"였다. 결국 누군가는 물어야 한다. "하노이 회담에서 어떤 주제들이 다뤄지지 않았는가?", "어떤 것들이 회담의 진정한 주요 의제가 되어야 하는가?"

 베트남 하노이에서 개최된 북미정상회담의 합의문 발표가 갑작스럽게 취소된 것은 내가 기억하는 역사적인 사건들 중 가장 복잡하고 모순된 사건들 중 하나가 될 것 같다. 물론 도널드 트럼프와 마이크 폼페이오가 결렬 직후 진행한 즉흥적인 기자회견은 전혀 복잡하지 않았다. 기자회견은 미디어를 의식하여 짜낸 진부한 쇼였고, 변명 이상의 어떤 것에 대한 이야기도 하지 않으려는 꼼수였다.

내가 트럼프 미 행정부에 대해 '쇼와 거짓말'과 같은 단어를 활용해 비판하면 남한 사람들은 "너무 과격한 거 아니냐"는 반응을 주로 보인다. 그러나 이것은 미국의 비판적 지식인뿐 아니라 평범한 사람들마저도 공유하고 있는 정서와 우려이다. 그저 남한의 언론들이 품고 있는 트럼프에 대한 지나친 기대와 환상들 탓에 제대로 전달되고 있지 않을 뿐이다. '그래도 일국의 대통령인데 쇼를 하겠냐'는 순진한 믿음이다.

하노이 회담의 결렬 소식이 알려진 날 미국 의회 청문회에서 2007년부터 2017년까지 10년 넘게 트럼프의 최측근으로 일했던 변호사 마이클 코언이 트럼프에 대해 알려진 것 상당수가 거짓에 가까웠음을 폭로했다는 것에 대해 많은 한국인들이 잘 모른다. 마이클 코언은 이날 트럼프가 더 높은 지위로 올라가기 위해 자신에게 어떤 거짓 서류를 꾸미게 했고 수많은 불법을 은폐하게 했는지 목숨을 걸고 증거자료와 함께 폭로했다.

10년이 넘게 트럼프를 위해 거짓말을 하고 다니고 심지어 영부인인 멜라니에게도 트럼프의 불륜 상대인 여배우에 대해 거짓말을 하고 다닌 것은 솔직히 "트럼프가 대통령이 될지 몰랐기 때문"이라고 한 코언의 폭로는 슬프게 다가온다. 그저 "민간 부문의 재벌을 위한 거짓말일 뿐"이라며 코언은 순진하게 생각했다고 한다.

코언은 그러나 트럼프가 끝내 '사기꾼'임을 폭로했다. 코언의 폭로는 미국인들에게는 자신들이 뽑은 대통령에 대해 알아가는 과정의 일부일 뿐이지만 민족의 통일이라는 중차대한 과제를 미국의 대통령인 트럼프에 의존해야 하는 한민족에게는 재앙과도 같은 사건이다. 어찌됐거나 남북한 모두 '사기꾼'과의 대화를 통해 그들의 문제를 해결해야 하는 게 국제법이기 때문이다. 한국전쟁 종전 선언 당사국은 북한과 미국이고 미국의 대통령은 현재 트럼프이다.

트럼프는 하노이 회담 후 가진 기자회견에서 김정은, 아베 신조, 시진핑 그리고 문재인과 맺고 있는 '깊은 관계'에 대해 이야기했고, 그런 모습은 갑작스런 방송사고 프로그램의 공백을 채우려 애쓰는 심야 프로그램 코미디언 같아 보였다. 하지만 트럼프가 던진 긍정적인 언어들로 세계 곳곳에서 일어나고 있는 재앙들을 가려선 안 된다. 김정은 위원장과 가졌던 '생산적인 시간'들에 대한 달콤한 말들이, 세계 곳곳에서 수직 상승중인 전쟁의 위험성을 가려주지 못 한다.

솔직히 이야기해 보자. 세계평화의 차원에서 봤을 때 북한은 특출난 위협이라기보단, (1945년 샌프란시스코 회담으로 구축된 세계 질서가 붕괴되며 뒤따라 벌어진) 비교적 '안정적인 섬'이라고 할 수 있다. 북한이 압제적이고 폐쇄적인 국가라는 사실은 특별히 꺼내기 어려운 이야기도 아니다. 하지만 미국은 어떤가? 현재 미국 정부는 정부로서의 전문성을 모두 잃었고, 이슈와 정책에 대한 분석은 급격히 사유화

되었으며, 부가 극도로 집중되며 문화 또한 변질되어 가고 있다. 미국은 이제 고립주의와 군사주의로 빠져들면서, 어떤 일이 일어나도 놀랍지 않을 상태가 되어가고 있다. 이러한 구조적 변화, 제재 완화에 대한 연방 의회의 강한 반발, 혹은 개인 변호사 마이클 코언의 저속한 증언들로 인해, '하노이에서의 쇼'는 어떤 결과도 얻어내지 못 했다.

하지만 세상은 트럼프를 기다려주지 않고 있다. 핵 보유국인 인도와 파키스탄이 전쟁의 기로에 서 있으며, 이 두 나라가 대립하는 이유 중 작지 않은 부분은 중국의 영향력을 견제하고자 하는 미국의 정치게임에서 나오고 있다. 미군은 어떠한 책임도 지지 않은 채 중앙 아시아, 중동 그리고 아프리카에 개입하고 있으며, 새로 선출된 연방의회는 거기에 대한 통제권을 상실한 것 같아 보인다.

중남미는 어떤가. 이득을 위해서 분별 없는 반지성주의 풍조를 부채질하고 아마존의 우림을 파괴하려 하는, 나아가 인류의 멸망을 앞당기려 하는 브라질의 볼소나로 대통령의 든든한 친구가 트럼프다. 트럼프는 이런 남미에 정치적 문제 해결을 위해 강제력을 동원하겠다는 협박을 일삼고 있다. 동시에 네오콘의 사상적 쌍둥이라고 할 수 있는 엘리엇 에이브람스와 존 볼턴은 베네수엘라의 정권 교체를 위해 불철주야 일하고 있다.

그들은 베네수엘라의 마두로 정권을 무너뜨리고 다국적 기업들을 위해 석유생산을 장악하려 하고 있다. 이와 관련된 역겨운 행동 중 하나는 우익 상원의원 중 하나인 마르코 루비오가 본인의 트위터 계정에

리비아의 전 지도자 무아마르 카다피의 사진을 올린 일이다. 이는 마두로가 계속 미국에 저항한다면 무아마르 카다피와 비슷하게 고문을 당하고 죽임을 당할 것이라는 암시였다.

자원 장악을 목적으로 하는 이러한 음모는 석유와 석탄 재벌인 찰스 코흐와 앤디 코흐 형제가 이끌고 있다. 이들이 또한 북한의 금, 석탄 그리고 다른 지하자원들을 노리고 있다는 혐의가 짙다. 이는 김정은과의 회담에 있어서 트럼프가 이야기하는 경제적 기적이 북한 사람들을 위한 것이 아니라 국제 투자자들을 위한 것이라는 이야기이다. 북한과의 접촉은 이란과 베네수엘라에서 일어나고 있는 적대적인 행동들과 떼어놓을 수 없는 관계에 있다.

하지만 이는 반쪽짜리 이야기일 뿐이다. 미국이 INF^{미국과 러시아의 냉전종식을 상징해왔던 중거리 핵진력 조약} 협정에서 탈퇴하게 하는데 주도적 역할을 한 것으로 알려진 존 볼턴^{미 백악관 국가안보보좌관} 덕에 냉전시대에 있었던 군비경쟁보다 훨씬 위험한 군비경쟁이 다시 시작될 조짐이다. 이란 핵협상의 일방적인 파기와 더불어서 이런 광기가 독일, 러시아, 중국, 미국, 터키, 일본, 인도 그리고 이란 사이의 군비 경쟁을 부추기고 있으며, 이는 세계대전으로 이어질 수도 있다. 앞서 말한 모든 나라들은 멀지 않은 미래에 핵전력을 갖출 가능성이 높다.

김정은과 그의 참모들은 이러한 혼란한 국제 정세에 대해 잘 알고 있는 것으로 보인다. 만찬에서 김정은이 지어 보였던 미소 뒤에 숨겨진 두려움은 그와 관련한 것으로 분석한다. 하노이 2차 회담은 양쪽이 모두 극심한 자기기만을 받아들이고자 했기에 열릴 수 있었던 것이다.

내가 이러한 이야기들을 하는 이유는, 미국이 가진 힘을 사이코패스같은 집단의 영향 아래 둔다면 이는 인류 역사상 가장 거대한 재앙이 될 수 있음을 한국이 좀더 냉철하게 받아들여야 한다. 미국 민주당의 반응 그리고 남한과 일본 보수층의 반응은 트럼프가 국제법을 무시하며 군사주의를 받아들이고 그의 파시스트적 기반에 영합하는 사실을 의도적으로 무시한 비판들이었다. 미국이 모든 나라들이 핵 확산 금지 조약을 지키도록 하는데 실패하고 이란과의 핵협상도 파기되면서, 미 국방성은 1조 달러를 들여 새로운 핵무기를 개발하기로 했다. 명백한 조약 위반이지만 이에 대한 언급이 금기시되고 있다.

미디어는 다국적 기업이나 투자은행들을 답습하여 이 세상을 소개하고 있다. 미디어 또한 또 하나의 사업이 되었고, 기업체들의 홍보부 역할을 맡고 있다. 세상의 현 상태에 대한 지성적인 탐구는 없고, 뉴스를 만드는 데 있어서 도덕적 문제는 고려대상이 아니다. 오히려 한국의 많은 기사들은 혼란과 오해를 부추기기만 하고 있다. 회담에 대해 미디어가 제공한 자세한 사항이라고는 김정은이 하노이까지 어떻게 기차를 타고 왔는지, 호텔과 외교적 관례에 주요한 지점 주위의 통행이 어떻세 차단되었는지 밖에 없었다.

미디어는 죽었고 반지성주의의 커다란 파도가 미국을 휩쓸었으며, 많은 나라들은 더 이상 비판적 분석이 불가능한 지경이 이르렀다. 우리 세상에 어떤 위험들이 도사리고 있는지 생각할 능력이 없는 것은 트럼프뿐만이 아니다. 점점 더 많은 사람들이 온라인 게임, 포르노 혹은 소셜 미디어에 중독되어 옹알거리는 바보가 되어가고 있고, 더 이상 복잡한 문제를 이해할 수 없을 만큼 퇴화하고 있다.

세상의 부가 몇몇 사람들의 손에 급격히 집중되는 현실은 분명 트럼프나 김정은 누구도 이야기하고 싶지 않은 일이었을 것이다. 한반도를 사막화시킬 수도 있는 기후 변화와 규제 없는 오염과 석탄 사용 증가로 인해 나빠지는 공기질 또한 이야기할 수 없었을 것이다. 동북아에서 고조되고 있는 핵전쟁의 위험과 점점 가속화되는 군비 경쟁 또한 (이 문제가 북한이 가진 불안정성의 중심적인 이유였음에도) 이야기할 수 없었을 것이다. 미국, 러시아, 일본, 중국 그리고 남한의 군수업체들이 벌어들이는 돈이 어마어마하기 때문이다. 꼭 1차 세계대전 직전처럼 무기와 전쟁 위협은 주요한 수입원이 되고 있다.

정상회담에 대한 초점은 북한이 핵무기를 어떻게 포기할 것인지에 맞춰져 있었다. 이는 핵무기의 선제적 사용금지조차 천명하지 않은 채 전쟁위협을 거듭하고 있는 미국이 가진 수천 개의 핵무기에 견주면 그리 크지 않은 문제이다. 하지만 이 문제는 또 한 차례의 정상회담이 자리한다고 해서 풀릴 수 있는 것이 아니다. 문제는 시민들의 진정한 우려가 반영된 대화가 자리잡을 때 해결될 것이며, 국제 관계에서의 진정한 위협이 무엇인가에 대한 과학적 분석을 담은 담론이 가장 중요할 것이다. 이러한 변화는 정책이나 행정부의 변화가 아닌 문화 자체의 변화를 필요로 할 터다.

그래서 다시 묻는다.

"어떤 것들이 회담의 진정한 주요 의제가 되어야 하는가?"

한반도의 빛과 그늘

　한반도의 위성사진으로 바라 본 북한의 밤은 어둡다. 반면 일본과 한국의 밤은 인공 불빛으로 붉게 빛난다. 미국의 많은 전문가들은 이러한 차이를 두고 북한은 후진적인 나라라고 주장하곤 한다. 이것은 북한의 편협하고 억압적이며 측은할 정도로 후진적인 체제의 결과물이라는 것이다. 그들은 또 남한의 빛나는 밤을 두고 진보, 첨단기술, 민주주의와 자유시장의 결과물이라고 설명한다. 남한은 민주주의 및 진보의 빛을 받는 곳이고, 북한은 독재 및 무지의 어둠이 덮인 곳이라는 식의 이러한 설명은 한반도 위성 사진을 바라보는 세계인들의 머릿속에 부드럽게 흡수되고 미적 완벽성마저 갖춘 사진처럼 기록되고 있다.

　한반도의 위성 사진을 대하는 이러한 태도는 남한의 정치인과 학자, 언론 매체들 사이에서도 진보와 보수를 망라하고 큰 차이가 없음을 느낀다. 그러나 한반도의 위성 사진에 나타난 남북의 모습을 이렇게 분석하는게 과연 옳은가. 내가 미지의 외딴섬같은 북한이라는 나라에 대해, 그리고 남북의 바람직한 통일 논의 과정에 대한 책을 쓰기로 마음 먹은 것은 이 위성 사진을 대하는 단편적인 태도가 결코 남한 사람들에게 도움이 되지 않을 것이라는 우려가 들었기 때문이다. 남한과 북한에 관해 서술할 때 남북한을 인공위성처럼 높은 곳이 아니라 밑바닥에서부터 철저히 살펴볼 필요가 있다.

남한의 진보주의자들과 보수주의자들의 이야기를 두루 들어보면 둘의 가정은 근본적으로 다르지 않음을 느낀다. 양쪽 모두 남한이 더욱 발전했으며 북한도 늘어나는 국민총생산[GDP]의 혜택을 남한처럼 누리면서 자동차를 몰고 텔레비전과 스마트폰을 갖고, 넓은 집에 살면서 전 세계에서 히트한 케이팝을 제작해야 한다고 이들은 가정하고 있다.

특히 남한의 진보적 정치인들은 북한과의 협력을 통해 개성공단과 같은 프로젝트에 더욱 많은 투자를 해서 북한 주민들에게 고용의 기회를 제공해야 한다고 주장한다. 남한은 북한이 제공하는 값싼 노동력과 풍부한 천연 자원 등으로 이익을 얻어야 한다고 주장한다. 남한의 보수주의자들은 북한이 독재국가이고 한국을 무력으로 위협하고 있으며 신뢰할 수 없다고 주장한다. 그들은 북한이 먼저 국제 사회에 완전히 문호를 개방해서 모든 핵 시설에 대한 완전한 사찰을 허용해야 한다고 말한다.

이것이 과연 옳은가. 지금과 같은 폐쇄적이고 억압적인 정부를 가진 북한이 다른 나라의 모델이라고 주장하는 것은 터무니없지만, 동시에 북한이 남한처럼 변해야 한다는 주장에는 나는 동의하기가 주저된다. 12년 동안 남한에 살았던 사람으로서 나는 남한의 심각한 문제들을 목격했기 때문이다.

높은 자살률, 오염된 공기, 학교에서의 무자비한 경쟁, 젊은이들이 느끼는 깊은 소외감, 수입 식품 및 수입 연료에 대한 과도한 의존이나 엄청난 수의 빈곤 노인층과 같은 문제들은 남한 사회 전역에 깊은 그늘을 드리우고 있다. 이것은 한반도 인공위성 사진이 미처 잡아내지 못하는 남한의 모습들이다.

반면, 나는 북한을 방문할 기회가 있었던 많은 남한 사람들로부터 평양 시민들의 모습을 바라보았을 때의 느낌을 전해 들었다. 평양의 작은 채소 시장과 호텔의 소박한 장식을 마주할 때 남한 사람들은 그것으로부터 어딘가 꾸밈과 가식이 없음을 느꼈고 남한에서는 이미 사라진 어떤 중요한 것들이 그곳에는 남아 있음을 느꼈다고 한다. 북한의 여성들이 남한처럼 사치를 누리지는 못하더라도 화장을 하거나 소비 경쟁을 해야 한다는 압력을 받는 것 같지는 않다고 지적했다.

평양에는 명품 브랜드 의류에 대한 수요가 없다. 휴대전화에 중독된 청소년들, 불필요한 물건인데도 과시적 삶을 위해 일단 사게 만드는 여러 광고들이 평양에는 없다. 대신 북한에는 1960년대와 70년대까지 존재했던 남한 사회의 문화들, 이를테면 사람간의 관계의 돈독함이라든지 따위가 남아있는 것으로 보인다.

　북한 관련 논의할 때 남한의 언론과 전문가들이 놓치는 중요한 문제가 또 있다. 언론에서 소위 '전문가'들을 통해 다루고 있는 북한 관련 모든 논의들은 경제 성장, 국내총생산^{GDP}, 생활 수준, 생산 및 소비와 관련된 문제들에 기반을 두고 있다. 이러한 기준에 따르면 북한은 선진국들 특히 한국에 견줘 크게 낙후되어 있다. 다시 말해 남한이 북한에 '현대적인 선진국'이 될 수 있는 방법을 가르칠 큰 형이 될 수 있음을 의미한다. 그러나 그러한 모든 용어들은 본질적으로 이데올로기적이고 주관적이다. 남한에서 만들어진 그러한 가정들은 자원 낭비가 긍정적이며 적극 장려되어야 한다고 간주하고 있다. 또한 더욱 크고 지나칠 정도로 난방이 잘된 집에서 살면서 자동차와 스마트폰을 소유하는 것이 발전이라고 가정하고 있다. 그러나 이러한 가정의 근간을 이루는 과학적 증거는 전혀 없다. 그것들은 달에게 기도하면 비가 오거나 거머리를 이용해 피를 빨아들이면 질병이 치료된다는 것만큼 허황된 이야기이다.

　실제로 연구 결과에 따르면 소비에 초점을 맞춘 이러한 행동 패턴들은 깊은 소외감과 자살률 및 약물 남용의 증가를 포함해 사회 전반에 걸쳐 심각하고 파괴적인 영향을 미칠 수 있는 것으로 드러났다. 다시 말해 북한이 나아가야 할 방향과 한국이 성공을 거둔 것에 대한 가설들은 이데올로기나 근거 없는 가정, 근대성의 신화에 근거하고 있다. 그에 따른 결과로 남한 사람들은 가정을 휩쓸고 있는 좌절감과 심각한 스트레스에도 불구하고 그들이 성공했다고 확신하고 있다.

남한 사람들에게 말하고 싶다. 우리는 통일 한반도의 미래에 대해 생각할 때 근대적이고 발전된 것만이 최고라는 위험한 개념을 벗어나야 한다. 우리는 인간이 된다는 것이 무엇을 의미하는지 자문해 보아야 한다. 우리는 어떤 식으로 의미 있고 충만한 삶을 살면서 사회에 기여할 것인가?

다시 한번 한반도의 밤을 찍은 위성 사진으로 눈길을 돌려보자. 이번에는 지구적인 기후 변화 문제와 연관시켜 설명해보고 싶다. 어쩌면 이 사진은 한반도의 빛과 그림자에 대해 완전히 뒤집힌 아주 다른 실제를 설명하고 있다.

이데올로기에 지배당한 감정을 버리고 객관적이고 과학적인 분석을 중시하는 전문가들은 인류가 지구 온난화^{기후변화}를 겪으며 전례 없는 위기에 직면해 있다고 경고한다. 현재의 지구 온난화 속도를 감안할 때 지구 생명체의 멸종을 피할 수나 있다면 그나마 다행이라는 의견이 지배적이다.

기후변화가 가져올 재앙적 변화와 그 결과로 인해 이미 일부에서는 멸종이 시작되었음을 다루고 있는 수많은 보고서와 책들이 나와 있고 이는 한반도 역시 마찬가지이다. 현재 우리는 서울에서 모기가 12월까지 생존할 수 있으며 1월에 꽃이 피는 일을 이미 목격하고 있다. 이런 현상은 빠르게 진행되어 곧 한민족의 삶을 위협하게 될 수 있다.

기후변화가 이런 속도로 진행되는 것을 방치할 경우 물고기가 멸종될 정도로 한반도 앞바다가 따뜻해지고 산성화될 것이며 사막화가 확산할 것이다. 수입 식품과 화석 연료 제품의 수출에 과도하게 의존하고 있는 남한은 절망적 상황에 빠지게 될 것이다.

통일 한국은 어떤 선택을 해야 할까? 해답은 분명하다. 남한은 밤에 더 어두워져야 한다.

인류는 수만 년 동안 밤에는 어두워야 하고 에너지 소비를 줄이는 삶의 방식을 유지해 왔다. 그런 방식 하에서 아파트 건물의 모든 불필요한 조명은 제거해야 하고 네온사인과 같은 상업용 건물의 전기 표지판을 사용하지 않으며 내부 난방을 크게 줄이는 한편 높은 천장과 콘크리트, 유리 및 강철 외관과 같은 건물의 낭비적인 디자인을 중단해야 한다. 이를 통해 오랫동안 한국 역사에서 유지되어 왔던 검소함과 단순함의 전통으로 돌아가야 한다.

남한의 도시를 밝히는 데에는 정부 보조금이 지급되는 화석 연료 사용이 큰 역할을 한다. 이는 끔찍한 대기오염과 과도한 연료 수입 비용을 발생시키는 한편 우리 아이들의 미래를 파괴할 지구 온난화를 증가시키는 등 엄청난 비용이 들어간다는 사실을 인식해야 한다.

반면, 북한의 밤은 정상화되어야 한다. 남한처럼 밝아지는 것을 말하는 게 아니다. 에너지 소비와 절약 측면에서 북한에 반강제적으로 자리잡은 노하우들을 살펴보고 통일 한반도와 지구의 건상한 미래를 위해 남길만한 관행들은 남겨야 한다. 에너지 생산과 소비의 민주적 평등함을 갖추는 새로운 제도 또한 필요할 것이다.

한민족이 깨달아야 할 보다 심오하고 숨겨진 비밀이 있다. 그동안 세계는 한국이 다수의 '개발도상국들'과 달리 근대화와 발전을 이룩해 특별하다고 인정 받기 위해서는 더 많은 소비를 통해 계속 성장하고 발전해야 한다는 신화를 주입해 왔다. 따라서 수대에 걸쳐서 근대화가 최우선 순위로 간주되어 왔다. 그러나 화석 연료를 소비하고 천연 자원을 낭비하는 것이 우리의 생태계를 파괴하고 아이들을 괴롭히고 있다면 그 근대화라는 것은 과연 무엇인가?

북한에는 매우 심각한 많은 문제들이 존재하지만 기후변화에 대처하는 해법에서만 볼 때 한국은 북한의 '낮은 소비'를 벤치마킹할 필요가 있다. 내가 하는 이야기가 이상하고 심지어 터무니없다고 많은 사람들이 생각할 수도 있다. 그러나 기후변화로 멸종 위기에 직면하게 된다면 그러한 경제 성장의 수치가 무슨 소용이 있겠는가. 남한에서 밤새도록 불을 밝히는 그 수많은 불빛은 발전을 상징하는 것이 아니라 우리 아이들이 미래에 사용해야 할 불빛을 빼앗아온 범죄이자, 그림자 가득한 위선적인 불빛이나 다름 없다.

생각해보자. 지금보다 좀 어두운 밤을 보내면서 가족이나 친구들과 대화를 나누고, 책을 읽거나 편지와 수필을 쓰고, 숲 속을 걷거나 하면서 지낼 수는 없는가. 일상 생활에서 연극과 음악공연을 하면서 무한한 의미와 깊이, 영적인 경험을 얻을 수도 있다. 스마트폰의 정글과 스타벅스라는 우리에서 사용해야 하는 플라스틱 컵을 버릴 수 있다면 한민족은 훨씬 더 풍요로운 생활 방식을 발견해갈 수 있을 것이다.

그러한 생활 방식에 대한 힌트는 어쩌면 역설적이게도 어두운 밤 풍경을 갖고 사는 지금의 북한 사회에서 얻을 수 있다.

우리는 통일 한반도의 미래에 대해 생각할 때 근대적이고 발전된 것만이 최고라는 위험한 개념을 벗어나야 한다. 우리는 인간이 된다는 것이 무엇을 의미하는지 자문해 보아야 한다. 우리는 어떤 식으로 의미 있고 충만한 삶을 살면서 사회에 기여할 것인가?

나는 북한 주민들이 현재보다 더 자유롭게 생활하고 더 영양가 있는 음식을 먹을 수 있기를 바란다. 그러나 한때 시민들이 경제적 독립성을 누리게 해준 가계 경영의 가게들을 파괴해가면서 장악해 온 한국식 편의점에서는 소비주의에 찌든 음식만 공급될 것이다. 미래 우리 아이들이 누려야 할 풍요로움에서 빼앗아온 물질들을 소비하며 사는 것을 과연 통일 한국의 이상적인 밥상 풍경이라고 보아야 하는가.

또한 나는 한국인들이 무분별한 소비를 하도록 속박하고 (세계 대부분의 국가들과는 반대로) 석탄 소비를 늘리도록 강요해 온 보이지 않는 사슬에서 해방됨으로써 끝없는 경쟁을 강요하는 잔인한 문화로 인해 친구 및 가족으로부터 깊은 소외감을 느꼈던 현상이 사라지기를 바라고 있다.

자유는 정치 체제에만 국한된 용어여서는 안 된다. 스마트폰을 가질 자유를 가진 대신 스마트폰 없이 살 수 없는 물질의 노예처럼 전락한 게 남한 사람들이다. 남한 주민들이 과연 북한 주민들에 견줘 더 자유롭다고 누가 단정할 수 있는가.

통일을 향한 움직임은 남북한 주민들 모두의 자유에 관련된 것이어야 한다. 북한 주민들만 질적인 삶의 자유를 누릴 자격이 있다고 가정한다면 이는 얼마나 불공평한 것인가.

#capital of 남한과 북한

Dmitry Orlov. 89년에 미국으로 이민온 사람이 쓴 책. Reinventing Collapse. 2008년에 쓴 책. 미국도 알고 러시아 잘 아는 사람. 미국의 해외 경쟁 부정 부패. 이데올로기 약해진 거 보고 미국은 러시아랑 비슷하다고 생각했고 러시아랑 똑같은 과정을 보내고 있다고 판단했다.

평양과 서울도 그렇게 생각. 평양은 지나치게 러시아에 의존했고 그 다음에 경제 사상. 안보문제 다 의존했지요. 러시아가 붕괴해서 국내 혼란 생겨 북한이 제일 힘들었지요. 시장 경제 적응도 안되고 15년 간 고난의 행군….

제가 미국 사람이지만 올로브가 쓴 책 보고 상당히 납득 되는 게 많아요. 혹시 반대로 서울은 미국 그런 경제권 시스템에서 자유무역

이른바 민주주의 언론이나 무역에 의존하고, 미국 교육 제도 의존하고, 기술 연구 지나치게 의존하는 나라에서 미국이 갑작스레 붕괴했을 경우 평양처럼 될 가능성 있다. 그것보다 심각할지 모른다. 한국의 농산물은 70~80% 해외 수출하고 있고. 그런 역전이죠? 남한과 북한. 북한은 올라브의 얘기는. 소련 사람들은 현대 미국보다 어느 정도 준비하고 있었다. 어느 정도는 자기 집에서 조그맣게 재배하고 농산물 준비하고 국내 경제는 무조건 무역에 의존하지 않고 어려운 상황에 익숙했어요. 그런 생활에. 검소하게 사는.

그러나 지금 미국과 한국은 그러지 않죠. 소비만 하고 먼 미래 생각 안 하고 농업이나 노하우 없잖아요. 물건도 고칠 수 없고. 되게 걱정스럽다. 한국 미래의 서울은 90년대의 평양이 될 수도 있을까 걱정된다. 한국이 자랑스럽게 특히 나이 많은 분들은 고도성장으로 성공했고 자랑할 게 많고 북한에 노하우 기술 전해주는 케이팝 소개하고. 북한이 우리한테 남한처럼 되면 행복 할거라 생각하고.

그런 얘긴. 저는 예언자 아니죠. 올라브가 이야기 하는 건. 미국의 갑작스런 붕괴. 미국과 긴밀한 교육 경제 무역이나 안보까지도 긴밀한 관계의 나라는 상당히 황당해서 자기 계획도 못 하고 힘든 상황 되고 마비되지요. 북한도 대단히 자신 있었지만. 그렇게 됐지요. 남한도 충분히 그렇게 될 수 있어요. 올라브의 이야기 미국의 붕괴는 러시아보다 훨씬 심각한 파장. 미국의 경제위기가 한번 오면 장난이 아닐 거다 1930년대 대공황보다 훨씬 큰.

재미있는 책이다. 우리는 남북 관계 생각하면 북한이 늘 열등하고 한국이 위대한 게 아니고 제대로 여러 가지 상황을 생각해야 한다. 혹시라도 남한보다는. 자기 개인이나 가정을 더 케어하는 능력이 있을 수 있어요. 많이 낭비하지 않고 검소하게 생각하지 않고 농업도 어떻게 해야 할지 잘 알고 있어요. 근데 남한은 대비 능력이 없어. 만약 남한은 수입을 못 하면 마비되어요. 이런 시나리오는 적어도 진지하게 생각해 볼 필요가 있어요.

지금 한국에서는 북한이 남한을 핵무기로 공격한다는 시나리오. 이거를 진지하게 생각하는데. 저는 그 가능성은 제로에 가깝다. 오히려 올라브의 생각이 더 가능성 높을 거 같다. 진지하게 생각해 보자. 남한도 약점이 많다.

안보도 마찬가지다. 한국이 갖고 있는 무기나 석유 다 필요하고. 많은 경우엔, 미국이나 해외에서 부품 없으면 운영이 안 돼. 전투기 고장 나면 그거 한국이 스스로 고칠 수 있을까. 실제로는 심각한 상태 되면 미국에서 그런 부품 주문해야 하고 자기 스스로 고칠 수 없잖아요.

저는 완전한 평화주의자 아닙니다. 현실적으로 보자는 거에요. 북한이 오히려 현실적으로 대비가 잘 되어 있을 수 있다. 그건 반드시 남북 전쟁이 아니라 여러 가지 남한이 허약하다. 한국의 원자력도 보자. 남쪽에서 많이 개발했지만. 안보 시각으로 보면 절대 하면 안 되는 거다. 원자력 발전소를 공격하면 남한은 망하는 거다. 북한의 핵무기 공격만 생각하고 비싼 무기나 시스템 인공 위성 정보 교환하지만 어떤 전쟁에는 원자력 발전소 일본 우익이 와서 공격할 수도 있는 거다. 그럼 그거 폭발하면 끝나는 거다. 이런 걱정을 한국은 너무 안 하는 거 같다.

트럼프 시대에 자유 무역은 여러 장벽에 부딪히고 있다. 전 세계적으로 그런 경향이다. 자급자족 해야지. 한국은 전혀 그런 준비가 안되어 있다. 김대중 때부터 무조건 자유무역으로 왔지만 해외에서 모두 수입하는. 정상의 나라라면 어느 정도 이해하지만. 한국처럼 예측불가능한 미래의 나라에서는 좀…. 지금도 불화수소인지 그거 수출 일본이 안 해서. 난리났잖아요. 가급적으로 국내에서 하고 핵심기술을 자기 힘으로 개발하고 포스코부터 시작해서 70~80년대는 가급적 기술을 국내에서 키우려고 했죠. 지금은 한국이 대단히 특히 지난 10년 동안 심해진 것 같다. 은행 금융 투자가 결정권 있고 장기적 발전이 사라진 것 같다.

북한이 모델이란 게 아니라 미국이 붕괴하고 미국 자본에 기대할 수 없고 자유무역 백지화된다면 한국은 어떻게 할 것인가. 적어도 그런 질문에 대해 진지하게 물어봐야 하고 그런 점은 통일과정에서 북한으로부터 노하우를 배울 필요가 있다.

김대중 이후 소비 위주의 경제 발전. 검소하게 생활하는 것은 한국의 미덕이 아니다. 오히려 검소하게 살면 사람들이 바보라고 생각한다. 아껴야 잘 산다. 이런 표현 우습게 들려. 그러나 북한에는 그런 게 아직 남아 있어. 가정을 중심으로 하고 한국의 경우 스마트폰 중독이나 가족들도 다 따로따로 살고, 공동의 모임도 없고, 마을도 그렇고 공동체 의식도 약해지고. 북한에 강제로 공동체 만드는 거 좋은 건 아니다. 난 그런 거 반대다. 춤도 강제로 같이 추고. 당연히 안 좋아요. 하지만 현대 모든 사람들이 고립되고 소비만 하는 남한하고 공동체에 강제로 하는…. 어느 쪽이 나을까. 저도 잘 모르겠어요. 하지만 심각한 경제 위기가 오면 북한이 더 자생력이 높을 것이다.

우리 딸도 그래요. 항상 뭔가 소비를 해야 해요. 한국이 그런 의미에서 되게 약해요. 영원히 그런 경제위기 없다면 당연히 한국 사회가 좋지만, 많은 사람들은 미국중심의 경제 시스템이 오래 갈 수 없다고 생각하는 거 많아요.

북한의 자급자족 경쟁력에 대해 기사 찾아보자. (한국인들이 미국 경제에 대해 너무 환상 갖는 것에 대해 분석하는 미국 학자의 글을 소개해 주기도)

이런 이야기를 남한 사람들에게 하면 다들 좀 황당해 하지만 미국에는 이미 그런 우려가 많아요. 한국 사람들은 좀 세계적 관점에서 분석이 너무 부족해. 우물 안 개구리 같은. 미국과 이란의 문제 굉장히 심각한데 한국 언론은 분석도 없고 그것이 한국에 끼칠 영향에 대해 분석도 없고 그저 일본과의 무역전쟁에 대해서만 미국과 이란 문제 대단히 심각한데 한국은 약간 꿈 속에 있는 것 같아.

이란 전쟁에 대해서 미국이 이란을 공격한다면 일본이 찬성 안 할 거 같지만 문재인은 미국하고 가까이 하고 있으니 쉽게 거절하기 어려울 거야. 한국에 대단히 안 좋은 영향 줄 거다. 미국하고 한국은 같이 망할 수 있다. 가장 미국에 비판 못 하는 나라가 한국이다. 일본은 좀 자기 목소리를 내는데.

소비에트 유니온 붕괴와 북한 붕괴에 대해서. 북한 몰락한 건 남한과의 경쟁에서 진거다?

미국 청소년 여론 조사 하면 사회주의 좋다고 생각하는 청소년이 절반 정도나 나와요. https://www.cnbc.com/2018/08/14/fewer-than-half-of-young-americans-are-positive-about-capitalism.html

수많은 사람들은 오래 계속 교육이나 경영대학 다니면서 한국 사람들 그렇게 배웠죠. 자본주의가 효율적이고 사회주의는 비효율이라고. 그거는 역사가 너무 짧다. 평가하기에는. 150년 동안 되레 자본주의의 문제도 많았죠. 이런 건 정확한 답은 우리 한국에서 60~70년대 보다는 최근까지 2000년, 2010년. 40년 동안 자본주의라고 얘기하는 사람 많지만 진정한 자본주의 아니었습니다. 이승만 정권 때는 실제로는 빈부 격차 문제나 토지소유권 문제는 부분적으로 개혁했어요. 50년대에. 이승만이 좋아서 했다기보다는 그만큼은 북한 사회에 대한 압력이 있고 남북이 사회 개혁 경쟁을 했었다. 그래서 80년대까지는 북한과 소련 중국의 사회주의에 대한 압력이. 국내 여론이 있었다. 어떤 의미에서는 남한에서 괜찮은 자본주의였다. 빈부격차 용납 안 되고. 에너지 공사나 교통이나 이런 거 민영화한다는 거를 비판하는 자본주의였다. 근데 사회주의가 80년대 망한 뒤로는 그런 압력 사라지고 러시아도 시장경제 되어버리고. 그런 의미에서 조금씩 19세기 잔인한 자본주의로 가고 있다. 한국이 그래. 냉전 시대의 자본주의 '개선된 자본주의/사회주의와 융합된 자본주의' 지금 한국은 그런 착한 자본주의 아니고 원래의 잔인한 자본주의로 가고 있다. 전쟁 좋아하고 노동자 인권 인정 안 하고 소수 부자만 잘 사는 그런 자본주의로 가고 있어요. 수많은 남한 사람들이 그런 문제를 잘 파악 못하고 있어요. 눈앞에서 엄청나게 가게 망해가고 있는데 눈에 안 보여요. 인지부조화예요. 그런 사람들 생각에는 원인이 두 가지. 원래는 신문이나 계속 거짓말하는 거 반복하고. 어느 정도 일리 있어. 한국에 80년대 90년대 자본주의 좀 좋은 점 있었어요. 열심히 일하면 돈 잘 버는 그런 자본주의였어요. 외부의 압력으로 인한 그런 시스템이었는데. 기회 균등의 사회 같은게 다 무너졌어.

전 지구의 자본주의 경제가 그런 균형을 잡으려는 게 있었는데 지금은 안 그래. 소련 무너지고 자본주의 승리했다고 하는데. 사회주의 압력 받아서 오류 고치려는 그런 자본주의였는데 2019년의 자본주의는 그렇지 않아. 이런 상태로 계속 가면 남한 사회도 북한보다 좋은 사회라고 꼭 볼 수는 없다. 이런 것에 대해 남북한의 학자가 미래 통일 한국 사회 시스템에 대해 고민해 봐야 한다. 절대 남한의 체제를 북한에 이식하려고만 해서는 안 돼.

또 하나 하고 싶은 말. 안보의 핵심은 자기 농산물 자급자족하고 에너지 자기 나라에 의존하지 않고 그런 식으로 안보의 핵심이다. 한국은 그런 면에서 매우 취약해.

\# 북한의 경우는 백지다. 새로운 혁신 가능해. 근데 남한은 다 어려워요. 새로운 실험 하기 힘들죠. 한국 사람들은 위기 의식이 별로 없는 것 같아. 그만큼 많은 가게들 문 닫았고 자동차, 반도체, 조선 등 여러 분야에서 경쟁력이 많이 약해졌고 그만큼 해외 농산물이나 석유에 의존하고 있고 매우 심각해요. 그만큼 해외 투자 은행이나 한국에 간섭하고 있고 문재인 정부는 골드만 삭스에 노(No) 할 수 없는 상황이에요. 옛날 동반경제협력위원장 지금 모르겠지만 골드만 삭스 경제 애널리스트. http://www.bukbang.go.kr/bukbang/issue_news/0009/ 권구훈. 이런 사람을. 제가 보기에는 심각하다.

지금의 한국 정부, 미국 정부에서는. 투자 은행 출신이 하는데 이런 거 큰 문제다. 그런 사람은 자본의 이익에만 관심을 두지 민족 전체의 장래라든지 그런 객관적으로 그런 거 판단하는 사람이 아니다. 문재인 대통령이 굉장히 심각하게 생각해야 해. 70~80년대만 해도 남한에서는 해외 투자은행. 한국 정책 결정하는 거 있을 수 없다. 그런 의미에서 박정희 안 좋아하지만. 70년대 강남 개발 문제 많았지만. 박정희가 모든 기업인 불러서 나라의 발전을 위해 일하라 하고 그렇게 안하면 부패 때문에 감옥 가고. 지금 대통령은 그렇게 못 할 거다. 지금은 감옥간 이재용을 희생양이라 생각할 뿐. 정부가 정부 역할을 못 하고 있어. 남한 정부에서 객관적으로 계획하는 능력 있었으면 좋겠다.

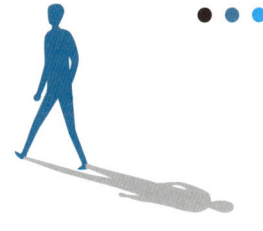

#독일에 대해 우리가 배울 것

많은 사람들. 동독에 좋은 시설들 습관이 많았어요. 공유경제 같이 하고 조합이나 연합. 공동으로 쓰는 자동차도 많았고. 통일된 다음에는 다 없어졌다. 이제 와서 후회하는 거 많다고 들었어요. 쉐어링 카.

그리고 서독이 힘이 셌지만 동독이 무시 당하는 게 많았고 실제로는 경제 차이가 많았어. 많은 사람들은 신문 정도 보고 서독이 강해서 잘했고 동독은 후퇴해서 어쩔 수 없게 통일됐다고 알고 있지만. 다른 해석들도 많아. 동독은 지방이나 지역을 강조했고. 국제 금융 투자 그런 거 별로 없었어요.

통일 되어서는 골드만 삭스나 그런 많은 금융 들어오고 대기업 중심으로 경제 발전했지만 이제 와서는 잃어버린 게 많다고 해요. 동독 출신 (의사) 친구 만나보면 그런 이야기를 해. 내가 놀러간 적 있는데.

아는 대기업은 국제 금융에서는 얼마든지 돈 빌려서 이런 작은 가게 절대 경쟁할 수 없는 존재이죠. 갈수록 심해지고 있고 독일은 특히 그래. 동독 통일된 뒤에는 경쟁력 없다고 해요. 어떤 의미로 경쟁력 없는 걸까. 대기업이나 금융이나 사우디 돈 받는 시스템 몰랐고 이제 와서 생각해 보니까 꼭 나쁜 게 아니었어.

동독이 분명 60년대 이후 독재와 부패 많았고 좋게 평가할 수 없죠. 하지만 동독 전체가 다 나쁘다고 보기 어렵고 지방 시민사회 공유경제나 자기 마을에서 도구 필요하면 누구나 쓸 수 있는 그런 게 많았다. 자원 낭비 줄일 수 있는 시스템

the great transformation. 칼 폴라니. 18세기 말에 유럽에서 처음에는 영국부터 시작했어요. 영국부터 자기의 마을에서 공동체 있어요. 누구나 가서 자기 양이나 소를 먹일 수 있고 농업도 할 수 있고 주변에 조그만 집이 있어요. 우리가 생각하는 전통 경제죠. 18세기에는 새로운 발상은 부동산 개념이 생겨났죠. 소유권. 그 이후에는 공동의 땅. 공작이 자기 땅이라고 주장하면서 나가라고 했어요. 원래는 안정된 경제권 있는 사람들은 노동자가 되고. 공작은 땅 주인이 되고. 원하지 않으면 나가라고 하고. 인클로저 액트. 울타리 만들고 못 들어가게 만들고. 수천 년 동안 상상도 못했던 일.

일제 때 한국에서도 같은 일이 벌어졌다. 마을의 공동의 땅이었는데. 어느 날부터 지주가 나가라고 하고. 법적으로 정비 되고. 농민이 되고 great transformation. 일본이 한국을 그렇게 했던 것처럼. 남

한이 북한을 그렇게 할 수 있어.

북한도 그렇게 될 수 있다. 북한의 땅이 소수의 사람들이 갑자기 주인이 되고. 아무런 권리 없는 노동자들이 되어버리고. 한국도 점점 공용수 사라지고 있다. 지하철에 있었던 것 같은데. 물도 사먹어야 하는 게 되어 가고. 그런 식으로 하나하나 변화되는 거야. 도서관의 책도 돈 주고 빌려봐야 하는 시대가 될 수 있어.

자원을 공유하는 거. 그거 공산주의가 아니야. 옛날부터 인류의 전통이었어. 지금 이 상황에서 무리하게 한다면 북한이 아마 남한보다 빈부격차 심해질 수 있다. 대단히 불행하죠. 남한에도 좋지 않아. 남한의 부자들은 돈 벌겠지만 수많은 남한 사람들은 돈 못 번다.

마을 중심 공동체가 복원되었으면 좋겠어. 그게 대단히 아쉬워.

또 하나 독일 사례. 도움이 될 수도 있겠지만 한국도 여러차례 분단국가였다가 통일된 적 있다. 그때 어떻게 사회를 재구성했는지 살펴봐야 한다. 왜 한국은 그런 거는 살펴보지 않고 문화 등 여러 차이가 있는 다른 나라를 살펴보려 하는지.

#미국과 일본의 한국-북한 화해무드를 언론이 어떻게 보도하는지

한국 신문은 독특하게 정상 회담 보도를 하고 있다고 생각 안 한다. 깊은 해석이나 분석이 많지 않습니다. 거의 비슷비슷하게 했죠.

미국 언론들, 트럼프 정부에서. 좀 이상한 구조 됐죠. 트럼프는 대단한 우파이죠. 주변에 백인 우월주의자도 많고. 나라에 독재적인 대통령 되려고 하고 있지만 근데 신문에서는 트럼프는 김정은 트럼프 속이고 있다고 한국 언론들은 그렇게 믿을 수 없다고 말하는데. 트럼프는 대단히 진보적 인물처럼 다루는 게 신기해. 미국 민주당 안에서 신문 보고 차라리 회의적인 미국이 강한 자세가 필요하다고 하는 그런 게 많다. 트럼프를 비판하는 미국 민주당은 충분히 북한 하고 잘 할 수 있지만 트럼프가 잘 준비 안 되어 있고 외교 준비되어 있지 않고 너무 즉흥적이라는 비판이 많아. 미국사회는 여전히 김정은 믿을 수 없다고. 미국 민주당은 되게 보수적이야. 트럼프가 한국에서는 되레 진보적인 정치인 같이 보여. 좀 신기해.

공화당은 좀 많이 이상해졌어. 기독교 시오니즘. 이런 식으로 기독교 단체처럼. 뭔가 좀 정치적으로 보수가 아니라 좀… https://fivethirtyeight.com/features/how-the-gop-became-a-pro-israel-party/ 옛날의 공화당이 아니야. 한국 사람들 좀 잘 모르고 있어. 미국 부통령이 시오니스트야. 아마 북한에 대해서는 냉정하게 무슨 전략 있는 사람들이 아니야. 지금 한국의 문제가 이런 걸 잘 모르는 거야. https://www.middleeasteye.net/big-story/how-christian-zionists-got-their-man-white-house

미국 언론들은, 트럼프 노벨 평화상 받을 수 있다는 그런 얘기 있고 오바마보다 낫다는 의견 가끔 있어요. 오바마는 계속 실패만 하고 트럼프는 새로운 상상력으로 하고 있고 이렇게 하면 북한이 따라온다 어떻게 협상할 건지 그런 이야기 많죠.

트럼프가 김정은을 군사분계선에서 만나는 거. 한국 사람들은 트럼프의 쇼맨십에 큰 평가를 하는 거 같지만 미국 언론은 좀 냉정한 편이야. 트럼프의 진중한 얘기는 하지 않는다. 진정한 문제는 미국 국무부에서 전문가 다 나갔죠. 그런 사람이 어떻게 남북문제 정상화할 수 있겠냐고. 시엔엔. 뉴욕타임즈 이런 거 보면 좀 냉정한 편이야.

트럼프의 쇼맨십에 한국 사람들이 많이 취한 거 같아 걱정이야. 중국과 미국의 군사적 갈등이 심각해. 미국과 중국이 동북아 평화 협력해야만 남북통일 분위기가 무르익을 수 있는데. 트럼프가 김정은 악수하고 사이 좋게 한다고 미국과 중국 동행 안 하면 큰 의미가 없어.

일본 언론 보도 태도에 대해 한국인이 알아야 할 것.

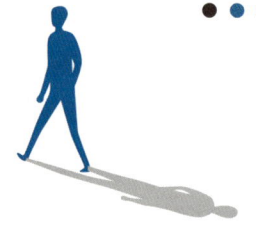

제대로 된 북한 발전 계획

1) "제대로 된 북한 발전 계획"
2) 2018년 5월 27일
3) ?
4) 임마누엘 페스트라이쉬
5) http://thetomorrow.kr/archives/7398
6) ?

북한 정부 관료들의 고충에 연민을 느껴야만 하겠다. 다국적 에너지 기업인 코크 인더스트리즈^{Koch Industries}를 비롯한 거대 기업들의 능란한 말솜씨를 지닌 기업가들을 갑자기 맞닥뜨려야 하니 말이다. 이들 기업가는 알맹이는 없지만 현란한 제안을 앞세워 상대를 압도하려 들고,

뇌물을 포함한 온갖 수단을 동원하여 북한 자원에 접근하는 열쇠를 넘겨받고, 북한 땅을 영원히 밟지도 않을 투자자들의 이익을 위해 북한을 착취할 수 있도록 만들려고 한다.

이런 과정은 너무나 잘 알려져 있다. 사우디아라비아와 여타 걸프 국가들에서 그런 사례를 보았다. 처음에는 영국 국영 석유회사^{British Petroleum}가, 이어서 스탠더드 오일^{Standard Oil}이, 그리고 이후에는 또 다른 기업들이 소수의 엘리트에게 부를 안겨주겠다며 꾀어서, 외국 투자자와 한 줌도 안 되는 사우디인들을 위해 사우디 천연자원을 무자비하게 착취했다. 그 결과 교육과 사회복지는 말할 필요도 없고, 사우디 국내의 공공 기반시설 역시 매우 후진적인 상태에 머물러 있다.

북한에는 우리의 도움이 필요하다. 우리는 또한 이러한 위험에 어떻게 적절하게 대응할지에 관해 시의 적절한 조언을 제공해야 한다. 북한에 대한 강탈은 한반도 전체를 상대로 하는 강탈이 될 수 있다.

기후변화 전문가가 전무하며 기후변화라는 재앙의 존재 자체를 부정하는 무분별한 선전에만 열중하는 미국 정부가, 북한에 대한 외국 투자가 가져올 환경에의 영향과 사회적 충격을 제대로 평가할 수 없다는 점은 말할 필요도 없다. 사실상 어떤 기업 혹은 컨설팅 회사도 이러한 역할을 수행할 수 없다. 시장의 압력이 이들 모두로 하여금, 그들이 발견한 바를 이윤에 유리하게 왜곡하도록 만들기 때문이다.

북한의 진정한 발전을 위해서 어떤 핵심 사항이 담겨야 할지를 여기서 제안하고자 한다. 이 제안은 정부나 재계에서 현재 실제로 진행되는 논의와 너무 달라서, 많은 독자들은 이 제안이 환상적이면서 동시에 완전히 비현실적이라고 여길지도 모르겠다. 그러나 말 바꾸기를 밥 먹듯이 하는 사기꾼들이 수십 년간 휘젓고 다니던 무대에 진실이 갑자기 나타나면 오히려 그 진실이 생경하고 현실에 어울리지 않아 보이는 법임을 알아야 할 것이다.

세심하게 살펴보고 스스로 평가하기를 바란다. 적어도 한국인들은 다른 제안들과 함께, 여기서 제시하는 모델을 테이블 위에 올려놓고 논의할 수 있는 용기와 시야를 가졌기를 기대한다. 북한 '개발'에서 거대한 이익을 바라는 인간들로부터 넉넉하게 보상 받는 사람들이 내놓는 그런 제안들과 함께 여기서 제기하는 모델도 함께 논의하기를 바라는 것이다.

서울이 종종 망각하는 점이 있다. 일단 북한이 개방되면 북한 사람들은 한국인이 된다는 단순한 사실, 그리고 남한 사람들 역시 북한이 겪을 수밖에 없을 그런 공격에 노출될 것이라는 점이다. 지금은 더 나은 미래로 향하는 비전을 내놓아야 할 중대한 시점이다.

북한의 경제, 문화, 정치 발전을 위한 잠정 계획

계획 수립의 과정

우선, 북한의 천연자원과 노동력을 착취함으로써 이득을 얻게 될 기업과 연계된 컨설팅 회사나 이들과 부패 사슬로 연결된 정부 기관의 제안은 무엇이 되었든 폐기해야 한다.

다음으로, 북한과 남한 인사 몇몇을 포함하는 국제자문위원회의 구성이 필요하다. 급속한 사회경제적 변화에서 비롯된 혼란에 대응하기 위해 애쓰는 북한 정부와 시민들에게 위원회는 적절하고도 유익한 조언을 제공할 것이다.

자문위원회는 북한이 직면하게 될 특정한 사회경제적 도전을 깊이 이해함은 물론이고 대단히 높은 도덕적 기준으로 존경받는 전 세계 전문가들로 이루어져야 한다. 북한의 천연자원과 시민의 노동력을 착취함으로써 이득을 얻을 기업이나 투자은행과 관련된 사람은 자문위원회에 단 한 사람도 포함되어서는 안 된다.

위원회 그리고 이 과정에 참여하는 북한 사람들은 북한 개발을 위한 계획의 초안을 작성하게 될 것인데, 이 초안은 오로지 북한의 장기적 이익에 집중한다. 과학적 원칙을 따르고 가식이나 과장을 삼가며 오로지 진실을 바탕으로 실현 가능하고도 북한 사람들이 고무될 비전을 제시한다. 소수의 주머니만 불리고 시민의 삶을 악화시키며 환경을 파괴하여 훗날 어마어마한 비용을 치르게 만드는 단기적 처방을 피하지 않는다면 북한이 장기적으로 성공할 수 없음을 이 계획은 강조해야만 한다. 이 계획은 두 가지의 가장 기본적인 사실을 중심으로 삼아야만 한다. 과학적인 연구를 통해 의심의 여지없이 증명되었지만, 인간에게 전혀 도움이 되지 않는 무책임한 정치인들과 선정적 보도를 일삼는 언론에 의하여 무시되어 온 사실들이다.

그 첫 번째는 인류에게 닥친 가장 큰 위협이 기후변화라는 사실이다. 기후변화가 북한에 미치게 될 영향은 건조한 지역의 그리고 궁극적으로는 사막의 확산 및 농업 생산에 영향을 미칠 기온 상승이란 형태가 될 것이다. 기후변화에 대한 대응이야말로 개발 프로그램의 핵심으로 자리 잡아야 한다.

두 번째는 소수에게 집중된 부가 아시아 국가들의 사회조직을 심각하게 파괴하고 건강한 사회를 무너뜨려 왔다는 사실이다. 어떠한 북한 개발계획이라도, 지방 수준에서 시작하는 발전을 고취하고 일반 시민의 이익을 위하여 자금이 사용될 것을 보장하는 이전과는 근본적으로 상이한 경제 패러다임을 채택해야만 한다. 소수에 의한 부의 집중과 금융의 남용 문제에 대처하는 것이 대단히 중요하다. 전 세계 금융의 대규모 파국이 임박했기 때문이다. 북한은 어떤 일이 있더라도 발전의 첫 번째 단계에서 과도한 부채를 짊어지지 않아야 한다. 단기 이익을 목적으로 북한에 들어오는 외국 기업들은 아무런 사전 경고도 없이 북한으로부터 갑자기 떠나갈 위험이 대단히 높다.

천연자원

북한은 다국적 기업들의 어마어마한 관심을 받을 것이다. 이들의 관심은 북한 사람들의 인권이나 많은 이들에게 영향을 미치는 빈곤과는 아무런 관계도 없다. 투자은행들은 북한 땅의 지표면 아래 광범하게 매장된 석탄과 우라늄, 철강, 금, 마그네사이트, 아연, 구리, 석회암, 그리고 ^(아시아 지역에서 번창하는 전자산업에 필요한) 희토류를 착취함으로써 얻을 잠재적 이윤에 이끌릴 뿐이다. 남한의 한국광업공사에 따르면 북한 광물자원의 가치는 약 6조 달러에 이른다.

북한은 가난한 나라이며, 북한 관리들은 천연자원의 착취가 환경과 사회경제에 가져올 충격을 판단할만한 전문성을 지니고 있지 않다. 적은 봉급으로 생활하는 북한의 정부 관리들은 풍족함에 이를 수 있다는 전망에 유혹되거나 노골적인 뇌물 공세의 빠져 미래 세대가 후회할 결정을 내리게 될 수 있다.

천연자원 개발이 가져올 장기적인 영향을 평양이 자체적으로 혹은 이해관계에 얽매이지 않으며 높은 도덕성을 지닌 국제 자문가의 도움을 받아 평가할 충분한 전문성을 갖출 때까지 북한 천연자원의 과도한 개발은 조건 없이 동결되어야만 한다. 천연자원의 채굴에 관한 모든 제안에 대해서는 전문가들에 의한 폭넓은 환경 평가가 이루어져야 한다. 귀중한 토양을 파괴하고 돌이킬 수 없는 파괴를 가져오게 될 우라늄과 철강 및 여타 자원에 대한 노천 채굴은 금지되어야 한다.

북한에 엄청나게 매장된 것으로 알려진 석탄을 어떻게 할 것인지는 핵 프로그램의 해체보다 훨씬 더 어려운 문제이다. 석탄 사용이 기후에 파국적인 영향을 미치며, 석탄과 석유 사용의 지속이 향후 30년 안에 지구를 인간이 거주할 수 없는 곳으로 만들 것이라는 점은 과학 연구의 압도적인 증거에 의하여 확인된 바다. 가장 훌륭한 정책은 북한 정부가 매장된 석탄을 손대지 않고 내버려 두는 것이다.

　석탄을 판매하여 이윤을 취하려는 사람들이 다른 생각을 가지고 있음은 물론이다. 그리고 주류 언론과 유력 경제인 및 정치인들은 오로지 이런 사람들이 제출하는 의견에 대해서만 소개하고 논의한다. 그러나 진실을 왜곡하는 정보 혹은 거짓된 정보를 바탕으로 대다수 사람들이 믿는 바는 현실적으로 아무런 적합성도 지니지 못 한다. 진실이 무엇인가가 가장 중요하며, 남북한 사람들이 진실에 접근할 수만 있다면 결론은 명확하다.

　궁극적으로, 북한 천연자원의 개발은 이윤 추구의 동기를 지니지 않은 국가독점기관이 관리해야만 한다. 천연자원의 개발이 북한의 환경과 사회에 부정적인 영향을 끼치고 있다는 점이 과학적 조사에 의하여 판명될 경우 이 기관은 개발을 종료시킬 전적인 권한을 지녀야 한다. 천연자원 개발에서 나오는 이익은 교육과 정부 기능의 향상 및 복지에의 투자라는 관점에서 북한 경제의 발전에 온전히 그 초점을 두어야 한다.

　패기 있고 잘 교육된 새로운 세대의 북한 정부관리 육성이 향후의 발전을 위해 무엇보다 긴요하다. 전문 지식과 높은 도덕적 원칙 그리고 시민의 장기적 요구를 옹호할 수 있는 새로운 관리들이다.

천연자원 개발의 부정적 영향은 환경오염에 국한되지 않는다. 갑작스런 부의 유입은 소수의 권력 엘리트에게 국한되고, 절대 다수의 시민들에게는 아무런 이익도 가져오지 않는 경우가 많다. 1950년대와 1960년대에 걸쳐서 영국 국영석유회사와 스탠더드오일이 사우디아라비아의 자원을 개발했던 과정을 보기만 하면 알 수 있다. 사우디 왕족은 어마어마한 부를 일구었고, 그들의 자산을 해외로 내보냈다. 사우디아라비아의 공공기반시설은 열악했고, 교육은 형편없었으며, 사막이 확산되고, 대다수 시민은 열악한 임금으로 생활했다.

북한은 이러한 시나리오를 피해야만 한다. 동포의 삶을 위하여 스스로 국가를 운영하는 건강하고 도덕적이며 패기 있고 높은 교육수준을 자랑하는 북한 사람들을 형성하는 일이 우리의 목표이다. 저렴한 노동력의 착취를 통한 경제성장은 한반도의 문화적, 사회적 통합을 지연시킬 뿐이다. 극소수 엘리트에게 부가 집중되는 위험한 경향이 북한에 이미 존재한다. 향후 경제발전의 과실이 조직된 소수에게 더욱 집중되고 이들 소수가 국제금융에 연결될 경우 이들은 공장과 광산에서 자행되는 노동자들에 대한 착취를 끝내거나 석탄 화력발전소를 멈춰 세울 아무런 동기도 갖지 못 할 것이다.

일반 시민의 빈곤보다 점증하게 될 부의 불균형이 장기적으로는 북한에게 더욱 심각한 문제가 될 수 있다는 말이다.

에너지

정치인들은 한밤중에 촬영한 한반도 위성사진을 보여주면서, 암흑에 휩싸인 북한 모습이 일본과 남한과 비교하여 북한에 경제발전이 부재한 증거라고 흔히 언급하곤 한다. 지난 수십 년간 북한 주민들이 부패와 전제정치에 고통 받아온 것은 사실이지만, 북한의 밤하늘을 밝히는 일이 우선순위가 되어서는 안 된다.

진실을 말하자면 남한이야말로 자국 영토의 밤하늘을 북한의 그것처럼 어둡게 만들도록 노력해야 한다. 검소한 문화를 장려하고 무분별한 전력 남용을 종식해야 하는 것이다. 북한이 수십 기의 석탄 화력발전소를 건설하여 크리스마스트리처럼 밤을 밝힌다면, 이는 한반도 전 지역에 엄청난 재앙이 될 것이다. 처음부터 100% 재생 가능한 에너지를 고수하고 화석 연료의 수입은 아예 시작도 하지 않는 것이 가장 현명한 정책이다. 경제발전이 늦춰질지라도 말이다. 소비를 적게 하는 이전의 전통을 장려하면서도 영양섭취 개선 노력을 병행할 수 있다.

검소한 습관을 지속할 수 있다면 북한은 화석연료를 수입할 필요가 전혀 없다. 태양광이나 풍력 관련 기술을 수입할 필요는 있을 수 있다. 이를 자체적으로 생산할 수 있는 능력을 확보하는 일이 북한에게 중요하다. 이를 위해서는 태양광이나 풍력 관련 기술이 특허권에 대한 지불 없이도 광범위하게 활용될 수 있어야 한다.

만약 북한이 100% 재생 가능 에너지 국가가 된다면, 이는 북한 주민의 자랑이자 남한 사람들이 배워야 할 모범이 된다. 이러한 북한의 자존감과 뚜렷한 목적의식이 절대적으로 필요하다. 심리적 자신감이란 돈으로 살 수 있는 것이 아니다. 자원을 낭비하지 않고 상업 광고가 부추기는 충동에 빠지지 않는 것이지, 여타 '선진국'에 뒤쳐진 것이 아니란 점을 북한 사람들이 확신하도록 해야만 한다. 북한 사람들은 '작은 것이 아름답다.'는 점을 알아야만 한다. 우리 역시 마찬가지다. 이는 한국 전통문화의 핵심이다.

북한에서 목격되는 검소함이란 북한의 경제발전 능력을 위축시켰던 지난 30여 년의 형편없는 경제계획의 결과이기도 한다. 그러나 검소함은 죄가 아니라 미덕이다. 남한 사람들이야말로, 무분별한 소비에 탐닉하지 않고 의미 있는 삶을 영위하는 법에 관하여 북한 사람들에게서 배워야 한다.

공공 기반시설

공공 기반시설 건설 계약에 서명하기 이전에 평양이 먼저 해야 할 일은 깊은 심호흡이다. 공공 기반시설과 도시 디자인에 관한 선진국의 접근법이 완벽한 재앙으로 드러났음을 지적하는 저명 학자들의 보고서가 넘쳐난다. 소수의 사람들만 접근할 수 있는 고층 빌딩의 고급 술집에서 눈 아래 펼쳐진 즐비한 마천루를 굽어보거나 스포츠카를 몰고 고속도로를 질주해서 내려오면서 짜릿한 쾌감을 느낄 수 있을지는 모르지만 이런 식의 공공 기반시설이 환경과 사회에 미치는 영향은 대체로 좋지 않다.

무엇보다 환경 그리고 일반 시민에 미칠 영향을 평가하지 않고 벌이는 대규모 인프라 프로젝트가 없어야만 한다.

소비와 낭비를 부추기고 넓은 집과 호화로운 자동차를 선전하는 광고는 북한 사람들에게 필요하지 않다. 호화스런 아파트, 여기저기 들어선 고속도로, 소수의 외국인 투자자가 운영하면서 끊임없는 소비와 낭비를 부추기는 백화점과 쇼핑몰이 북한 사람들에게는 필요 없다.

북한 사람들에게 알려줘야 할 첫 번째는 잘못된 개발계획이 장기적으로 자국에 가져올 막대한 비용에 관하여 스스로 판단할 수 있어야 한다는 점이다. 중국을 비롯한 외국에 나가 볼 수 있었던 소수의 특권층 북한인들은 현대의 공공 기반시설과 관련된 심각한 문제를 파악하지 못하고 있다. 그들이 만났던 기업가들 역시 이러한 문제점을 북한 사람들에게 설명하라고 봉급을 받는 것은 아니다. 북한 사람들에게 진실을 말해 줄 방법을 찾아야만 한다.

새로운 공공 기반시설을 필요로 한다는 점은 북한 사람들에게 커다란 축복이다. 북한의 조건에 부합하면서도 기후변화의 도전에 대응할 완벽한 공공 기반시설체계를 창조할 귀중한 기회이다. 북한의 모든 공공 기반시설은 처음부터 100% 재생 가능하도록 건설되어야 한다. 북한 사회를 위한 이러한 모델은 전 세계의 벤치마킹 대상이 될 것이며 남한의 실질적인 변화에 영감을 불어넣을 것이다.

모든 빌딩의 벽은 상당한 수준으로 단열 처리하고, 악천후에 대비하여 2중 혹은 3중창을 채용하며 태양광 패널로 마감해야 한다. 가능한 최고 수준의 에너지 효율을 달성해야 하는 것이다. 풍력을 비롯한 모든 형태의 재생가능 에너지가 가능한 최대로 활용되어야 한다. 그러나 이와 같은 재생가능 에너지의 유지와 운영이 현지 주민에게 맡겨져 일자리가 지역에 돌아가고 주민이 공동체의 디자인에 참여해야만 한다.

대규모 아파트 단지를 지양해야 하며, 주거와 농업 공간의 결합이 장려되어야 한다. 북한이 도시 사회로 변모할 이유는 없다.

지역에 거주하는 사람들에게 참여를 보장하여, 해당 지역의 개발 계획과 프로젝트에 관하여 스스로 결정할 수 있도록 해야 한다. 주변에서 흔하게 볼 수 있는 재료를 이용하여 자신의 집을 짓도록 장려하고 이 과정에서 이웃에게 일자리를 나눌 수 있도록 해야 한다. 북한 사람들에게 수입 상품보다 더 필요한 것은 환경 및 사회 이슈에 관한 전문성과 경험과 교육이다.

금융과 자본

북한 사람들이 스스로 각종 도전에 대처할 수 있도록 교육하는 일에 가장 높은 우선순위를 두어야만 하지만 공공 기반시설이나 농업 및 에너지 생산 프로젝트에 자금을 조달하는 방식 역시 대단히 중요하다.

미래 세대에게 짐을 지워서는 안 된다. 자본 조달의 새로운 전략을 고안하는 데서 북한은 도덕성을 겸비한 전문가의 조언을 필요로 한다. 우선 북한은 지역의 농업협동조합과 주민이 소유하는 공동체 은행을 통해 지방 수준에서 자본을 형성하는 프로그램을 고안해야 한다. 국내 자본을 형성하려는 이러한 노력이 북한의 경제발전에 매우 중요하며, 자국 경제를 스스로 관리하여 진정한 의미의 경제자립을 달성하는데 도움이 된다. 전 세계적 규모의 금융위기가 임박했을 가능성을 고려한다면 최대한 자급자족 상태를 유지하는 일이 북한에게 긴요하다.

향후 들어설 북한의 은행은 어떤 모습이어야 하는가? 동경이나 쿠웨이트에서 투자자들의 이익을 대변하는 다국적 은행의 지점과 같을 수는 없다. 협동조합이어야만 하며 이윤을 핵심 목표로 하지 않는 최고위층이 규제하는 독점이라야 한다. 외채를 들여올 필요도 생길 것이다. 외채 도입은 장기 프로젝트에 집중되어야 하며, 상충되는 이해관계를 지니지 않는 전문가들이 세심하게 살펴봐야 한다. 태양광 및 풍력 발전에 자금을 조달하여 화석연료와 결별하기 위해 북한에게는 20년에서 40년에 이르는 장기 외채가 필요하다. 나아가 주민의 삶의 질 향상을 목표로 장기 부채를 통한 투자에 집중함으로써 북한은 더 큰 금융 안정성을 확보할 수도 있다. 자본이 생산적 목표에 긴밀하게 연계되어 ^(주식이나 채권 혹은 선물 등) 투기경제가 차지할 공간이 전혀 없어야만 한다. 북한 경제는 십여 년 동안 주식 등의 투기경제로부터 벗어나 있어야만 하며 북한의 천연자원이 국제 선물시장에 노출되어서는 안 된다.

노동

북한 사람들에게는 일감이 필요하다. 그리고 그 일이란 실질적이고 안정적이며 의미 있는 것이어야 한다. 외국인 소유의 불결한 공장에 떼거지로 수용되어 낮은 임금을 받으며 수출품을 만드는 것이어서는 안 된다. 이러한 제조업의 종속은 북한의 잠재력 발현을 영구적으로 가로막는다.

지방의 공동체에 뿌리를 두는 장기적인 일자리를 만들도록 장려할 필요가 있다. 이러한 일자리는 경기가 좋지 않을 때 외국 기업이 철수해도 없어지지 않는다. 지방의 제조업이 장려되어야 하고 이를 자랑스럽게 여겨야 한다. 신발과 갖가지 도구, _(음식을 비롯한 다양한 상품을 담는) 용기 등을 만드는 지방의 제조업은 전통 사회에서 흔한 법인데, 이런 제조업은 지역 공동체를 다시 활성화하는데 지극히 유익하다. 의류와 가구는 20년 이상을 사용할 수 있도록 만들어야 한다. 일회용 상품이나 오래 가지 않아 못 쓰게 되는 붙박이 상품 등 환경을 파괴하는 상품을 만들지 않아야 한다.

지방 수준에서 상품을 수리하는 것 역시 경제를 활성화하는데 큰 도움이 된다. 의복과 가구, 신발 등의 상품이 튼튼하게 제작되어 여러 차례에 걸쳐 고쳐서 사용할 수 있어야 한다. 지방 수준에서 소액금융이 제공되어 몇 개월 혹은 몇 년에 걸쳐 할부로 지불할 수 있다는 점을 충분히 이해하면서 한 켤레의 신발을 구입할 수 있도록 해야 한다.

언제라도 해고할 수 있는 시장의 일자리가 아니라 소속감을 줄 수 있는 공동체 작업장을 만들 필요가 있다. 고용된 사람들에게는 노동자로서의 기본적인 권리가 주어져야 한다.

교통

자동차가 많지 않고 고속도로가 적다는 점은 북한에게 축복이다. 출근하거나 쇼핑을 하는데 자동차가 필요하지 않은 공동체를 만드는 데 완벽한 환경이다. 지루한 고속도로가 없는 공동체를 만들 수 있다면 전 세계가 이를 부러워 할 것이다.

주어진 지형과 이미 존재하는 촌락으로부터 유기적으로 형성되도록 공동체가 구상되어야지, 이방인들이 미리 만들어 온 개발계획을 강제해서는 안 된다. 고객의 입맛에 맞춘다면서 농토와 자연환경을 파괴하고 여기에 새로운 도로 등을 개발해서는 안 된다.

가능한 한 가족 구성원들은 집에서 혹은 거주지에서 가까운 곳에서 일할 수 있어야 한다. 부동산 투기는 철저하게 제한되어야 하며, 농지 소유는 지역 주민에게만 허용되어야 한다. 외부인, 특히 기업의 농지 소유가 허용되어서는 안 된다.

북한에 고속도로를 건설할 필요는 없다. 고속도로는 건설하고 유지하는데 많은 비용이 드는데, 개발도상국이 고속도로 건설 때문에 불필요한 외채를 지게 만든다. 서로 중복되는 대중교통이 사람과 물자를 이동시킬 수 있도록 교통체계를 잘게 나누고, 이에 따라 자동차가 그리 필요하지 않도록 만드는 방법은 많다.

전 세계가 부러워할, 전례 없는 교통 인프라를 창조할 기회가 북한에게 주어졌다. 고속도로 시스템을 통해 다른 도시로부터 상품을 들여오는 낭비 없이, 각 공동체가 자급자족하는 것이 대단히 중요하다. 처음부터 전기 자동차를 활용해야 한다. 북한에서는 100% 전기로 작동하는 교통체계를 만들기가 상대적으로 용이할 것이며, 이 원칙을 고수한다면 향후의 발전 과정에서 커다란 이점을 누릴 수 있다.

교육

미국이나 남한에서는 교육이 수십억 달러 규모의 사업이 되었다. 북한도 그런 사회가 될 필요는 없다. 교육은 윤리적 문제와 개개인의 자유로운 표현, 학생들 사이에서 그리고 더 나아가 시민들 사이에서 토론되는 세계에 관한 과학적 탐구에 집중되어야 한다. 사회가 현재 당면하고 있는 다양한 도전을 이해할 수 있도록 돕는 커다란 프로젝트의 일부로서 독서가 장려되어야 한다.

초등학교부터 이루어지는 교육에 관한 접근법의 전환은 충분히 사회를 변모시킬 수 있다. 많은 나라의 젊은이들이 비디오 게임과 천박한 비디오, 상업화된 음악과 포르노에 아무런 생각도 없이 탐닉하여, 자신의 연령대에 접해야 할 이슈들에 참여하지 못 하는 수동적 소비자로 전락하는 상황을 북한은 피해야만 한다.

기후변화와 농토관리에 관한 주민 교육이 북한의 국제협력에 대단히 중요한 부분이 될 것이다. 필요하지도 않고 분에 넘치는 상품을 구입하라고 부추기기보다 농업을 발전시키는데 더 많은 재원을 투입해야 한다.

북한 사회에 활력을 불어넣는 데서 교육의 질 향상은 매우 중요한 부분이다. 발전도상국들에게 제시할 수 있는 새로운 모델이자 어쩌면 남한에도 수출할 수 있는 모델을 확립할 수 있는 귀중한 기회이다.

교육은 건강한 사회의 중심으로 자리잡아야만 할 인문학과도 연결된다. 시민사회의 번성을 위하여 예술을 통한 창조적이고도 세련된 표현이 장려되어야 한다. 가공 음식과 일회용 화장품 소비를 통해 시민사회를 형성할 수는 없는 법이다. 회화와 조각, 음악과 노래, 댄스, 시와 서사는 시민 삶의 일부가 되어야 하며, 이를 통해 사람들은 주변의 세계를 이해하고 더 나은 세계를 상상할 수 있어야 한다.

예술이란 분별없는 소비를 부추기는 수단이 아니다. 예술을 통해 사람들이 다양한 문제에 눈을 뜨고 해결책을 제시할 수 있도록 장려하는데 초점을 두어야만 한다. 지역 공동체에서 일반 시민이 창조하는 예술이 될 수 있다면, 북한은 자신의 문화 정체성을 정립함은 물론 세계에 기여할 수 있다.

농업

화려한 호텔과 호화로운 레스토랑 그리고 소수의 출입만 허용되는 밀실을 만들기보다는 협동조합이 중심이 되는 농촌 공동체를 창조하는 일이 북한에게 장기적으로 훨씬 중요하다. 엘리트를 위한 방종한 프로젝트가 단기적으로는 정책 결정자들에게 짜릿함을 안겨줄 수도 있겠지만 이는 결국 더 큰 사회적 소외를 가져올 뿐이다. 북한 사람들은 그들이 농부라는 사실을 자랑스럽게 여길 수 있어야 한다. 농업이란 세계 경제의 미래이며 가장 명예롭고도 중요한 일이기 때문이다.

북한의 현대화가 농경 사회를 탈피하는 과정이라고 가정하는 사람들이 있다. 모든 노동자가 공장에서 일하거나 서비스 산업에 종사하는 산업사회로 변모하는 과정이라고 가정하는 것이다. 근거 없는 가정일 뿐이다.

가까운 장래에 남한은 농산물 생산비용의 상승으로 커다란 위기를 맞을 것이다. 전 세계적으로 사막화가 진행되고 농지를 보존하지 못한 결과이다. 석유와 수출입에 의존하는 위험스런 경제를 추구하며 농업을 희생시키는 일은 남한의 커다란 실수이다.

북한은 몬산토나 듀퐁 등의 다국적 농업기업에 의존하지 않는, 지역 공동체가 운영하는 지속가능한 유기농업을 발달시킬 필요가 있다. 북한은 애초부터 외국으로부터 수입된 종자와 비료 및 농약에의 의존으로 이어질 비극적인 결정을 하지 않아야만 한다.

#북한의 사막화 문제

중국의 사막이 확대되고 있고 사막화 되는 현상은 남한은 물 부족. 북한은 사막에 가까운 위험성이 있지요. 북한의 경우는 두가지 다른 현상이 있어요.

새로운 기후 변화와 온도 변하고 있고 물이 비오지 않고 사막 되는 현상 하나.

두 번째는 남한처럼 60~70년대 나무심기 운동을 하지 않았어요. 70~80년대 인공 농업했고 심각한 토양이 상실 됐어요. 박정희 때 산림녹화 운동 열심히 했지요. 근데 북한은 그렇게 안했어요.

결과적으로 90년대에 돈이 없어서 산에 가서 나무를 팔려고 하고. 실제로 기후 변화 때문에 비 안 오고 대단히 심각한 상태에 있고.

농산물 문제가 있다. 남한 사람들은 여기서 반도체 만들고 있고 농산물 해외 수입하겠다 하는데 실제로 기후 변화 때문에 농산물 가격이 계속 불안정하고. 한반도에서 농업을 해야 해. 어떤 의미에서 개인 아니고 공동체 의식도 필요하고 환경 보호도 해야 하고. 북한에 부족한 것을 해결하고.

한국은 비료 사용해서 북한의 농업을 일으키겠다고 하는데. 이렇게 토양을 살릴 수 있는 장기적인 방법 찾아야 (원태진 교수. 몇 번 만났는데.) 유기농이 비싸다고 하는데. 단기적으로는 비싸 보이지만 장기적으로는 안 비싸요.

발전의 공식. 산업화. 기계화. 인공위성 날리고 그렇게 당연하게 생각하는 경향이 있다. 지속가능하게 행복한 것. 그런 식의 발전이 중요해. 지속가능한 발전과 행복... 부탄을 연구해 봐라. 북한을 남한처럼 만드는 게 아니라 남한에도 혁신이 필요해. 에콰도르 생태 헌법에 대해서도 연구해야 해. 북한이 낙후된 나라로만 볼게 아니라 만약 북한에 생태 헌법이 생기면 다른 나라들이 오히려 배우러 올거다. 북한에서 먼저 패러다임을 바뀐다면 엄청난 한반도의 힘이 될 거다. 사상과 인식의 힘이죠. 한국은 특히 자연과의 공존, 도덕과 예의, 이런 거를 중시하는 민족이었다. 그런 걸 나쁘게 생각한 게 50여년 밖에 안돼.

공유경제. 이런거 갑자기 나타난 게 아니야. 인류 전체의 유산이야. 레닌 러시아의 유산이 아니야.

북한의 미래는 한국의 과거

#북한의 과거가 한국의 미래다

북한 소비에트에 너무 의존. 남한이 농산물 석유 등 너무 외국에 의존. 남한도 북한 무너지는 거처럼 그런 일 겪을 수 있다. 전쟁이 나면 2주 이내로 북한처럼 체제가 붕괴될 수 있다. 북한이 사회주의 비효율 때문에 꼭 무너진거라고만 볼 수 없어.

#DMZ 통일전망대 방문

멀리 북한 봤다. 농민들이 왔다갔다 하는 것을 봤고. 한국 사람들 정신 차려야 한다고 생각. (웃음) 옛날에 DMZ... 통일에 대해. 미국의 통일정책 잘못되었다는 걸 남한 정부 자기 의견도 말할 수 없고. 한민족이 불쌍하다. 새로운 집이나 주택 건설하는 거 보고. 초라하진 않고. 남한의 주택도 시골 가면 다 그래. 그쪽이 못살고 있고 한국 잘살고 그런거 느끼진 않아. 비슷해.

디엠지는 벽인데. 냉전 시대의 잔재. 아직 남아 있다고 생각하는데. 저는 요즘 보면 반대의 생각. 디엠지는 냉전의 잔재 아니고 전 세계에 많은 벽 있고. 가장 앞선 게 디엠지. 근데 지금 미국은 멕시코랑 벽. 이스라엘도 벽 있고. 한국의 신도시나 잘사는 도시 못사는 도시. 장벽.

우리 장충동에 살았어요. 박정희 옛날 살았던 집 있어요. 대통령 살았던 집. 주변에 왔다갔다 벽이 없었는데. 사람 사이의 벽은. 디엠지가 시작이지만 이제 보면 보편화 되고 있다고 생각. 미국과 멕시코. 미국 국내. 한국 국내 잘 사는 아파트나 벽이 있죠. 그런 벽을 다르게 우리가 이해해야 한다. 지금은 북한에 대해서 남한 하고 미국은 경제재재 택하는데. 북한에서 기업 사장이나 청와대 비서 왔다갔다 하지만. 우리 시민은 못 들어가. 평범한 시민에 대한 벽이지. 정치관료 경제관료들은 벽이 융합되고 있어. 북한 돈 많은 사람들은 중국의 주식 실수 있고 여행도 가지만. 일반 북한 시민들은 못 해. 그런 디엠지 뜻이 뭐인지 다양하게 생각이 들었다. 멕시코와 미국, 국방부 돈 써서 블록 만들고 있는데. 실제로 군사적 의미는 별로 없고. 사실 난민들이 거기로만 들어오는 거도 아닌데. 투자은행이나 대기업이나 충분히 멕시코 돈 왔다갔다. 물건 수출입하지만 일반 시민은 갈 수 없도록 조치했다. 다른 의미로서는 통합하지만 사람만 못 가. 그런 면에서는. 국가제도를 일반 시민을 감옥처럼 하고 있어요. 시민은 갈 수 없지만 돈이나 물건은 왔다갔다 할 수 있어요. 디엠지를 보면 멕시코와 미국의 벽을 보는 거 같아. 디엠지는 50년대 잔재로만 한국 사람들 생각하지만 기본적인 경제 환경 변해서. 이데올로기적으로 남한과 북한 사람 우연히 만난다면 사고방식 너무 달라서 대화 안되었어요. 그런데 남한 20~30대가 오히려 북한 20~30대가 오히려 대화 통할 수도. 빈부격차 문제.

한국 사람하고 북한 사람들은 여기 한국에서는 충분히 자주 만나서 자주통일 문제 할 수 있어요. 그만큼 많이 와 있는데. 하지 않는 게 신기해요. 진지하게 토론하고 서로 존중하면서 의견 교환할 수 있는데 실제로는 국정원에서 간섭하는 건가. 많은 사람들 그런 생각 별로 안 해요. 북한은 아주 먼 나라이고 교류 전혀 없다고 생각하고 탈북자랑 대화를 안 해요. 우리 딸도 장충학교 다닐 때 다문화가정 있을 텐데 탈북자라고 이야기도 안 하고. 그냥 다문화가정 정도로만 말하고.

#통일대박론

러시아 혁명하고 일본 만주하고 경제 발전. 러시아 혁명 이후 보수파의 국가사회주의 발상입니다. 한명이 다까스키(?) 일본 경재학 전공이고 1917년 러시아 혁명 직접 가서 보고 일본 돌아온 사람 있다. 그 사람은 그렇게 사회주의자는 아니고 그냥 유학 갔는데. 계속 소련 발전 보고 5년 경제 계획 보고 매우 좋게 평가했고 일본 국내에서 보수파랑 경제 발전 5개년 계획 추진했어요. 소련을 모범적으로. 경제발전만. 일본 국내에선 실현하기 어려웠어. 결국 실험적인 경제나 발전 개발할 수 있는 장소는 만주였어요. 30년대부터 다카스키. 만주도 크게 했고 결국은 그런 5년 경제 계획 그때부터 시작했어요. 전쟁 끝난 다음에는 일본하고 한국에서 50년대부터 시작했죠. 특히 한국에서는 박정희 만주에서 경험 다 했고 발전 모델을 배웠지요. 한국 국내에서도 다시 시작했지요. 61년에. 60년에는 장면 정권부터 5년 계획.

그래서 근대화하고 이런 산업화하고 우리 항상 배웠던 미국문화를 도입했다. 미국 발전의 많은 지원 받았다고 얘기하지만 실제로는 원래 만주에서 했던 거. 원래 모범은 소련에서 찾았어.

지금도 남아 있어요. 북한에 대한 통일 고민할 때는 많은 사람들은 만주 개발하고 똑같이 생각합니다. 경향신문 인터뷰. 1937년인가. 만주하고 조선의 통일. 그런 정책을 추진했어요. 조선에서 많은 사람들은 엄청난 좋은 기회라 생각하고, 많은 공장 투자도 하고, 부자들은 그

때 돈 벌었어요. 만주 개발에서. (-조선자본가들이 만주에 가서 얼마나 돈 벌었는지 .약간 더 자세히 조사해달라. 동아일보 당시 보도. 일확천금 광고)

그러나 평등하지 않아. (차라리 60~70년대에는 평등한 발전 이런 이데올로기 있는데. 지금은 남한에서 그런 말 하지도 않아. 민족의 번영만 얘기하고. 그 민족 안에 평등하지 못한 발전 이야기를 안 해. 문재인도 마찬가지야. 한국 사람들은 나쁜 일본 사람 얘기만 하지 당시 조선의 나쁜 자본가들 이야기는 안 해. 마치 30년대 만주 개발론 보는 거 같아. 이데올로기 없이. 한강의 기적으로 돈 갑자기 한국이 돈벌은 거처럼 이야기하는데 그 이전의 일제 강점기때부터의 자본 축적이 있었어)

이쪽에선 투자해서 돈 벌고. 만주 사람들. 싼 노동력 대가 별로 못 받고. 자원 석탄 개발했고 당연히 한국인에 대한 차별 있었지만 일본하고 같이 사업하는 한국 사람들 있었어요. 그래서 요즘 통일 대박론 보면 떠오르는 건. 남한하고 북한 사람 손잡고 더 나은 세상 만든다는 그런 느낌 아니야. 30년대 소수 조선 부자들이 만주 투자해서 싼 노동력 쓰고 자원이나 개발하고 돈 많이 벌었다. 그런 느낌 뿐이야. 마찬가지로 지금 한국 기업 북한에서 무슨 계약하고 있는지 전혀 몰라. 일본 신문에서 가끔 언급 있어. 일본 기업인이 북한 방문했다 협상했다.(보충) 는 그런 보도가 있어.

북한과 일본의 배상 문제. 일본 외교관과 북한은 협상 뒤에서 하고 있어. 당연히 공개되지 않고 있지만. 일본하고 북한의 배상에 대해서 신문이나 방송에서 전혀 나오지 않아. 우리 시민들은 남북한 사람들. 북한의 고위관료의 협상 알 권리도 없고 영향도 없고 그래. 그런 의미에서 촛불시위는 완전히 실패 했어. 더 나빠졌다고 생각해.

박정희 기시노부스케. 만남 하고. 계속 칭찬하고. 기시노부스케에게 아부한 거. 우리는 성공 못했지만 이번에 시험으로 조선에서 하자. 해서. 기시노부스케 감동했다 그런 내용이다. 원래 만주 크게 개발하려 했지만 성공 못 했는데. 만주 그 당시에는 비교적 개방적인 지역이었다. 박정희 그때 갔을 때는 조선에서는 한국인은 장군이 될 수 없었지만 만주에서는 할 수 있었어. 일본도 한국에서도 못 하는 걸 만주에서는 가능해. 기업인들도 마찬가지. 조선 기업인들은 조선에서 한계 있었지만 만주에서는 좀 열려 있었어. 그래서 많은 사람들은 강남의 귀족. 만주에서 했던 그런 거 꿈을 꿨어. 현대 한국에서는 그런 이야기가 거의 없어. 미국과의 이야기만 하죠. 일본과의 관계. 5년 경제 계획의 핵심이었어요. 미국에서는 5개년 계획 그런거 원래 없었어. 그건 소비에트 거야. 국가사회주의. 그거를 일본이 만주에서 실험해보려고 했었어. 국가자본주의 형태로.

대박이란 단어의 느낌

→ pinata. 건설적으로 북한 만들겠다. 그런 게 아니라. 캔디 따먹으려

는 그런 느낌. 멕시코 놀이 있다. 때리고 안에 사탕 나오는 그런 식으로.

→ 통일 대박. 어떻게 싸게 노동력 활용해서 물건 싸게 만들고 한국 기업이 베트남에 가서 했던 거처럼. 북한 가서 할 수 있다는. 북한 사람을 베트남 노동자처럼 굴리려는. 그런 느낌이다.

→ 이전에 몽고도 가봤어. 한국 자본가들이 가서. 평화협력 회의 하러 갔는데 실제로는 전혀 관심 없고 어떻게 하면... 구체적으로는 자원 개발이나 공장 만들고 그런 이야기만 했었어요. 개발에서 시민이 어떤 영향, 환경 오염 그런 얘기 전혀 없고. 결과적으로 몽골은 심해요. 몽골의 자원 석탄 개발해서 환경 오염되는거 많았어요. 제 보기에는 몽골에 대한 태도. 북한에 대한 태도가 비슷해요. 같은 민족 이런 느낌 없고. 북한을 남한처럼 교육시키고. 같이 고민해서 남한의 좋은 것과 북한의 좋은 거 합쳐서 새로운 나라 만들자. 이런 게 아냐.

→ 대박이란 말. 때려서 안에 보물이나 있고 그런거로만 생각하는 거 같아. 호박에 무슨 미래가 있나. 보물이나 사탕 그런 거만 생각하는 듯 해. 호박은 깨트리면 그냥 부서져. 그런 통일관을 일부 학자가 아닌 나라를 이끌어 가는 대통령이 언급한다는 게. 용어가 상당히

문제 있지 않나. 대박론은 상당히 단기적인 단어. 20년~50년 단위로 보면 말도 안 돼요. 그런 단어 쓰면 안 돼. 북한의 빈부격차 남한처럼 만들면 안 돼. 그런 이야기는 절대 안 해. 통일부 공무원들도 그런 이야기를 안 해.

→ 을지로 가보면 조그만 가게들 다 망했어. 은행이나 몇 개만 기업이 잘 하고 있지만 수많은 사람들의 미래는 별로 없어. 좋은 기회 교육받고 열심히 공부했다가 한평생 커피숍 알바 하는 사람들 많죠. 평양도 그렇게 될까 걱정해. (산업화 자체가 문제라고 생각하지만.)

→ 비핵화. 북한만 하면 안돼. 동북아 전체에 비핵화가 있어야지.

→ 대일본 만주국의 유산 (고단샤. 학술문고. 2010년 나옴). 책 설명.

→ 옛날에 박정희가 1961년 11월 일본 방문하고 그 당시에 이키데 하야토(?) 집을 방문했다. 그 당시 기시 노부스케 전 수상도 그 자리에 있었다. (기시노부스케랑 박정희 옛날에 같이 만주에) 기시노부스케 전 수상을 만나고 자기는... 기시노부스케는 여전히 정치 권력 있었는데. 원래는 만주군 육군 군관학교 졸업했다. 대단히 자랑스럽다고 얘기했고. 원래 이름은 오카모토 미노루라고 말했고. 그 만찬에서는 기시 노부스케하고 이키다 하야토 수상하고 계속 만주의

옛날 향수를 이야기 했다. 우리는 만주에서 실험했던 5개년 계획은 잘 안됐지만 한국에서 실현하겠다. "한국인은 열심히 하고 있다. 일본의 명치유신 같은 정신 갖고 있고 한국이 가능한 빈곤을 탈출해서 강한 나라 되겠다고 약속했다" 그런 말 듣고. 일본 관료들은 감동했다. 박정희도 만주에서는 일본의 경제를 발전을 배웠다. 다시 한국에서 실천하겠다고 약속했다. (유명한 일화다)

만주 붐

일본과 한국에서 어떤 만주 붐 있었는지.

1932년 9월 그 이후 만주 붐. 신문에도 홍보 하고 그랬다.

만주에서는 여러가지 경제 발전 있고 신흥 제국이라고 들었다.

많은 사업 하는 사람들 만주 가서 찬스를 잡으려 했다.

어떤 의미에서 20년대부터 그런 일 있었다. 그리고 많은 경우 일본의 신문이나 보면은 그런 절대적인 선택이 아닌 거죠.

일본 사람이 만주와 조선을 개발하지 않는다면 일본도 미래가 없다고 위기감을 느꼈다. 그래야 선진국 유럽처럼 될 수 있다고 생각했다.

동북아 공영지도가 인기 있었다. 일만한 삼국지도.

물론 큰 대학과 유착도 있었다. 안보와 경제 같이 소개하는 기사도 많았다.

조선하고 통일 시키고 안보 경제 같이 발전할 수 있다고.

다행히 그 중에서 일본과 한국인은 대박. 일본. 보로모케^(대박-떼돈 벎) 라고 생각했다. 대박 기회이고, 일본인하고 좀 여유 있는 한국인들. 자원 석탄이나 철도 기타 부동산이나 투기하고 돈 벌려고 했다.

박정희의 경우는 조선에서는 장군 안 되는데. 만주에서는 신개발 국가니까 장군 될 수 있었다. 러시아 사람도 평등하게 승진할 수 있는 제도 있었다. 그래서 만주 갔지요.

예를 들면, 만한실업협회 생겼어요. 만주인과 한국인 일본인 사업하는 사람들이 같이. 대단히 한국인도 새로운 제국의 시민 되고. 여러 사업의 기회 있다고. 일반 농민 아니고 일부의 부유한 계층. (61년 이후에 고도성장 모델은 미국 아니고 만주에서 했던 거. 박정희가 기억하고 있었어.)

일본인은 한국인한테 새로운 부동산 개념을 갖고 땅을 뺐어요. 오늘날 이번 통일에는 한국인도 북한 사람에도 부동산 개념을 이용해서 땅을 뺄 생각 있나요? 배타적 사유권 개념을 갖고 일본은 한국 민주주의 개발 했음. 한국의 북한 개발은 다시 일본이 한국을 개발한 것처럼 될지 모른다. 일본인들 원래 토지 경영을 없앴다.

박정희의 부동산 개발. 북한에는 부동산 개념이 없죠. 거기서 오랫동안 농사 지으면 확실히 누구 땅인지 과거에는 소유권이 애매했어요.

농장에서 부동산으로 개념이 바뀌어. 근데 만주국 부동산 개념 바뀌면서 땅 주인이면 나가라는 법이 일제시대 때도 만들어졌어요. 그렇게 강남 부동산 개발 이뤄져. 그걸 북한에서도 그대로 하려는 거 아닌가 생각. 동양척식주식회사는 옛날 한국 토지를 관리하면서 소수의 지주를 만들었고 소작농민은 망했다 북한도 이렇게 될까봐 걱정. 1930년대에 일본과 한국 사람이 했던 거처럼. 그렇게 우려가 있다. 그러니까 개발 투명하게 해야 해.

부동산 만들고 농민 가난하게 만들고. 소유권 애매한 걸 새로운 일본식 법률로 확실하게 했지만. 그러나 그건 소유권 가진 사람을 나가게 만들었어.

자원광시대. 1932년 9월 잡지 최일선에서는 현대 조선의 삼대광, 만주광, 금광광, 미두광, 잡식광, 일확천금이란 표현을 많이 썼어요. 금에 대해 한국인과 일본인 보는게 많아졌어요. 자본이나 농업의 민영화 만주에 대한 금이나 그런 게 유행했어요.

한국보다 싼 만주 노동력을 활용해서 돈을 벌었다. (그 당시 한국과 일본신문은 늘 일확천금 표현 썼고. 결국은 평화 이웃의 행복에 관심이 없었고 자기 부자되는 것을 목적으로 했다. 경제는 계속 안 좋아져서 만주 사람들을 잔인하게 했다. 앞으로 북한도 남한사람한테 돈을

벌 수 있는 기회로 볼 수 있고 심각한 불평등 사회 될 수 있다)

이광수는 조선일만주에 토지 소유권을 받을 수 있는 것들 기대했다. 자기도 그렇게 협력해서 많은 기회 얻을 수 있다고 생각. 이광수 같은 지식인 굉장히 많았다. 만주에 가서 돈 벌 수 있는 기회.

이광수. 만주기행. 조선일보에 쓴 글

우리는 만주 여행은 과거의 유적을 방문하고 감동하는 것보다, 현실적인 만주의 중대성에 관심이 모이고 있었어요. 그 비교할 수 없는 비옥한 토지는 우리를 놓을 수 없어요. 지하자원은 끝없는 보물" 일본인 한국인 둘다 경재의 기회로 생각했고 만주 이민을 갔어요. (박정희한테 박근혜가 무슨 생각을 들은 거 아닌지)

미야자키 마사요시

고도성장 주장했던 사람. 이시가와 켄 출신이지만 고등학교 졸업하고 정부에서 유학 장학금 받고 러시아로 유학했어요. 유학하자마자 러시아 협력했어요. 원래 공산주의 사회주의 아니었지만 세인트 비터스버그 대학에서 정치 경제 전공하고 러시아 혁명도 봤어요. 나중에 만주철도에서 근무했어요. 만주철도는 군인하고 유착해서 국가처럼 운영했어요. 그 안에서는 정보원 역할을 했다. 소련 경제 조사분석원으로 일했어요 만주 철도 안에서 일하다가 50년대에 다시 일본 고도성장 관련한 일 했어요. 러시아 혁명 이후 그렇게 만주 철도 서무부 소사과 러시아계 쪽 핵심 인물이었다 나중에 관동 참모 이시카과 간지 군인하고 협력해서. 그를 중심으로 경제 개발을 지도한 사람이었다. 만주 철도 경제 조사부를 설립했어요. 만주 경제 개발을 위한 만주철도 안에.. 러시아 모방해서 경제 건설 계획을 세웠어요. 러시아 국가주의 개발하는 식으로. 소련에서 나온 5년 경제 계획을 조사하고 모방했어요. 다만 나라가 아닌 기업중심으로 형태 조금 바꾸고. 새로운 시장 경제를 부정하지 않고 독자적인 관료주도의 통제경제를 개발했다. 그런 만주국산업개발 5개년 계획을 기시노부스케하고 같이 발전 개발했다. 전쟁 끝난 뒤 계속 영향 있었지만 크게 관직은 없었다.

#재일 조선인 인터뷰

→ 재일 조선인 만났을 때 어떤 느낌.

→ 남한도 살기 힘든 사회라는 걸 그들도 느끼고 있더라.

→ 재일조선인. 미국인 한테 얘기하는 거라 좀 신경써서 말하는 느낌.

→ 우리 딸 하고는 재미있게 얘기하고 그런 모습. 일본하고 남한 북한에 대해서 비판적으로 보고 있더라. 다만 몇가지 주제에 대해서 절대 언급하지 않았고. 김정은 정책 제재에 대해서 비판 전혀 하지 않

아. 몇가지 절대 얘기해선 안된다고 느꼈어. 나머지는 재미있게 얘기 했어. 일본 사회에 대해서는 자유롭게 얘기했는데 북한 문제에 대해서는 잘 얘기 못하는 느낌. 마치 남한의 탈북자들이 이방인이라, 남한 정부에 대해 비판적 이야기 못하는 게 있는데. 조금 비슷한 느낌. 조선족 동포들에게서는 느끼지 못한 점. 북한 정부에 대해 자유롭게 비판하는데.

→ 재일조선인으로서 남북통일 어떻게 생각하나. 남한 사람들이 생각하지 못하는 그런 이야기.

→ 남한 사람들은 통일 꼭 안해도 된다고 생각하는 사람 많아. 재일조선인 사회의 여론은 어때?

→ 재일조선인들은 최근 남북한 지도자의 대화나 북미간 지도자 대화에 대해 무슨 이야기를 나누었나?

→ 재일조선인으로서. 통일로 가기 위해 북한 정부와 남한 정부에 각각 해주고 싶은 충고는?

#문재인 정권의 중재자 역할 평가

→ 중재자 평가하려면 결국 노무현은 균형자를 자임했지요. 균형자는 동북아에서 일본, 중국, 미국, 기타 나라는 균형 있게 잘 해서 평화질서 만들 수 있는 발상이죠. 그런 전략이었어요. 크게 생각하고 지정학적 차원에서 동북아 미래. 균형자는 노무현 때. 그건 미국의 비판 심했다. 밸런스는. 영어로 밸런스는. 자기한테 유리하게 대국을 이용하려는 의미이고. 미국의 외교관은 기분 나쁘게 생각했다. 한국이 미국 동맹국 아니고 일본이나 중국 미국하고 게임하면서 자기 이익 추구한다는 식으로 생각. 밸런스 영어. 외교 전문 영어. 영국이 러시아하고 프랑스하고 그 사이에 미묘한 관계 양쪽 따지면서 독일하고 프랑스하고 러시아. 영국의 밸런스 역할은 대단한 신념 갖고 한 게 아니었다. 국익을 위해. 독일하고 프랑스하고 러시아하고 적당하게 좋은 관계 가지려 했다. 영국의 권력 확대하려는 의도였다.

→ 균형자라는 단어에 대한 거부감. 동북아의 평화질서를 진지하게 하려 했다. 진지하게 중국과 미국 일본 평화질서를 실현하려 하면. 미국의 역할이 축소되니까. 아시아 한국 일본이 중국에서 대화 통해 해결할 수 있고 미국 역할 축소되니까. 미국 사회는 싫어했다.

→ 문재인이 중재자라는 표현은 그 다음 단계인데. 중재자는. 균형자

보다는 훨씬 폭이 작아요. 진지하게 노무현 다 잘했다고 생각 안하지만 실수 많았어요. 그러나 큰 비전 갖고 있었어요. 동북아의 변화. 아시아를 위해서. 그 당시 고속도로 평양 북경 모스크바... 터키까지 가는 표시 있었잖아요. 서울까지는 200km. 평양까지는 500km. 모스크바는 ~~ // 그렇게 크게 생각했어요. 노무현은.

→ 문재인은 아베 수상하고 정권하고 멋있게 정상회담 하고 말 잘 들어요. 문재인 트럼프 전화 통화….

→ 중재자. 정상회담 위한 준비인데. 다음에는 트럼프하고 문재인은 한국... 정상회담에서는 기적적으로 뭔가 한다고 항상 홍보하고 있는데 너무 바보 같아요. 결과적으로는. 노무현처럼 비전 없고 동북아 위해 뭘 한다는 게 없고. 많은 경우에는 한국 미국 일본. 항상 장관 차관 국장이나 삼국회담 회의하고 있는데. 지난 1년간. 하나하나 안알려지지만. 박근혜보다 심해요. 박근혜는 그 정도는 아니었어요. 중국이나 러시아하고는 어느 정도 방문을 했는데. 한미일만 하는 건 아니었어요. 지금은 가끔 중국 가고 러시아 가고 있지만. 이런 긴밀한. 한미일 하고는 통합되지 않습니다. 동북아 평화를 위해서는 별로 없다고 느꼈고. 한미일. 원래는 옛날부터 박정희 전두환은 다 싫어했어요. 그 당시 군사정권이 원하지 않았던 거를 지금 문재인 정부는 하고 있어요 (??)

→ 트럼프. 다른 나라들은 다 트럼프 못 믿겠다고 말해요. 독일 보수정권인데도 트럼프 못 믿는다고 말해요. 근데 한국은 트럼프 나쁜 얘기 하지 않아요. 문재인도 얘기하지 않고.

→ 중재자 역할은 김정은 정상회담에서. 제가 아리랑 티브이. 정상회담 선언 발표 듣고 처음으로 영어로… 제가 감동 받았어요.그 때 알맹이 있는 얘기 했어요. 역사적인 뜻 있다고 봤는데 지금은 좀 그런 느낌 못 받는다. 북한과 미국.. 중재역할 하는데. 구체적인…

→ 비핵화는 있을 수가 없어요. 북한의 비핵화는 북한의 모든 60년간의 지하에 만들었던 터널이나 깊이 10km 까지 가요. 한국 전쟁부터 시작해서 지난 60년간 엄청 많은 터널을 지하에 뚫었는데. 그 걸 다 조사하고 핵무기 없다는 것을 확인하려면 엄청난 과정입니다. 이런 이야기 하지 않고 비핵화 하자고 말하는 건 말도 안된다. 폼페이오. 어떻게 비핵화 할건지 관심 없어요. 그냥 말만 하고 있지 외교 기술적인 프로세스. 2000년 그 당시 99년 2000년에 비하면 말도 안돼요. 그 당시에는 수많은 미국 사람들은 북한 방문하고 외교 장관도 방문하고 하나하나 계약 했었다. 이런 식으로 하면 기술 제공하고 1년안에 돈 얼마 빌려주고. 그러면 북한은 비핵화 약속하고.. 근데 지금은 제가 발견을 못해요. 신문에서 시끄럽기만 하고. 저는 요즘은 좀 비관적이에요. 문재인이 미국과 북한의 꼭두각시

역할만 할까 두려워요. 전략이나 비전이 잘 안느껴져요. 중재자는 워싱턴 서울 오사카 ..그런 식으로 왔다갔다만 하고 한미일 군사협력 간과하고. 러시아 중국 역할 없고... 첫 번째 정상회담. 문재인-김정은 그 순간에는 진지하게 대화하고 한국 사람끼리 대화하고 하겠다.. 용기 있게 했어요. 그전에 미국에서 좋아하지 않는 것까지 대화하고 그랬던 거 같은데. 하나하나 미국하고 확인해서 진척시키는 듯 해. 어떤 의미에서는 처음부터 미국하고 북한 사이에 중재자 역할 ... 생각하기에는 한계 있어 보인다.

→ 한국이 중재자 역할 진심으로 하려면. 북한이 핵무기를 비핵화를 위한 첫걸음은 미국이 선제 공격을 포기해야 한다. 핵무기를 갖고 처음에 공격 안하겠다고 해야 해. 근데 미국이 당연히 안하겠죠. 한국이 요청해야 한다. 그런데 문재인 정권이 그런 것을 할 수 있을지 모르겠다. 그 당시 노무현은 아마도 말했을 거 같다. 문재인은 노무현보다는 좀 용기가 없어 보인다. 성격의 차이인지 기타 상황의 차이인지 모르겠지만. 제가 중재자의 협상의 핵심은 이런 선제공격+비핵화. 이 두가지를 같이 논의해야 하는데. 미국이 선제 공격 안한다고 말 안하면 북한의 비핵화는 당연히 안된다. 당연한거 아닌가. (*미국 학자들 중 이런 주장하는 하는 사람 더 있으면 언급하면 좋겠다..곧 찾아주기로) 이런 얘기하면 한국 사람들 실망하겠지만. 나는 정치인이 아니다. 나는 학자라서.

→ 트럼프 처음에 임기 시작 전에. 미군 철수 이런 말 했었다. 미국에 지난 20년간 중동에 했던 거는 다 실패. 트럼프가 비판했어요. 원래 트럼프 개인 성격과 생각은. 미국 고립주의자였어. 미국이 해외 군대 보내는게 아니라. 그냥 미국 퍼스트. 그런 생각이었지만 대통령 된 다음에는. 좀 달라진 거 같아. 지금 미국이 하는 것은 원래 트럼프 생각은 아닌거 같아. 개인의 판단이 아닌 듯.

→ 한국이 미국에 대해 정말 잘 이해했으면 좋겠어요. 해리 해리스 주한 미대사. 그냥 대사 아니고 군사 복합체 대표하고 폼페오는 기업 대표하고 볼턴은 우파 대표하고. 요즘은 볼턴이 가장 강해졌어요. 극단적으로 전쟁까지 갈 수 있는 상황을 만들고 싶은 생각이죠. 볼튼 지난 3일 전에 중국 기업들은 미국의 주식시장에서 빼면 좋겠다고 제안했어요. 미국 은행은 중국에 투자 하지 말고. 거기까지 제안했어요. 이란하고 비슷한 취급하려고 하는. 그런 정책까지 물론 가지는 않겠지만 미국의 핵심 정권 인물이 그런 말 한다는 거 자체가 심각한 문제입니다.

→ 한국의 문제. 지나친 정당의 부상. 민주당이나 자유한국당. 갈수록 힘이 세다. 외교할 때는 장관이나 차관이나 국장이나 전문가가 해야 하는데. 요즘 보면. 그런 행사에는 대학이나 외교부 국방부. 이런 사람 있을 수 있지만. 민주당 왜 와요? 방송을 보면 정책이나 방

향 보면. 정당안에서 결정이 되고 공무원이나 차관. 투명한 행정 시스템이 나타나지 않습니다. 비밀 속에 정당안에서 결정하고 마지막에 국민에게 공개하는 느낌. 남북 대화나 정권은 상관이 있다고 생각합니다.

미국 정치의 변화 설명

→ Karen Skinner. Clash of civiliziation. 글 발표 . 신 황화론과 같은 주장. 그때 미국은 중국의 이민 금지 했었어요. 1880년대. 황화 될까봐. 근데 지금 스키너가 그런 이야기 하는 거 아주 비슷해.

→ 미국 행정부 관료들. 중국에 상당한 두려움. 경계가 심해. 일본과 한국도 그런 관점에서 경계 대상이 될 수 있어. 한국 사람들은 우리와 중국 다르다고 생각하겠지만. 일본이나 한국에 대해서도 비슷하게 경계하는 게 미국 사람들.

→ Rex Tillerson. 엑손 석유회사 사장. 외교장관 했어요. 작년부터 최근까지. 그다음에는 폼페오 장관. 틸러슨과 폼페이오 밑에서 수많은 전문가들이 나갔어요. https://www.theatlantic.com/international/archive/2018/02/tillerson-trump-state-foreign-service/553034/

→ 윤 미국 국무부 북한 전문가

One of the State Department's top experts on nuclear proliferation resigned this week after President Donald Trump announced the U.S. withdrawal from the Iran nuclear deal, in what officials and analysts say is part of a worrying brain drain from public service generally over the past 18 months. https://www.npr.org/2018/02/27/589279350/state-department-loses-expert-diplomat-on-north-korea

Richard Johnson, a career civil servant who served as acting assistant coordinator in State's Office of Iran Nuclear Implementation, had been involved in talks with countries that sought to salvage the deal in recent weeks, including Britain, France, and Germany ? an effort that ultimately failed. https://foreignpolicy.com/2018/05/11/top-state-department-nuclear-expert-announces-resignation-in-wake-of-trump-iran-deal-exit/

→ 트럼프 주변에 전문가들이 다 떠났어. 수단과 방법. 중요한 협상 오래 갈 수 있는 전략 착수하려면 장난이 아닙니다. 폼페이오가 한잔하고 대화한다고 되는 것도 아니고. 미국은 현재 비핵화 능력이 없다. 한국 사람들이 이런 거를 파악해야 하는데 이런 거를 제대로 전달하는 언론을 못봤다.

→ John Merrill... 국무부 정부 한반도 정보국장 했었는데. 지금은 사라졌어.

→ Frank Jannuzi@Manfield Foundation

→ 국무부 공무원. 이 사람이 동북아 외교 핵심 인물 된다고 2000년대에 기대 많았는데. 근데 결과적으로는 지금 정부에서 더 이상 일하지 않고 있다. 조그만 연구소에서.

→ L.Gordon Flake. 호주의 대학에 가서 일하고 있어.

→ Scott Snyder. 워싱턴 포스트 가끔. 거의 안나와

→ 동북아 전문가들이 미국에 다 사라졌어 미국 사회에서. 한국 사람들 정신차려야 한다.

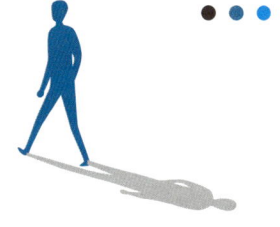

일본 조선학교 방문

2018년 12월에 오사카에 있는 동오사카조선중급학교와 요코하마의 가나가와조선중고급학교를 방문했을 때 나는 고립되고 제대로 유지보수가 되어 있지 않은 학교 건물 내에서 목격한 것들로부터 깊은 인상을 받았다. 나는 북한과의 연관성을 이유로 조선학교들에 대한 재정지원을 중단하고 폐쇄하라는 정치적 압력이 지역 사회에 가해지고 있음을 알았다. 나는 이 학교들이 정치인들에 의해 일본의 다른 국제학교들과는 근본적으로 다른 의심스럽고 위험한 것으로 취급 받고 있음을 알았다.

내가 1990년대 도쿄대에서 공부했을 당시 클래스메이트들로부터 조선학교에 관해 들었던 것을 기억한다. 그들은 일본 사회의 엘리트들이었고 우정을 통해 아늑하고 대단히 강력한 작은 공동체에 접근할 수 있도록 해주었기 때문에 그들의 이야기는 당시 내게 호소력이 있었다. 그때 나는 도쿄대 클래스메이트들이 얼마나 훌륭한 교육을 받는가에 감동했었다. 어떻게든 일본의 강력한 의사 결정자 커뮤니티에 들어간 미국인이 된다는 생각이 내게는 매력적이었다.

그들은 조선학교들이 오싹하게 하는 전체주의적인 곳이라고 내게 말했다. 그들은 조선학교 학생들이 이상한 전통 의상을 입고 남들과 어울리지 않으며 평범한 일본인과의 교류를 거부한다고 말했다. 본질적으로 이데올로기적이고 융통성이 없으며 비밀스러운 그 기이한 학교들은 북한 음모의 한 부분으로 묘사되었다.

실제로 내가 조선고등학교에 다녔던 이를 만나서 조선학교 학생들이 그들의 문화를 유지하려고 시도했을 때에 겪었던 끔찍한 차별에 대해 알게 되기까지는 수십 년이 걸렸다.

내가 조선학교 중 두 곳을 방문한 것은 내 인생에서 훨씬 이후의 일로 내가 한국인과 결혼해 20년 이상 산 상태였다. 내게는 한국에서 자란 아들과 딸이 있는데 한국어에 매우 능숙하지만 일본어는 그렇지 못한 딸 레이첼이 나와 동행했다.

우리가 동오사카조선중급학교에 도착했을 때 나는 도쿄대의 오래된 기숙사가 바로 생각났다. 내가 1987년에 생활했을 당시 그곳은 제대로 수리가 되어 있지 않았지만 사려 깊고 창의적인 학생들로 가득했었다. (비록 지금은 다들 뿔뿔이 흩어졌지만)

동오사카조선중급학교의 외관은 제대로 수리가 되어 있지 않았고

페인트가 벗겨졌으며 건물 내부의 콘크리트가 갈라져 있었다. 다른 국제학교들과 달리 정부의 지원이 중단되어 최소한의 기금으로 학교를 운영해야 하고, 교육 시스템을 파괴하려는 우익 세력이 총체적인 노력을 기울이는 상황에서 학교의 유지를 위해 노력하는 것은 학생들 및 그들의 가족들의 몫이었다.

그러나 학생들이 많이 떠났음에도 불구하고 이 학교들에 남은 학생들과 학부모들은 계속 투쟁하려는 강한 의지를 갖고 있다. 더욱이 최근 일본과의 긴장이 높아진 한국에서 조선학교들이 주목 받기 시작했고 모든 한국인들을 적대시하는 우익 집단에 대한 반감이 깊어지면서 처음으로 조선학교의 투쟁에 대한 공감대가 형성되었다.

우리가 방문한 시간은 토요일 오후였음에도 불구하고 학교는 과외 활동에 집중하는 학생들로 가득했다. 학생들은 몇 시간에 걸쳐 축구나 전통 한국 무용을 연습하거나 그림을 그리고 전통 한국 음악을 연주하는 등 자신들의 활동에 몰입했다.

비록 학교의 유지보수는 제대로 되어 있지 않았지만 내게는 엄청난 호소력을 가졌는데 처음에는 그 이유를 몰랐다.

시간이 지나면서 나는 이 학교의 특징을 알게 되었다. 학교 내에는 상업적인 것이 전혀 없었다. 어디에도 광고가 없었다. 학교에서 사용하는 이미지는 상업 디자이너가 제작한 것이 아니었고 화장을 하거나 유명 디자이너의 옷을 입은 여학생들도 없었다. 학교의 장식물은 학생들이 활동의 일부로 만든 것이었다.

그 학교는 협동을 통해 운영되는 소규모 공동체였다. 그것은 단지 헌신적인 사람들에 의해 적대적인 환경에서 한국 문화가 보존되었다는 것뿐만이 아니었으며 1987년 내가 일본에 처음 왔을 때 일본에서 보았던 문화가 있었다.

그 학교는 공동체에서 만들어낸 환경을 제공했고 기업들이 생산한 일회용 제품을 판매하지 않았다. 한편으로 지난 30년 동안 과도하게 상업화된 소비문화로 인해 일본에서 사라진 것들을 나는 학교에서 발견했다.

나는 12명의 중학생들과 함께 앉아서 아시아의 평화 전망, 학교에서 그들의 활동 및 적대적인 일본 사회가 가하고 있는 엄청난 압력에 대한 대응 방법 등에 대한 그들의 생각을 들었다. 나는 학생들이 자신들의 개인적인 우려사항에 대해 성실하게 말했다고 생각한다. 그 학교의 기본 주제는 협력이었다. 그 학교는 학생들이 다른 학생들과 경쟁해야 하는 곳이라기보다는 모든 사람들이 팀의 일원으로 일하는 장소였다. 아마도 그러한 그들의 태도를 개인을 파괴하는 사회주의 이데올로기가 반영된 것으로 해석하는 사람들이 있을 수 있겠지만 오늘날 나르시스트적 소비 문화에 의한 인간성의 파괴를 감안했을 때 그들의 문화는 신선하고 상쾌하게 다가왔다.

레이첼이 한국어로 그들과 대화를 나누고 점심을 먹은 다음 그들은 오사카 시내를 구경시켜 준다며 레이첼을 데리고 나갔다. 저녁 8시가 되어서 돌아온 레이첼은 학생들과 오사카 시내에서 찍은 많은 모험 사진들을 보여 주었다. 레이첼은 학생들의 개방성과 그들이 자신을 기꺼이 받아들여 편안하게 해주려는 노력하는 데에서 진정으로 감동을 받은 것처럼 보였다.

이어서 우리는 며칠 후 요코하마에서 가나가와조선중고급학교를 방문했다. 기차역에서 우리를 맞이한 사람은 김찬욱 교장과 조선대학교를 졸업한 그의 딸이었다. 그들은 한국어와 한일 양국의 대안 역사를 가르치고 제공하며 지역 사회에 기반한 교육 시스템을 만들려는 그들의 노력을 억압하려는 끊임없는 압력을 견디면서 이 학교가 어떻게 살아 남았는지에 대해 매우 자랑스럽게 이야기했다.

특별히 우리를 위해 다코야키를 만들어온 15명 정도의 학생들과 함께 테이블에 앉게 되었다. 레이첼은 곧 나를 남겨두고 그들과의 대화 속으로 빠져들었다.

나는 김 교장과 함께 그의 사무실로 가서 한 시간 동안 일본에서 한국어로 교육을 하고 일본 및 전 세계에 걸친 제국주의와 식민 통치의 유산을 정확하게 지적하는 데에 따르는 엄청난 어려움에 대해서 이야기를 나누었다.

김 교장은 내게 그들이 계획한 일본의 심각한 사회 및 경제 문제에 관련된 공개세미나 자료의 사본을 보여주었다. 나는 학교에서 실제 문제들에 대해 집중적으로 교육하고 예술, 음악 및 작문 등을 과외 활동이 아닌 교육의 필수적 부분으로 구성하는 그들의 방법을 통해서 다시 한 번 깊은 인상을 받았다.

몇 달 뒤에는 내 친구 가와나카 요가 이 학교를 방문해 학생들이 현대 아시아를 어떤 식으로 바라보고 있는가에 관한 인터뷰를 진행했다.

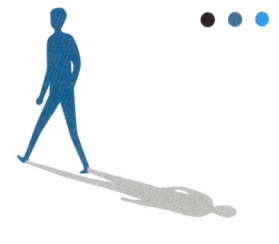

한국 안보의 진정한 위협은 무엇인가

2018년 04월 12일
임마누엘 페스트라이쉬
http://thetomorrow.kr/archives/7131

마침내 주류 언론도 남북대화가 그리고 이어서 기적적으로 이루어질 북미대화가 세상을 하루아침에 바꾸지는 않을 것이란 점을 받아들이기 시작했다. 문재인 대통령이나 트럼프 대통령에게 모세처럼 바다를 가르거나 예수처럼 죽은 사람을 일으켜 세울 능력은 없다.

그들은 강력하고도 상징적인 행위를 취할 수 있다. 이 행위의 전후로 정부의 장기적이고 체계적인 노력이 뒷받침된다면 경제와 시민사회가 변화할 수 있다. 그러나 통합을 향한 준비와 그 실행을 지지하는 광범한 지지 그리고 이에 입각한 권한의 위임이 없을 경우 무기력감이 희망과 진보의 불빛에 그림자를 드리울 위험이 존재한다.

나는 북한과의 교류를 논의하는 시민 모임에 단 한 차례도 초대받은 적이 없다. 사실 그런 시도가 있다는 말을 주변에서 들어본 적도 없다. 정치인들이 기적을 이뤄내기를 기대하고 있는 것은 아닌지 우려스럽다.

이번 정상회담의 막후 전략이 점진적인 진보일 수는 없다. 최근 대결의 언사와 전쟁 준비는 일정 수준을 넘어선 것이었다. 이전의 남북정상회담과 달리 이번에는 금강산 관광이나 이산가족 상봉에 집중할 여유가 없다.

북한의 일방적인 비핵화라는 실현 불가능한 요구를 정상회담에서 고집할 수도 없다. 광범하고 포괄적인 거래 없이 일방적인 비핵화는 불가능하다는 사실을 모두가 알고 있다. 현 트럼프 정부는 이 같은 거래를 협상하거나 실행할 능력이 없다. 정부에서 전문가를 모두 내쫓았기 때문이다.

두 정상은 남북관계의 근본적인 전환과 이를 가능케 할 미국과 중국, 러시아, 일본의 관계 변화를 상징적으로 그리고 실질적으로 표명해야만 한다.

일본과 중국의 불화는 물론, 미국과 중국 및 미국과 러시아 간의 긴장은 이와 같은 대타협이 그저 몽상에 불과하다고 말하는 이유가 될 수 있다. 그러나 반대의 주장도 가능하다. 세계대전이 일어날 수도 있는 상황에 맞닥뜨렸다는 바로 그 이유 때문에 다른 때 같았으면 별 관심도 없이 심드렁했을 관료와 정치인들이 평소에는 고려하지도 않았을 혁신적 행위를 취할 수밖에 없는 흔치 않은 순간일 수도 있다는 것이다.

한반도 문제의 핵심은 안보다. 이번에는 전쟁이나 충돌 혹은 갈등을 몇 주 혹은 몇 달 뒤로 미루려는 시도를 중단하고 장기적인 안전 보장에 모든 노력을 집중해야만 한다. 이러한 시도라야 '안보'라는 용어의 의미가 바뀌었음을 보여줄 수 있다. 얼음이 물로, 또는 물이 증기로 그 상태가 바뀌는 것처럼 말이다. 상태가 어떻게 바뀌든 여전히 동일한 물 분자인 것처럼, 안보의 본질 역시 불변이겠지만 어떤 모양을 취할지는 전혀 달라질 수 있다.

안보의 의미에서부터 시작하자

그렇다면 한반도와 동북아시아의 안보 이슈란 무엇인가? 언론이 압도적으로 다루는 주제는 북한의 비핵화 그리고 향후 관계 정상화의 전제 조건으로서 북한의 조건 없는 비핵화이다.

그러나 잠시 솔직해지자. 트럼프 행정부는 김정은과 햄버거를 함께 먹자는 제안에서 선제적인 핵 타격 위협으로, 역사상 가장 엄격한 제재의 설파로, 그리고 북한과의 의미 있는 대화에 관한 어떠한 명확한 설명도 없이 트럼프와 김정은의 갑작스런 정상회담 합의로 오락가락해 왔다.

진정한 안보를 향한 첫 걸음이란 이에 관한 진지한 논의의 시작이다. 특정 무기 시스템을 관철시키려는 특수 이해관계로부터 독립된, 투명한, 시민이 직접 참여하는 논의이다. 안보의 의미가 무엇인지에 관하여 우리 스스로가 솔직하게 대화한다면 의미 있는 합의에 도달할 수 있다. 누군가가 위에서 좌우지지 않는 합의이다. 그러나 한반도의 안보 논의는 점점 더 현실로부터 멀어지는 중이다. 북한이 핵무기 보유국이 분명함에도 불구하고 미국이 이를 인정하려고 하지 않기 때문에 특히 그렇다.

남한과 북한 그리고 이 지역의 여타 국가들이 함께 공유하는 안보에 관한 근심이 무엇인지를 명확하게 확립하는 일이 합의의 바탕을 마련하는데 훨씬 중요하다. 이는 향후의 진전을 위한 강력한 기반이 된다. 북한이 핵무기와 관련 기술을 포기해야 한다면서 미국은 스스로 서명했던 핵확산방지조약을 어기면서 차세대 핵무기 시스템에 어마어마한 비용을 사용할 권리가 있다고 주장할 일이 아니다. 북한에 대한 이러한 요구는 공통의 기반을 찾을 수 없게 하고 결국 실패하게 된다.

생태 시스템의 붕괴는 공동의 안보 우려 중 하나이다. 한반도에서 물은 희소하다. 작년 여름 물 부족이 위기 수준에 도달했고, 2018년의 높은 기온과 낮은 강수량을 고려한다면 올해에는 작년 수준의 재앙을 넘어설 전망이다.

아시아를 비롯한 세계 곳곳에서 사막이 서서히 확산하고 있으며, 다가오는 5년 간 식량 가격이 치솟을 가능성이 크다. 이들 문제가 북한과 공유하는 중대한 안보 이슈이다.

솔직하게 말하자면 우리는 정상회담을 준비하는 과정에서 안보의 정의를 처음부터 다시 생각해 보아야만 한다. 환경 안보와 인간 안보 및 경제 안보를 강조해야만 하는 것이다. 이러한 중대한 안보 우려를 묵살한다면 이는 회담의 목적 자체를 망각하는 것이다.

도널드 트럼프 대통령이 사용했던 "'전략적 인내'의 종말"이란 용어를 글자 그대로 받아들여만 한다. 다른 방식으로 말이다. 트럼프 주변의 강경론자들은 이 말이 오로지 군사력이나 제재를 통한 심대한 타격에 의해서만 북한이 핵무기를 포기하도록 만들 수 있다는 의미라고 제시한다. 그러나 이는 "'전략적 인내'의 종말"이란 표현의 유일한 의미가 아니며 나아가 가장 주된 의미도 아니다.

'전략적 인내'의 종말에 대한 보다 정확한 해석은 북한이 핵무기를 개발하도록 그저 내버려두고 점점 적대적으로 변화하는 환경에 대비하여 방어계획을 준비하면 된다는 오바마 정부의 기본 가정이 미국에게 심각한 실수이며 그것이 군사행동이 아니라 실질적인 대화로 대체되어야만 한다는 것이다.

전략적 인내란 의미 있는 대화가 절대로 아니며 남북한과 중국, 일본 및 러시아를 포함하는 동아시아의 안보 질서를 위한 근본적 제안도 결코 아니다. 미국이 중동 전역에서 일으킨 인도적 위기에서 볼 수 있듯이 경제제재나 군사행동을 통한 대응이란 성공할 수 없는 법이다.

남한은 이번 정상회담에서 담대하게 사고하여 진지한 시도를 해야만 한다. 모든 측면에서 동북아시아의 안보 규칙을 새로 쓰고, 사려 깊고 용감하며 현명한 사람들이 참여할 수 있도록 해야 한다. 마치 영국의 대헌장을 기초하는 것처럼, 위대한 역사적 순간이 될 수 있도록 해야 한다. 언론 플레이가 되어서는 안 된다.

현재의 역사적 위기는 너무나도 심각해서 이같이 큰 그림을 그리는 접근법이 전혀 비현실적이지 않다. 어쩌면 성공할 수 있는 유일한 전략일지도 모른다.

반 지성주의

한반도 안보와 관련하여 가장 심각한 암적 존재는 부패한 언론을 통해 전파되는, 악의적 반 지성주의(anti-intellectualism)이다. 주식시장이나 외국투자은행으로부터 독립된 신뢰할만한 정보제공처의 사멸로 한국인 다수가 미덥지 않은 정보에 노출되는 결과가 되었다. 협력과 상호부조를 통해 보통 사람들의 삶에 의미를 부여했던 지역 공동체가 시들면서 많은 한국인들은 깊은 고립감에 빠졌다.

연령대를 불문한 높은 자살률은 이런 상황을 명백하게 보여준다. 진지한 논의를 벌이기보다 비디오 게임이나 천박한 드라마에 빠져들려는 한국인이 대단히 많다는 점도 명백한 증거이다.

의미 있는 정책을 만드는 데 반드시 필요한 두려움 없는 진실의 추구가 끊임없는 소비로 대체되었다. 단시간의 전율을 위해 먹고 마시고 시청하는 당장의 만족을 '행복'의 정의로 떠받드는 문화가 조장하는 소비이다.

정치는 인기를 얻기 위한 쇼가 되었다. 정책의 세부사항이나 장기적 발전에 대한 관심은 거의 없고, 소셜 미디어에 방금 올라온 언급에만 모두가 열광한다. 선정주의가 동북아를 불안하게 만드는 사회, 환경, 경제 요인에 관한 세밀한 분석을 대신한다.

안보에 관한 논의가 이처럼 기괴하게 변형된 데에는 비디오 게임 문화의 확산이 영향을 미쳤다. 가치 없는 군사충돌을 미화하고, 총싸움이 오락거리일 뿐만 아니라 모든 문제에 대한 해결책인 것처럼 보이게 만드는 비디오 게임을 하면서 성인을 포함한 많은 한국인들이 시간을 보낸다. 게임 문화는 기후변화와 인공지능에 의한 대규모 통합 그리고 국민국가의 와해에 직면하고 있는 오늘날의 복잡한 안보 상황을 설명할 수 없도록 만든다. 비디오 게임은 장기 전략이 아니라 분초를 다투는 빠른 대응이 안보의 핵심인 것처럼 보이게 한다. 이러한 잘못된 믿음이 북한의 핵무기보다 훨씬 위험하다.

산업공해와 환경파괴

언론이 과장하는 북한의 공격 가능성이 지극히 낮은데 반해, 기후변화와 산업공해의 위협은 100 퍼센트 확실하다. 언론은 지난 50년간의 기온 변화를 비교하는 일이 없다. 그런 비교가 있었다면 얼마나 위험한 상황인지 조금은 알 수 있었을 수도 있다.

산업공해와 관련된 질병으로 얼마나 많은 사람들이 매년 죽어가고 있는지도 우리는 모른다. 한국인 대부분은 지난 10년간 국내의 독성물질 배출이 얼마나 심각해졌는지 전혀 알지 못 한다. 분석은 고사하고, 언론은 미세먼지를 마치 눈이나 비처럼 피할 수 없는 무엇이라는 식으로 다룬다.

정부의 핵심 기능 상실과 기업의 탈규제로 인해 한국의 공장들은 대기와 수질을 얼마나 오염시켰는지를 자발적으로 보고한다. 자발적 보고서가 변조되기도 하며 정부가 공해 유발 기업을 조사하거나 벌칙을 부과할 방법은 전혀 없다. 한국 정부는 시민을 중독시키는 행위를 멈추라고 기업에 요구할 권한을 상실했다. 시민들에게 제공되는 것은 주요 병원의 화려한 암 센터이다. 이곳에서 희생자를 사랑하는 친지들은 치료를 위해 재산을 쏟아 붓지만 이들이 환경 정책을 바꾸기 위해 할 수 있는 일이란 없다.

향후 30년 동안 기후변화가 한반도에 가져올 위협을 어떤 식으로든 객관적으로 평가해 본다면, 그 위험성이 너무나 크고 기후변화에 대처하고 이를 완화하는 데 소요될 비용이 어마어마하다는 점이 드러날 것이다. 한국이 선택할 수 있는 유일한 대안은 재래식 무기 전반에 걸쳐 획기적으로 예산을 삭감하는 협약을 주변국들과 맺고 100% 재생 가능한 경제로 완전하게 이행하는 것이다.

환경의 관점에서 안보를 재규정하는 데 반대하는 부류와 단기적 이익 상실이 두려워 지속 가능한 경제 시스템에의 투자를 원하지 않는 사람들은 미래 세대를 상대로 범죄를 저지르는 것이다.

사막의 확산은 이제 시작되었을 뿐이다. 베이징을 향하고 있는 중국 북부의 사막은 평양으로 움직인 다음 서울에 닿을 것이다. 한반도에는 이미 반건조 지역이 확산하는 중이다. 탱크나 미사일 방어시스템이나 스마트폰을 가지고 이를 저지할 수는 없으며, 우리는 결국 생존을 위한 싸움에 직면할 것이다.

고속도로를 건설하고 아파트를 짓느라 없애버린 농토와 방치된 상태에서 빗물에 소실된 비옥한 토양이, '자유무역'을 통한 곡물과 채소의 수입으로 어떻게든 해결되리라는 것이 한국 기업가와 정부 관료의 상식이다. 슬픈 일이다.

그러나 기후변화의 추이는 이런 계획이 헛된 꿈임을 보여준다. 미국과 러시아, 호주, 아르헨티나 등 곡물과 채소를 수출하는 국가들은 점점 더 지독한 가뭄에 시달리게 되며, 어쩌면 동북아시아에 더 이상 식량을 공급하지 못하게 될지도 모른다. 수입 농산물 가격이 치솟고 식량 자체가 금세기의 안보 이슈가 될 것이다. 중국은 자국의 어마어마한 부로 식량을 확보할 수 있을지 모르지만 한국은 궁지에 몰릴 수도 있다.

좋든 싫든 한국은 농업을 중시하는 경제로 회귀할 수밖에 없고 경솔한 택지개발로 소중한 토양을 잃었다고 많은 사람들이 후회할 미래가 올 것이다. 석유를 기반으로 하는 비료와 농업이 환경에 치명적이다. 그리고 앞으로도 수백, 수천 년간 한반도에서 사람이 살아가야 한다. 따라서 이제 농업에의 접근법은 유기농일 필요가 있다. 유기농이란 상위 중산층 시장을 상대로 값비싼 브랜드를 만드는 작업이 아니다.

사막의 확산과 함께 해수면의 상승이 전 지구에서 진행 중이다. 부산이나 인천 같은 도시가 물에 잠기며 인프라에 막대한 투자가 필요하게 된다. 이러한 피해는 생각보다 빨리 찾아올 것이다. 그럼에도 한국은 식량공급의 위험과 해수면 상승에 대한 장기 계획을 전혀 가지고 있지 않다. 심지어 다수의 한국인은 해수면의 상승과 사막화가 중대한 위협이라는 점조차 이해하지 못 한다.

해수면의 상승 이외에도 또 다른 해양의 위협이 존재한다. 해양의 산성화와 함께 진행되는 해양 온도의 상승이다. 이는 매우 실질적인 위협으로, 향후 20년간 한국인들이 항상 볼 수 있을 거라고 생각하는 어류의 상당수가 격감하거나 심지어 멸종할 것이다.

부의 불평등

한국에서 불평등의 심화는 사회를 갈가리 찢고 있으며, 이는 국내외에서 심각한 정치 갈등으로 이어질 것이다. 가족 자영업의 몰락, 청년 일자리의 질 저하, 투자은행을 비롯한 투기적 금융기관이 경제계획에서 발휘하는 권력의 증대는 이 사회를 부정적인 방향으로 재구성하고 있다.

부의 집중과 공적 영역의 상실을 알고 있기는 하지만, 한국인들은 언론에서 그리고 개인들 사이에서 실제로 어떤 일이 벌어지고 있는지를 자세히 알지 못 한다. 또한 한국의 문화 자체가 사람들로 하여금 무언가에 관해 깊이 생각하지 못하도록 만든다.

충분한 부를 지니고 출발하여 좋은 학교를 나오지 못 할 경우, 자신에게 그저 주어지는 정보를 통해 세상이 어떻게 움직이는지 파악하는 일은 불가능하다.

심지어는 진보 단체들조차 상품 주도의 퇴폐 문화가 만드는 심각한 모순에 관하여 예리한 분석을 제공하지 않는다.

투자은행이나 통신사업자가 철저하게 규제되는 공적 독점이 되어야만 한다고 주장하지 않는다. 그러나 1960년대와 1970년대에는 ^(사람들은 이 시절이 더 보수적이었다고 생각하지만) 이러한 주장이 상식이었다.

석유에의 중독

한국 언론이나 싱크탱크에서 벌어지는 안보 논쟁의 대부분은 값비싼 탱크와 전투기, 잠수함 및 여타 무기 시스템이 한국을 방어하는 최선의 방법임을 당연하게 여긴다. 그러나 연료가 없다면 이들 값비싼 무기는 아무런 소용이 없다.

나는 농담할 의도가 전혀 없다. 수입된 석유에의 철저한 의존은 그 자체로서 심각한 안보 위협이다. 많은 무기가 ^(태양이나 풍력이 아니라) 석유에 의존하기 때문이기도 하지만, 석유의 흐름이 교란될 경우 도시에 거주하는 많은 한국인이 생존할 수 없다는 단순한 이유 때문이기도 하다.

전쟁이 발발하고 그 결과 한국으로 향하는 원유와 천연가스의 선적이 중지된다면 그 상황은 한국전쟁 당시보다 훨씬 심각할 것이다. 대량 소비로 살아가는 오늘날의 삶을 고려하면 사람들이 수일 안에 아파트에서 얼어 죽고 몇 주가 지나지 않아 굶주리게 된다. 이제까지 소비적 삶을 살지 않았던 북한 사람들은 그들이 확실하게 우위에 있음을 곧 깨닫게 된다.

남한은 안보를 계획하면서, 북쪽의 이웃이 보여주는 검소함과 소박함 및 효율을 들여다봐야 한다. 남한 사람들은 종종 한밤중에 위성에서 찍은 한반도 이미지를 들고서 의기양양해 한다. 어둠에 덮인 북한과 달리 남한은 크리스마스트리처럼 환하게 빛나고 있는 이미지를 두고 남한이 얼마나 발전했는지 그리고 북한이 얼마나 뒤쳐졌는지를 명확하게 보여준다고 말한다. 그러나 남한이 불필요한 조명을 켠 채 어마어마한 낭비와 소비를 받아들이고 있다고 말하는 편이 더 정확하다. 국가 안보를 위한 법률로 불필요한 전력 사용이 엄격하게 규제해야만 하고 대규모 태양광 및 풍력 발전을 요구해야만 한다.

무기 시스템에서 벌어지고 있는 세 가지의 중요한 변화

새로운 기술의 등장으로 군사충돌의 본질이 바뀌고, 이에 따라 현재의 무기 시스템이 더 이상 중요한 역할을 하지 않을 수도 있을까? 전투기와 항공모함, 탱크와 대포가 미래에는 더 이상 효과적인 무기가 아닐까? 마치 정답을 알고 있다는 듯이 이야기하고 싶지는 않지만, 이런 의문이 제기 조차 되지 않는다는 점은 놀랍다.

기하급수적 속도의 기술 발전이 의미하는 바는 수만 명 이상의 사람을 살해할 수 있는 무기들이 빠르게 저렴해지고 따라서 작은 집단 또는 심지어 개인도 이에 접근할 수 있다는 것이다. 전례를 찾기 힘든 위협에 대한 대응은 협력과 신뢰 그리고 상상력을 필요로 한다.

그러나 미래의 충돌이 국민국가 사이에 일어날 것인지는 분명치 않다. 국민국가들이 빠른 속도로 분해되는 중이다. 아직 권위를 지니고 있기는 하지만, 전 지구적 네트워크의 금융과 거버넌스에 통제된다. 새로운 무기의 기능 향상과 이를 통제해야 할 정부의 분해 현상이 결합하면서 다가오는 미래에 엄청난 위험이 될 것이다.

전통적인 군사력은 탱크와 전투기, 미사일, 전함, 항공모함 등으로 이루어지는데, 이들은 극도로 비용이 많이 들며 새로운 무기에 취약하다.

드론과 로봇의 경우, 우리는 이 새로운 기술의 역사라는 측면에서는 석기 시대에 살고 있다. 다가올 10년 동안 이 기술이 우리가 사는 세계를 바꾸어 놓을 것이라고 예상해야만 한다. 로봇의 잠재력을 과소평가하지 말아야 하겠지만, 드론이 새로운 디스토피아로 우리를 이끌 것이다. 드론은 점점 소형화하며 치명적일 정도로 빨라지고 점점 더 스스로 움직인다. 기술과 트렌드는 이미 알려졌지만 이것이 궁극적으로 어떤 의미를 지니는지는 여전히 분명치 않다.

차세대 드론을 상상해보자. 1만 개 정도의 드론 떼가 형성되는데,

여기에는 강력한 폭발력을 지닌 미사일에서부터 표적의 중요한 부분에 도달하여 이를 언제라도 날려버릴 수 있도록 무장된 1센티미터 미만의 작은 드론이 포함된다. 이 드론 떼가 전투기를 가득 실은, 건조에 80억 달러가 소요되는 항공모함 안으로 침투할 수 있다. 몇 시간 안에 항공모함을 폐물로 만드는 것이다.

자율적으로 움직이는 살인 기계로서의 로봇은 치명적 공격이 벌어지는 범위 안에서 인간의 조종 없이 작동한다. 이들이 얼마나 위험할지, 로봇 제작을 어떻게 효과적으로 금지하거나 제한할 지는 아직 그 논의가 시작되지도 않은 중대한 문제이다. 살인 기계를 디자인하는 이들이 그들의 걸작에 아시모프의 로봇 윤리를 프로그램 할 것 같지는 않다.

점점 정교해지는 사이버 전쟁과 선전을 위한 뉴스 서비스

사이버 전쟁은 모든 원격 시스템 및 전자 시스템에 심각한 위협이 된다. 해킹이 불가능한 전통적인 손 기술로 우리를 돌려 놓을지도 모른다. 미래의 사이버 무기는 ^(해무기를 포함하여) 적의 모든 무기를 장악 가능하도록 만들 수 있다. 적의 모든 무기가 네트워크에 접속되어 있다면 말이다.

현재 사이버 전쟁은 국민국가가 아니라 군대 내부의 일부 그룹이나 국가와 관련이 없는 여타 행위자들에 의해 활용되고 있다. 현재의 혼란스러운 상황이 바로 이 때문이며, 뜻을 함께하는 그룹들의 복잡한 세계적 네트워크들 사이에 대규모 충돌이 발생할 위험이 제기된다. 동아시아 국가안보정책의 근간을 이루는, 국가 간의 갈등이란 전제는 더 이상 유효하지 않다.

3차원 인쇄 등 비 전통적인 수단을 통하여 대상을 변형하는 방법의 등장

3차원 인쇄는 매우 새로운 기술이기 때문에 군사력에 어떻게 적용될지를 온전히 이해하지 못 한다. 그러나 산업계에서는 3차원 인쇄가 이미 게임 체인저로 인식된다. 인쇄기에 장비나 무기 혹은 기계의 디지털 정보를 간단하게 입력함으로써 사물을 만들 수 있는 잠재력을 제공한다.

3차원 인쇄는 지난 20년 동안 공장에서 사용되어 온 컴퓨터 수치제어[CNC]와 밀링, 압출, 절단 기술의 연장이다. 3차원 프린터기를 책상 위에 올려두고, 열가소성 수지의 작은 방울로 온갖 사물을 창조할 수 있다. 이 기술을 이용하여 추적 불가능한 총을 제작하는 패턴이 이미 인터넷에 올라와 있다. 미래에는 3차원 인쇄기를 어딘가에 설치하고 인터넷을 통해 아무거나 만들 수 있다.

군비 경쟁이 진정한 위협이다

미국의 ^(그리고 한국과 일본의) 정책결정 과정에서 정치가와 기업의 관심을 과학적 방법으로부터 멀어지게 만들고 지식인들과의 교류하지 않도록 만드는 군사적 낭비의 결정판은 미사일 방어이다.

1980년대 레이건 정부에서 미사일 방어가 도입되었을 당시, 이는 트로이의 목마로서 고안되었다. 약속한 바를 실행에 옮기지도 못할 가상의 시스템을 판매함으로써 몇몇 기업에게 커다란 이득을 줄 수 있도록 허용하는 정책이었다.

좀 더 깊숙한 수순에서 보자면, 미사일 방어의 촉진은 미국 사회의 반지성적 흐름을 활용하기 위한 시도였다. 당시 군대와 외교가에는 핵무기의 위험스런 확산을 통제할 수 있는 유일한 수단이 협상을 통한 군비축소협정임을 논리적이고 과학적으로 제기한 지식인들이 존재했다. 그들은 옳았지만 자신의 생각을 설득하는 데는 능숙하지 않았다. 이들은 안보 이슈를 이해하지 못 하는 '온건파' 혹은 '책상물림'으로 치부되었다.

1970년대와 1980년대에 미국이 유럽에서 핵무기와 재래식 무기 감축을 위해 협상을 통해 조인했던, 강제력을 갖춘 조약이 미사일 확산에 대응하는 사실상의 유일한 방법이다.

1995년 북한과의 합의와 같은 국제협약이 긴장을 완화하고 안보를 증진하는 유일하고도 과학적인 방식이지만 이러한 시도는 지식인들에게 과도한 권위를 부여함으로써 진실로 무장하고 무기 시스템을 거부하는 집단을 만들어 낼 수 있다. 이는 무기를 생산하는 기업가들이 두려워하는 바다.

미사일 방어와 여타 자동화 무기와 같이 비용이 과다 책정된 무기 시스템의 멋진 점이 바로 이것이다. 이들 시스템은 정책결정 과정과 시스템 운영에서 전문가를 제거하고 이윤을 증대한다. 협상을 통해 무기제한협정을 이끌어낼 수 있는 정보력을 갖춘 전문가보다 무기 생산업자에게 더 짜증나는 사람이란 없다. 한때 미군 내에는 안보와 역사를 이해하고 새로운 무기의 실전배치 가능성을 평가하는 데 과학적 방법론을 활용할 줄 아는 외교와 기술 분야의 교육받은 전문가가 다수 존재했다. 오늘날의 장군과 대사들은 무기 시스템 판매를 자신의 주된 임무로 생각하며 퇴직 후 방위산업체를 상대로 두둑하게 돈벌이를 할 수 있는 컨설팅 사업을 기대할 뿐이다.

그러나 미사일 방어는 효율적으로 작동하지 않는다. 사드 및 이와 유사한 시스템은 날아오는 미사일 중 기껏해야 일부만을 떨어뜨릴 수 있을 뿐이다. 더욱이 미사일 방어시스템과 여타 무기 시스템은 미국 내에서 객관적인 제3자로부터 더 이상 검증되지 않기 때문에 그 신뢰성이 의심스럽다. 그런데 미사일 방어시스템이 날아오는 미사일을 저지하지 못 할 수도 있지만 군비경쟁을 촉발하는 데는 효과적이다.

핵무기의 대량 확산은 진정으로 위험스러우며 이는 핵전쟁의 가능성을 한층 높인다. 북한의 조그마한 핵 프로그램은 커다란 위협이 아니다. 심각한 위협은 다른 곳에 있다.

현재 일본과 남한은 핵무기를 개발하지 않았으며 배치하지도 않았다. 중국은 300개 미만의 핵무기를 보유하고 있다. 그러나 만일 진정한 위협에 직면하고 있다고 느낀다면 중국은 단기간 안에 300개 미만에서 1만 개 이상으로 핵무기를 늘릴 수 있다.

이후는 연쇄반응일 뿐이다.

일본은 6천 개의 핵무기를 보유할 수 있고, 남한도 뒤를 따른다. 그 다음은 어디인가? 대만? 베트남? 인도네시아? 만일 일본이나 남한이 핵무기 개발이라는 실수를 저지른다면, 이 지역 전체를 훨씬 불안하게 만들게 될 위험한 연쇄반응이 폭발한다.

게임의 규칙을 바꾸는 전략을 고민할 때

다가오는 남북 정상회담을 둘러싼 대부분의 논의는 미국의 불가능한 요구를 어떻게든 북한이 받아들이도록 하고 어떻게든 대결을 몇 개월 후로 미루는 데 집중되고 있다.

그러나 남한은 훨씬 큰 전략을 가져야만 하며 이번 정상회담은 그 전략의 작은 부분일 뿐이다. 전략의 핵심은 안보에 관한 국내외 논의를 장악하고 주도적인 역할을 수행해야만 한다는 것이다. 이는 무기생산업자의 관대함에 자신의 급여를 의존하는 워싱턴 D.C.의 이른바 전문가들로부터 한국이 거리를 두어야 한다는 점을 의미한다.

남북 정상회담은 위험스러운 미래를 대비하는 과정에서 동아시아 안보에 관하여 다시 생각하고 시민의 감정이 아니라 이성에 호소하는 기회로 활용되어야만 한다. 한국의 많은 정치가와 외교관들이 국내외에서 다른 행위자들을 설득하는 데, 한국만의 뚜렷한 시각을 명확하게 표현하기보다 다른 나라들을 만족시키는 데 온통 정신을 쏟는다는 점은 슬픈 일이다.

일본의 철학자 오규 소라이가 언젠가 내놓았던 관찰이 여기에 꼭 들어맞는다.

소라이가 이렇게 언급했다.

"체스를 두는 방법에는 두 가지가 있다. 한 가지 방법은 체스의 규칙을 완벽하게 익혀서 어떤 상황에서도 대응할 수 있도록 하는 것이다. 체스를 두는 다른 하나의 방법은 체스를 두는 규칙을 만드는 것이다."

안보와 군사 그리고 한반도의 미래를 생각할 때, 한국이 채용한 전략은 전자이다. 한국은 남들이 가르쳐 준 규칙을 마스터하기 위해 무진 애를 쓰며 항상 그 규칙을 지키려고 한다. 그러나 한편으로는 게임 규칙의 변경이 단지 유용할 뿐만 아니라 반드시 필요한 역사적 순간이 존재한다. 지금이 바로 그 시기이다.

한국 정치, 북핵에 '돌직구'를 날려라

http://news.khan.co.kr/kh_news/khan_art_view.html?artid=201703062115035&code=990304

　인정한다. 북한의 핵무기와 첨단 미사일 기술 개발은 지역 안정을 깊숙이 뒤흔들 정도로 위험하다. 그러나 언론에서 끊임없이 떠드는 것은 그 이유 때문만은 아니다. 솔직히 말해서 북한이 한국이나 미국을 상대로 핵무기를 실제로 사용할 가능성은 극도로 낮다. 그건 자살행위나 다름없으며, 어떤 실질적 목적도 달성하지 못한다. 그런데도 언론에서 이런 시나리오가 계속 나오는 이유는 미사일방어 체계를 비롯한 무기 판매에 엄청난 자본이 걸려 있기 때문이다.

　북한 핵개발이 위험한 것은 동북아시아 군비 확장을 촉발해 북한뿐 아니라 역내 모든 국가 사이에 군사적 긴장관계가 형성될 수 있기 때문이다. 중국은 단기간에 핵무기를 200기에서 1,000기, 심지어 1만 기까지 손쉽게 늘릴 수 있고, 일본과 한국 또한 핵무장에 나설 수 있다. '핵 억지를 통한 평화'는 신화에나 나올 법한 가상의 개념이다. 모든 국가가 핵무장을 하면 동아시아는 지금보다 훨씬 위험한 지역이 될 것이다. 따라서 한국 정부는 누구도 예상치 못했던 과감한 행보로 한국 나름의 '예측불가능성'을 보여줘야 한다.

우선, 북한 핵개발이 가져오는 최대 위험은 역내 군비 확장이라고 '돌직구'를 날려야 한다. 그리고 미국이 북한, 중국, 러시아와 함께 진지한 협상에 나서도록 해서 북한이 핵실험을 중단하고 기존 핵무기를 폐기하도록 합리적으로 유도하는 환경을 조성해야 한다. 미국은 북한과의 외교 정상화를 제안해야 한다. 이는 즉시 한반도 긴장상태를 완화할 것이며, 북한이 혹시라도 핵무기를 사용하려는 가능성을 낮출 것이다. 그 다음으로 핵확산금지조약 가입국 의무에 따라 미국 또한 완전한 비핵화를 향해 분명하고 검증 가능한 첫 단계로 나아가야 한다. 세계 각국과 미국 국민 다수는 원칙을 지키려는 미국의 노력을 환영할 것이다. 미국이 향후 10년간 핵무기 6,800기를 200기 미만으로 감축하겠다고 약속하면 아시아에 엄청난 반향을 일으킬 것이다.

트럼프 행정부 출범 이후 미국 군부 내에서 치열한 권력투쟁이 일어나고 있어 핵무기의 적절한 통제에 관한 우려가 증가하고 있다. 역설적으로 이는 미국의 신속한 핵무기 해체를 요구하기에 최고로 좋은 타이밍이다. 한국은 미국이 안보를 지켜주겠다는 약속에 충실히 임하는 한편, 북한의 핵 공격처럼 가능성 낮은 위협보다 지금 당장 눈앞에 닥치고 가능성도 높은 위협에 집중할 것을 요청해야 한다. 이 과정에서 한국은 미국, 일본과 힘을 합칠 수도 있다. 3국은 사이버 공격과 조직범죄 증가에 통합된 대응을 하고, 드론 및 3D 프린팅을 이용한 신무기의 통제 및 대응 과정에서 힘을 합칠 수 있다.

무엇보다 한국과 미국, 일본은 기후변화라는 막강한 위협에 직면해 함께 대처 방안을 만들어갈 수 있다. 기후변화로 인한 해수면 상승 등에 대응하기 위해선 대규모 인프라 투자와 함께 인간의 생존을 담보할 다양한 기술 개발이 필요하다. 그러나 이를 현실로 옮기기 위해선 역내 국가들이 군사 및 정보를 통합하고 이를 온전히 재편하는 과정이 필요하다. 이는 오래전에 완수했어야 하는 과업이다. 중국과의 협력 여지도 충분하다. 4개국이 긴밀한 조율을 시작한다면, 미국과 중국은 장기적 안보 협력을 위한 폭넓은 합의, '대타협'을 이룰 실질적 가능성도 타진할 수 있다.

트럼프 행정부나 공화당이 장악한 미국 의회에서 한국의 이런 제안을 반길 사람은 몇이나 될까? 감히 말해 보자면, 거의 없다. 아마 대부분은 처음에 격분할 지도 모른다. 그래도 미국 정치인의 생각에 대해서는 그다지 걱정할 필요가 없다. 정치체제 전반에 대한 미 국민의 불신이 유례없는 수준으로 높은 걸 보면, 국민과 유리되어 가는 미국 정치인들이 국민의 의견을 대변한다고 보기 어렵기 때문이다.

한·미동맹의 미래를 위해 한국이 제안을 한다면, 한국은 실질적 안보 이익을 지킴과 동시에 미국의 장기적 안보 이익도 지켜주게 된다. 모두를 기쁘게 하기 위해 어색한 가식을 떨 시기는 지났다. 군수회사의 로비를 받은 미국 정치인이 한국의 제안에 어떤 반응을 보이느냐는 그리 중요하지 않다. 그보다는 한국이 생존을 위해 실질적 비전과 전략을 주체적으로 수립하는 게 훨씬 중요하다.

중국과 군사 대립에서는 미래를 찾을 수 없다. 북한과의 전쟁도 마찬가지다. 분명한 사실을 소리 내어 말하고, 이를 기준으로 수립한 안보 원칙을 천명하는 것이 미래를 위한 첫걸음이 되어야 한다.

한국이 세계사에 기여하는 길

한국은 트럼프 행정부의 출범에 어떻게 대처해야 할지 몰라 하는 것 같다. 1970~80년대 정부 고위관료들이 평온하게 공부했던 미국이라는 나라가 갑자기 전두환 군사정부보다 더 우파적인 정부로 바뀐 것 같다.

특히 안보와 군사분야만큼 시급한 문제는 없으며, 한국은 빨리 입장을 정해야 한다. 억만장자와 극우파로 이뤄진 트럼프 행정부는 중국과의 대규모 군사대결을 준비하고 있으며, 많은 사람들은 한국이 그 무대가 될 것이라고 점치고 있다.

주한일본대사의 갑작스런 본국 소환에서 볼 수 있는 것처럼, 워싱턴 극우파들은 일본을 끌어들여 한국을 압박하고 있다.

극우적인 트럼프 행정부의 등장, 미중 갈등 격화, 사드배치를 둘러싼 중국의 무역 보복, 소녀상을 둘러싼 일본과의 갈등 등 주변국과의 관계가 악화일로인데도, 한국 정부는 박근혜 대통령 탄핵까지 겹쳐 갈피를 잡지 못하고 있다.

트럼프 시대의 한반도

트럼프는 갑자기 나타난 현상이 아니다. 한반도와 관련된 미국의 군사적 태도에는 그동안 거대한 변화가 있었다.

미국군사전대학 전략연구소The Strategic Studies Institute of the United States Army War College 는 최근 '대도시에서 일어날 군사적 긴급상황'Military Contingencies In Megacities and Sub-Megacities이라는 보고서를 공개했는데, 여기에는 미국이 대규모 사상자를 만들어낼 대도시 내 군사충돌에 대비해야 한다고 말하고 있다.

필 윌리엄 교수와 워너 셀르 교수가 쓴 이 보고서는 또한, 그런 군사충돌은 가까운 장래에 일어나며, 피할 수 없다고 주장한다. 그리고 서울이 그런 군사충돌이 일어날 가능성이 높은 도시로 거론된다. 그들의 주장은 이렇다.

최근 한 보고서는 서울이 미중간 군사충돌의 무대가 될 수 있다는 섬뜩한 시나리오를 내놓았다.

"가장 그럴싸한 시나리오는 그런 군사충돌이 서울에서 일어날 수 있다는 것이다. 어떤 면에서 그것은 스탈린그라드 전투의 사례와 유사하다. 2,300만명이 살고 있는 서울과 그 주변은 한국 경제의 핵심이기도 하다"

서울을 잿더미로 만들 전쟁은 북한이 아니라 중국과의 전쟁일 것이다. 또한 이 보고서에서 서울은 반드시 방어돼야 할 동맹의 수도가 아니라, 더 큰 지정학적 게임의 희생자로 인식되고 있다. 그리고 수백만 명의 서울시민들은 이러한 지정학적 게임의 어쩔 수 없는 희생자로 묘사된다. 이러한 식의 인식 변화는 매우 중요하다. 미군 군부는 한국을 동맹국이 아니라 중국을 꼼짝 못하게 만들 전쟁 무대로 보고 있다. 그들은 한국을 시리아나 우크라이나에서 본 것처럼 대리전의 대상으로 보고 있다.

지난 1월 13일, 틸러슨 국무장관 지명자는 그런 속내를 여지없이 드러냈다. 그는 또한 중국의 남중국해 접근을 봉쇄해야 한다고 했다. 이것은 중국이 하와이를 미국으로부터 독립시키라고 요구하는 것과 같다. 이런 악몽같은 상황이 일어나지 않으려면 한국은 외국 세력 간의 소규모 대리전을 불러올 국내정치의 분열을 끝내기 위한 단호한 조치를 취해야 한다. 이를 위해 한국은 자신의 독립을 지켜내고, 동아시아의 평화와 안정을 위한 계획과 비전을 제시해야 한다.

한 가지 분명한 것은, 이런 비전과 계획은 비싼 로비스트를 고용해서 한국이 미국의 무기시스템을 살 테니, 미국은 한국을 떠나지 말라고 로비를 하는 것으로는 이뤄질 수 없다는 점이다.

미국의 전쟁상인들은 중국과의 충돌을 돈벌이를 위한 기회로 삼고 있다. '테러와의 전쟁'이라는 명분이 이미 수명을 다한 상황에서 그들은 열전이든, 냉전이든 다양한 전쟁을 만들어내야 한다. 그들이 인위적으로 만들어낸 위기가 크면 클수록, 그들의 권력은 더 오래 지속될 것이기 때문이다.

한국의 정치인이 중국을 방문해 미국 극우파와도 협력하지만, 중국과도 친구로 지내겠다고 말하는 것으로 중국을 달랠 수 없다. 중국인들은 바보가 아니다. 중국인들은 권력을 잡은 미국 극우파들이 중국과의 충돌을 통해 자신의 통치를 유지하려는 것의 위험성을 잘 알고 있다. 지금과 같은 경제침체기에 군사주의는 강력한 정치적 무기가 될 수 있다.

트럼프와 그의 내각은 기후변화를 믿지 않는다. 그들이 핵전쟁의 위험을 두려워할까? 그들은 예측할 수 없는 극단적 사태로 인한 정치적 이득에 관심이 많다. 그들은 어쩌면 몇 달 안에 안보와 관련해 한국이 당연히 여기는 것을 무효화할지 모른다.

지난 30년 동안 잘 살아왔던 한국인들은 전혀 준비되지 않은 채 정치, 경제, 문화적 위기를 맞닥드릴 지도 모른다.

G2 사이에서 한국의 생존법

400년 전, 조선은 임진왜란때 구원병을 보내준 명나라가 동물의 시체를 뜯어먹는 하이에나 또는 독수리 같았던 환관들과 부패한 관리들에 의해 임진왜란 이후 45년 만에 망한 사실을 이해할 수 없었다. 천계제[1620~1627년]때 이미 명나라에 망조가 들었을 때도, 그리고 1640년 멸망했을 때도 조선은 여전히 중국에 대한 사대를 멈추지 않았다.

지금 한국은 국내·외의 안보를 준비해야 할 때이다. 미국, 중국, 일본, 러시아를 상대로 비전을 제시해야 할 때이다. 그러한 비전은 뚜렷한 명분과 도덕적 권위를 바탕으로 주변 4개국을 설득할 수 있어야 한다.

너무 순진한 이상주의라고? 절대 그렇지 않다. 오직 이것이 한국이 생존할 수 있는 유일한 길이다.

안타깝게도 미국과 한국에서 한국의 안보 관련 전문가들은 전쟁무기상에게 구걸하는 사람처럼 보인다. 이들 중에는 현재 한국의 안보를 진짜 고민하는 사람은 없는 것 같다. 해답이 전혀 없는 것은 아니다. 하지만 그 해답을 찾으려면 최근의 한국 정치상황에서 사라진 상상력, 창의력, 순수한 용기를 필요로 한다.

미국과 중국 사이에 끼어서 눈치를 보는 것으로 한반도의 안보를 보장할 수 없다. 보다 담대하고, 창의적인 비전을 갖고 주도적으로 동북아의 정세변화에 대처해야 한다.

요즘 한국의 정치인들은 소녀들과 셀카를 찍거나, 정치 이슈에 대한 피상적인 대담을 나누는데 바쁜 것 같다. 이들 중에 미국의 점증하는 군사주의 또는 핵전쟁의 위협을 경고하는 정치인을 찾아볼 수 없다. 지난 탄핵국면에서 세계적인 전쟁위협에 대한 논의는 찾아볼 수 없다.

먼저 한국은 자신의 정치적, 외교적 의제를 밀어붙이기 위해 트럼프가 구사하는 '예측불가능성의 정치' politics of unpredictability의 속성에 대해 배워야 한다. 물론 사람을 혼란스럽게 하는 트럼프의 수법을 배우라는 것이 아니다. 예측불가능성은 전술적 차원의 것이지, 전략적 차원의 것은 아니다. 국가의 행동은 예측가능해야 하고, 원칙은 일관돼야 한다.

내가 하고 싶은 말은, 한국이 중국과 북한에 대응한 안보와 군사적 역할에 대해 미국과 한국의 공통 가치에 기반해서 트럼프 행정부가 전혀 예측하지 못했던 창의적인 비전을 내놓아야 한다는 것이다.

지금 트럼프 행정부는 저모양 저꼴이지만, 그래도 한국은 비확산, 군축, 관여 등 미국의 전통적 가치를 확고히 지지해야 한다. 즉 한국은 미국의 전통적 가치를 따르고 있는데, 오히려 지금 미국이 더 이상 그 가치를 따르지 않고 있다고 용기있게, 그리고 수사적으로 세련되게 말할 수 있어야 한다.

일본의 철학자 오기우 소라이荻生徠는 "바둑의 고수가 되는데는 두 가지 길이 있다. 하나는 기존의 규칙을 완벽히 익히는 것이고, 다른 하나는 스스로 규칙을 만들어내는 것이다"라고 말했다.

어떤 역사적 시점에는 스스로 규칙을 만들어내는 전략이 최상의 효과를 만들어낸다. 특히 작은 나라일수록 용감하게 이슈를 정의하고,

의제를 만들어내야 한다.

이런 점에서 한국은 선택의 여지가 없다. 비이성적이고, 군사적인 트럼프 행정부를 맹목적으로 추종하는 것은 자살행위이다. 중국과 미국 사이에서 어정쩡하게 눈치를 보는 것은 더 이상 효과가 없다.

한국은 기본으로 돌아감으로써 한국과 동아시아 안보와 관련된 주도권을 잡아야 한다. 지금 위험요소는 무엇이고, 어떻게 대응해야 하는지 주도적으로 정의해야 한다.

지금 트럼프 행정부가 무모하게 중국과의 충돌을 추구하고, 구식 무기를 팔려고 하는 것은 안보에 아무 도움이 되지 않는다. 이런 비이성적인 상황 속에서 한국은 진짜 안보가 무언인지 고민한다면, 전혀 예상치 못한 곳에서 친구를 만날 것이다.

'미국의 가치'로 트럼프를 설득하라!

지금 당장 해결해야 할 안보 이슈는 사드 배치 문제이다. 트럼프 행정부는 중국의 반대에도 불구하고 사드 한국 배치를 밀어붙일 것이다. 또 한국과 미국의 일부 세력들은 지금 한국에 대한 중국의 위협이 커지고 있다는 분위기를 조성하려고 할 것이다.

물론 중국이 솔직하지 못하고 오만한 태도를 취하는 경우는 많다. 그렇다고 이처럼 중요한 문제를 상세한 설명도 없이 덜컥 결정한 것은 말이 안 된다. 사드를 둘러싼 중국과의 갈등은 분명 한국이 당면한 안보 이슈이다.

사드의 배후에는 미국의 MD체제가 있다. 사드를 배치할 것인가, 말 것인가에 앞서 그 배후에 있는 MD체제의 효과성에 대해 질문을 던져야 한다. 또한 미국을 향해 미국의 전통적 가치를 견지할 것을 요구해야 한다.

아쉽게도 지금까지 사드 관련 논쟁은 사드 배치로 한국이 중국으로 어떤 보복을 받을지, 또는 사드 자체의 무용성에 맞춰져 있었다. 그러나 내가 말하고 싶은 것은, 어느 누구도 사드 배치의 뒤에 숨어있는 미국의 미사일방어(MD) 계획에 대해 말하지 않는다는 점이다.

2002년 6월 13일, 부시행정부는 1972년 체결된 ABM$^{\text{Anti-Ballistic Missile}}$ 조약을 파기했다. 그렇게 국제사회의 상식을 배신하고, 그 체제에서 나간 뒤 미국은 MD시스템을 통해 미사일 공격을 막을 수 있다는 환상을 유포하고 있다. 간혹 MD가 저항 비행 미사일의 일부를 막을 순 있겠지만, 다양한 방법으로 교란할 경우 핵을 장착한 대륙간 미사일을 막을 수는 없다. MD는 몇 가지 대응조치만으로 쉽게 무력화될 수 있다.

대륙간 미사일을 방어하는 유일한 길은 오직 사려 깊은 협상을 통하는 것 뿐이다. 그런데도 부시와 오바마 행정부는 그런 협상을 무시하고, 북한, 중국, 러시아, 이란의 위협에 대응한 대책으로 MD만을 밀어붙이고 있다. 이는 미국에서 인력으로 운영되는 군대를 아예 없애버리려는 군수업체의 음모와 관련이 있다.

레이건 행정부 이래로 군수업체들은 군대를 수십억 달러의 비용만 낭비하는 '돈 먹는 하마'라고 생각해 왔다. 그들은 국가정책에 의견을 내고, 사사건건 반대하는 훈련된 전문 군인들을 원치 않는다. 대신 그들은 인력 중심의 군대에서 군인을 줄이고, 그만큼을 값비싼 무기체제로 대체하려고 한다. MD가 그 대표적인 사례이다.

여기에 미국이 핵무기비확산조약[NPT] 체제 탈퇴 결정까지 내리면 사태는 매우 위험해진다. 이 조약은 핵무기 보유 국가를 제한하는 국제조약이다. 그렇지만 미국은 이스라엘과 인도의 경우에는 예외를 인정해줬다. 더군다나 오바마 행정부는 북한을 비판하면서 동시에 새로운 핵무기를 개발했다. 이것은 명백히 NPT 규제 위반이다.

내가 제안한대로 한국이 주도권을 발휘한다면, 분명히 트럼프 행정부를 자극할 것이다. 그러나 한국이 어떤 식으로 나오든, 트럼프 행정부는 트집을 잡을 것이다. 왜냐하면 그렇게 하는 게 정치적 술수이기 때문이다.

그러나 트럼프 행정부가 미국의 유일한 정치세력이 아니고, 미국 역시 세계 유일 강국은 아니다. 한국이 용기 있게 지역 내 무기감축 협정을 제안한다면, 중국, 러시아, 일본 등 많은 나라에서 지지세력이 응원할 것이고, 심지어 미국의 펜타곤 안에도 지지세력이 나타날 것이다.

문제는 무엇이 옳은 정책인지 여부가 아니라, 한국의 정치인이 매우 허약하고 겁쟁이라는 점이다. 한국의 정치인은 언론으로부터 비판

받는 것에 전전긍긍해 한다.

만약 향후 6개월 동안 한국이 트럼프 행정부의 온갖 협박과 적대 정책을 잘 견뎌내고 위에서 말한 원칙을 고수한다면 한국은 그동안 한국을 의심했던 다른 나라로부터 호감을 얻고 그들과 새로운 관계를 맺을 수 있을 것이다.

정파 간의 치열한 논쟁이 존재하는 미국 워싱턴 외교가의 분위기를 감안할 때 그런 의지를 갖고 버티면 반드시 성과를 얻을 것이다.

또한 한국이 지역 내 무기 감축을 주도적으로 제기하면 북한도 동조해 핵무기 생산을 제한하고 결국 감축에 동참할 것이다. 우리가 핵전쟁의 위협으로부터 벗어나려면 감축 외에는 방법이 없다.

한국 언론에는 북한의 핵 위협에 대응하기 위해 한국도 핵무기를 개발하라고 촉구하는 기사들이 넘쳐난다. 그러나 한국이 핵무기를 가지면 더 안전해진다는 보장은 전혀 없다.

반대로 한국의 핵무장이 일본, 대만, 베트남, 인도네시아의 핵무장으로 이어질 것이라는 도미노 효과가 더 현실적이다. 중국은 현재 300개 정도의 핵무기를 가지고 있지만, 비상시에는 즉시 만 개로 늘릴 수 있는 능력을 갖고 있다. 즉 아무도 안전하지 않다는 것이다.

한국은 미국이 '미국의 전통적 원칙'에 충실하도록 독려해야 한다. 트럼프 행정부가 중국과의 충돌을 추구한다면, 오바마와 시진핑 사이에 이뤄진 기후변화 협력 및 군사협력을 상기시켜야 한다. 그런 행동은 미국과 중국 양국으로부터 한국에 대한 존경을 불러일으킬 것이다.

한국의 또 다른 역할은 동아시아의 지역안보를 허심탄회하게 논의하는 역내 테이블을 마련하는 것이다.

여기서 드론, 로봇, 사이버전쟁, 3D프린팅과 같은 기술 등에 의해 촉발되는 위협에 대해 논의할 수 있다. 그리고 이런 기술의 이용을 제한하는 합의를 이끌어내고, 새로운 위협에 대응하는 규범들을 만들어낼 수 있다. 이런 노력을 통해 한국은 지역 안보와 관련한 정책혁신가가 되는 것이다.

아쉬운 것은 한국은 첨단기술을 보유했지만, 그와 관련된 이론과 정책을 스스로 만들어내지는 못하고 있다는 점이다. 특히 안보 개념과 관련해 혁신적인 시도를 못하고 있다.

기후변화를 핵심 안보 이슈로 삼아라

한국은 기후변화가 인류 전체의 위협이 되고 있음을 설득해야 한다. 그리고 안보개념을 기후변화를 포괄하는 것으로 확장해야 함을 주장해야 한다.

그렇게 되면 군대는 축소하고, 중국, 미국, 한국 또는 다른 나라 군대와의 협력을 증대하는 방향으로 재편돼야 한다. 이렇게 미사일, 전투기 등에 소요되는 비용을 줄이고 나면, 남는 돈만큼 기후변화 대응을 위해 쓸 수 있다. 기후변화는 전쟁 못지 않게 우리의 생존에 직결된 문제이기 때문이다.

한반도를 둘러싼 지정학적 지옥에서 탈출하기 위해서는 좀 더 역동적이고 창의적인 비전으로 주변국들을 설득할 수 있어야 한다. 또한 안보의 개념을 군사, 외교적 범위에서 당면한 기후변화 위기로까지 확대해야 한다. 한국이 기후변화 리더로서 명성과 리더십을 구축한다면 주변국의 협력을 이끌어 낼 수 있을 것이다.

이처럼 한국이 기후변화 이니셔티브를 주도하는 것이 미국과 중국 사이에서 살아남는 유일한 길이다. 왜냐하면 기후변화 이니셔티브를 통해 한국이 얻는 국제적 평판은 친중이냐 친미냐는 딜레마에서 벗어나 중미 양국에서 한국의 지위를 더욱 공고히 할 것이기 때문이다.

한국이 주창하는 기후변화 이니셔티브는 미국과 중국 내 지지 그룹을 만들어낼 것이다. 그리고 이러한 국제적 평판을 구축하는 것은 트럼프 행정부의 비위를 맞추는 것보다 더 효과적인 전략일 수 있다.

그러나 이러한 한국의 전략은 군수업체들을 자극할 수 있다. 하지만 한 나라의 안보가 군수업체에 의해 좌우돼서는 안 된다. 그리스 철학자 투키디데스는 "행복의 비밀은 자유이고, 자유의 비밀은 용기"라고 말했다.

중국 네이멍자치구에 위치한 쿠부치 사막은 최근 기후변화로 인해 서서히 베이징 쪽으로 이동하고 있다. 북한은 산성토양이 증가하고 있다. 한국에서는 점점 토종생물이 사라지고 있다. 미국은 향후 20년 안에 사막화가 급속히 진행될 것이고, 더 이상 한국에 농작물 수출을 하지 못 할 수도 있다. 부산과 인천은 높아진 해수면에 잠길 위협에 처해 있다. 문제는 이런 문제에 어떤 준비도 없다는 것이다.

한국의 싱크탱크는 이런 문제에 대해 전혀 얘기하지 않는다. 그곳의 전문가는 오직 북한의 미사일 위협에 대해서만 이야기한다. 그렇지만 북한의 미사일 위협은 지극히 비현실적이고 기후변화는 매우 현실적이다.

지난 수십 년 동안 미국산 무기를 사기 위해 수 십억 달러를 썼지만, 기후변화에 대해서는 그렇지 않았다. 이런 진실에 대해 여러분들이 들으려 하지 않는 것이 안타까울 따름이다.

한국인들은 자신의 정부뿐 아니라 미국과 일본, 중국, 러시아 등을 향해 군비의 60% 이상을 기후변화에 써야 한다고 요구해야 한다. 그런 요구가 비현실적으로 보일지 모르지만 만약 그렇게 한다면 한국은 이 분야에서 국제적 평판과 리더십을 갖게 될 것이다.

첫 걸음은 동북아시아 역내 국가 간의 논의 테이블을 만드는 것이다. 이 자리에서 즉시 실행 가능한 행동계획을 도출해야 한다.

그 다음으로 현재의 군비지출을 기후변화 지출로 전환하는 체계적인 계획을 내놓아야 한다. 예컨대 해군은 해양 보존, 공군은 대기와 오염가스 배출, 육군은 숲과 토양, 해병대는 다양한 환경 이슈를 담당하는 식이다. 정보 부대는 지구적 차원의 환경문제를 모니터링하는 역할을 맡으면 될 것이다.

일단 이런 계획이 수립되면 국가간 협력도 가능해질 것이다. 기후변화가 공동의 적인 상황이라면, 미국, 중국, 일본, 한국은 너무 자연스럽게 협력하지 않겠는가.

지금까지 한국이 직면한 진짜 안보 위협은 기후변화이며, 이 의제의 이니셔티브를 발휘함으로써 한국이 주변국들로부터 협력을 이끌어낼 수 있음을 설명했다. 물론 이렇게 하는 데는 용기가 필요하다. 하지만 이것은 한국이 직면한 안보 딜레마에서 벗어날 수 있는 유일한 길이다.

누군가는 이것이 너무 비현실이라고 생각할 것이다. 그러나 비현실적이기로 따지면, 미사일과 폭격기에 초점을 맞춘 안보가 더 비현실적이다.

기후변화는 분명히 현실적이다. 한국이 먼저 행동에 나선다면 분명히 세계가 그 뒤를 따를 것이다.

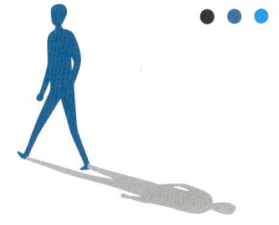

정치사상, 행정 및 한반도의 미래에 관한 남북한 간 대화 구축

http://www.ikoreanspirit.com/news/articleView.html?idxno=51755

대부분의 사람들은 남북한 간의 이데올로기적 분열이 너무 크기 때문에 정치 이데올로기나 통치방식에 대한 논의는 분열을 조장할 수 있음으로 의도적으로 이를 피해야 한다고 생각해 왔다. 대신에 무역과 투자 같은 중립적인 문제에 초점을 맞추어야 한다고 생각한다.

그러나 이것은 매우 구시대적 가설이다. 무역과 투자는 중립적인 문제가 아니고, 모든 계층의 북한인들이 김일성의 유산에 환멸을 느끼는 한편 일반적으로 널리 홍보되는 중국과 베트남의 고성장 모델에 대해서도 회의적이라는 증거가 넘쳐난다.

한국인들은 지난 50년간 한국을 이끌어 온 수출지향적 고성장과 소비 위주의 경제 체제가 갖는 심각한 한계와 위험을 인식하게 되었다. 비무장지대DMZ 양쪽의 많은 사람들이 대안을 만들기 위해 고심하고 있다.

이제 고정관념에서 벗어나 새로운 사고를 해보자. 어쩌면 정치 철학과 정치·경제의 근본적인 문제에 대한 남북한 학자들과 고위 관리들의 진지한 논의는 이데올로기적 갈등의 원천이 아니라 엄청난 역사적 중요성을 갖는 창조적이고도 고무적인 순간이 될 수도 있다.

문재인 대통령과 김정은 위원장이 남북 정상회담 개막식에서 함께 걷는 동안 뒤에서 조선 시대의 노란색 유니폼을 입고 열을 지어 서 있던 군인들이 주목을 받았음을 기억하는가? 그 장면은 결코 우연이 아니었으며 군대는 단순한 장식이 아니었다. 오히려 그 순간은 과거의 전통에 귀를 기울이는 것이 분열을 조장하는 이념적 규범을 뛰어 넘는 수단으로 사용될 수 있음을 암시했다.

남북한 간 협력에 있어 장애물 중 하나는 용어와 개념이 함축하고 있는 의미이다. 이런 측면에서 과거를 돌아보는 것을 현대 사회로부터 후퇴하는 반동적 행위가 아니라 오히려 이데올로기적 문제를 해결할 수 있는 기회를 제공하는 창조적인 해결책으로 보아야 한다.

예를 들어, 한국에서 일반적으로 사용되는 이데올로기적 용어인 '자유'는 북한에서 사용되는 용어 '공산'과 화합하기 어렵다. 한 문화권에서는 개인의 경쟁력을 성공을 위한 필수 요인으로 받아들이고 있지만 다른 사회에서는 집단의 협력을 궁극적 최고의 가치로 간주한다. 그렇지만 우리가 전통적 한국어 용어 '홍익'을 사용한다면 지난 60년간 편협한 이데올로기적 분열에 따른 제한을 받지 않는 사회적 공감대를 구축할 수 있는 독창적인 공간을 창조할 수 있다.

마찬가지로 남한의 국회를 북한의 노동당과 조화시키는 것은 기능적으로 어렵다. 두 기관은 근본적으로 다른 가정 하에서 운영되고 있다. 우리는 어느 한 편을 밀어내어 이를 완전히 배제하는 대신에 조선시대 중앙정부내각이었던 의정부의 장점을 고려하여 500년간 지속되었던 극도로 견고한 제도를 재해석하여 21세기의 난제들을 해결하려고 노력할 때 미래를 위한 청사진으로 활용할 수 있다.

옛 한국의 우수사례를 창조적으로 재검토하는 것은 고대 그리스의 통치 개념을 재해석하여 현대에 적합하게 만들기 위해 18세기 미국에서 추진되었던 프로젝트와 유사하다. 1787년 열렸던 헌법 제정회의로 가장 잘 대표되는 미국의 이러한 과정은 전 세계에서 책임 있는 정치를 위해 여러 세대에 걸쳐 진행되었던 활동에 큰 영감을 준 새로운 보편적 민주주의 개념의 무대가 되었다. 소수의 참가자들이 정부의 근본적인 혁신에 관한 과거의 모범 사례를 찾는 데에 도덕적으로 헌신했기 때문에 그 프로젝트는 성공했다.

그러나 알렉산더 해밀턴과 토머스 제퍼슨이 미국헌법 초안을 작성하는 과정에서 주목했던 것은 15세기와 16세기 유럽의 르네상스였다. 이탈리아와 프랑스의 르네상스 사상가들은 고대 그리스와 로마의 우수 사례들로 방향을 돌렸고 그들이 발견한 것을 재해석하여 빈사상태에 빠진 문명에 활력을 주입하는 수단으로 활용했다. 그들은 과거의 문화에서 변혁의 힘을 발견하여 새로운 지평으로 나아갔다. 그들에게 과거를 되돌아 보는 것은 향수를 불러일으키기 위한 것이 아니라 오히려 혁신을 위한 기회였다.

유사한 문화적 르네상스의 사례는 한국의 전통에서도 찾을 수 있다. 오늘날 한국정치에서 논의되는 정치개혁은 매우 협의의 개념으로 대부분 1960년대 이후 현재까지의 한국정치로 그 대상을 한정하고 있다. 대부분의 한국인들은 조선 정조 시대인 18세기 후반이나 또는 그 이전부터 다양한 방식으로 개혁 및 근대화 과정이 시작되었다는 사실을 알지 못한다.

안타깝게도 한국인들은 서구식 경제 및 제도 개혁이 시작된 20세기 이전까지는 한국이 절망적일 정도로 낙후되었다는 일제 식민지시대에 확립된 신화에 종종 사로잡히곤 한다. 한국의 정치적 발전에 대한 제한된 샘플을 취함으로써 우리는 과거에 발견된 제도적, 경제적 난제들에 대해 창조적으로 대응했을 가능성을 과소평가하고 있다. 이 문제는 남북한 양쪽에서 모두 똑같이 찾을 수 있다.

무엇을 해야 할 것인가?

한국의 역대 각 왕조들의 제도사, 관습, 가치 및 기술을 함께 연구하고 과거를 통해 얻은 그러한 보물들을 현대사회의 요구를 충족시킬 수 있도록 쉽게 조정할 수 있도록 남북한 학자와 예술가, 작가 및 사상가들로 구성된 그룹을 결성해야 한다. 그 과정을 통해 한국의 철학, 예술, 문학, 건축 및 문화의 재발견 기회를 얻음으로써 좌절을 겪은 한국인들과 남북한 정부에 새로운 잠재력과 공통의 과거에 기반한 새로운 공통 언어를 만들 기회를 제공할 수 있다.

이 남북한 프로젝트에는 학자들만이 아니라 다양한 관점에서 한국의 과거를 통해 잠재력을 발견할 수 있는 비전과 성실성을 가진 정부 관료, 정치인, 예술가, 철학자, 기업인, NGO 활동가 등이 참여해야 한다. 그 그룹 내에 남한 사람들과 북한 사람들을 함께 모음으로써 공통점을 발견하고 한국의 잠재력을 탐색할 수 있는 더 많은 기회를 얻을 수 있다. 한국의 전통은 고조선, 백제, 신라, 고구려, 발해, 고려, 조선 등 각 왕조 마다 엄청난 다양성을 갖고 있다.

이 남북한위원회가 일련의 회의를 통해 함께 탐구할 수 있는 몇 가지 주요 주제들이 있다. 위원회는 공통의 근거를 찾아 문화적 르네상스를 시작하는 수단이 되기에 매우 적합하다.

통치 방식

각 왕조는 중앙 및 지방정부를 어떤 식으로 운영했으며 각 왕조에서 중앙정부와 지방정부 사이의 관계는 어떠했는가? 이해 충돌과 부패를 방지하고 행정부 내의 능력중심주의를 확립하며 유능하고 윤리적인 사람들을 정부에 등용하여 유지하기 위해 각 왕조는 어떤 해결책을 제시했는가? 투명성을 장려하고 당쟁을 막는 방법은 무엇이었는가?

각 왕조에서 정부 권력의 한계는 무엇이었고 권력남용이나 부의 집중을 막기 위해 어떤 메커니즘을 개발했는가?

통일, 외교 및 안보

한국인들이 통일에 대해 생각할 때마다 항상 독일을 모델로 생각하지만 신라의 삼국 통일이나 고려의 후삼국 통일과 같이 우리가 해야 할 일들과 하지 말아야 할 일들 및 효과적으로 장기적 통합을 달성하고 새로운 제도를 구축하는 데에 대한 힌트를 제공하는 과거의 한반도 통일 사례들이 있다.

마찬가지로 각 왕조의 새로운 과정을 계획할 때 추진했던 다양한 외교 및 안보 정책들이 있는데 이는 한국인들에게 매우 귀중한 가치가 있을 수 있다. 신라의 외교 천재 최치원이나 조선의 천재 무장 이순신의 사례는 우리에게 많은 가르침을 주고 있다. 우리에게 필요한 것은 그들의 말을 새로운 맥락으로 번역하고 행동에 옮기는 것이다.

경제

각 왕조의 정부들은 장기적 경제발전을 어느 정도까지 조절할 수 있었으며 각 왕조에서 이용했던 시장경제는 어떤 면에서 성공적이었는가? 각 왕조에서 '경제' 영역은 어떻게 정의되었으며 그러한 과거의 경제 접근방식을 통해 우리는 가혹한 사회주의와 무모한 소비 지향적 시장경제를 넘어선 제3의 길을 찾을 수 있을 것인가? 이전 왕조들에서는 장기적 경제 프로젝트를 어떻게 생각하고 토론, 실행해왔는가? 효과가 있었던 것들과 효과가 없었던 것들은 어떤 것인가?

현재의 남북한 정부들은 장기 계획 수립 및 장기적 정책 실행 능력을 크게 상실했기 때문에 새로운 모델을 찾을 필요가 절실하다. 또한 위원회는 각 왕조가 현재의 경쟁에 대한 집착을 넘어서 경제에 대한 공동 접근방식을 어떤 식으로 다양하게 제공해 왔는가를 탐구할 수 있다. 우리는 전통적인 접근방식을 통해 주식, 채권 및 파생상품이 아닌 사람들에 관한 정보를 제공함으로써 경제를 재생시킬 수 있는 모델을 찾을 수 있다. 왕조 별로 어떤 경제개혁을 수행했으며 어떤 요인으로 개혁이 성공 또는 실패했는가? 각 왕조는 사회적 불평등과 과시적 소비가 증가하는 위험한 추세를 어떻게 다루었는가?

지속 가능성

지속 가능성은 남북한이 모두 해결할 수 없는 한반도에 드리운 위기상황이다. 우리는 각 왕조들이 시민들을 위해 윤리적, 문화적으로 풍부하지만 겸손하고 지속 가능한 문화와 검약 생활 및 환경보호를 어떻게 장려 했는가에 대해 자문해 보아야 한다. 지속 가능한 농법을 장려하는 효과적인 농업 정책은 무엇이었으며 이것을 오늘날 지속 가능한 경제를 재발견하려는 남한의 노력과 어떤 식으로 연관시킬 수 있을 것인가?

재활용을 권장하고 내구력이 있는 제품을 제조하며 분해되지 않는 쓰레기의 생산은 피할 방법은 무엇인가? 그러한 습관과 가치를 현재의 시대에 어떤 식으로 재도입할 것인가? 이전 왕조의 유기 농법과 관개 정책이 우리에게 엄청난 가치가 있을 수 있다. 남북한 모두 과거의 지혜를 무시하고 강행한 사려 깊지 못한 개발로 인해 심각하게 손상된 토양과 강을 복구할 필요가 있다. 현대과학의 통찰력을 통한 전통 농법의 복원은 탄소중립 시대를 수립할 가장 빠른 방법이다. 우리는 과거로부터 지역 영농을 장려하고 농업 부문에서 새로운 일자리를 제공하는 지속 가능한 공동체를 만들 방법을 배울 수 있다. 과거에는 인간의 배설물을 깨끗한 물과 섞어 바다로 흘려 보내지 않고 천연비료로 사용함으로써 수입 인공 비료에 대한 의존에서 벗어날 수 있었다. 북한은 토양을 복원하고 산림을 재조성하기 위한 강력한 접근방식을 찾을 수 있다. 이러한 한국의 지속 가능한 전통을 부활시키는 것은 농업에서 석유의존 및 수입 식품에 대한 위험한 의존에서 벗어나는 가장 빠른 방법이다. 각 왕조가 제공하는 지속 가능한 도시계획, 건축 및 인프라에 대한 약간 다른 모델들을 매우 귀중할 수 있다. 아마도 이 위원회는 일본의 전통적인 지속 가능한 관행에 관한 아즈비 브라운의 저서 'Just Enough : in Living Green from Traditional Japan'과 유사한 한인 공동체의 모범사례를 기술한 서적을 펴낼 수 있을 것이다.

교육

한국은 수천 년간 이어져 내려온 사립학교^{서원}와 관립학교^{향교}의 형태로 된 풍부한 교육 및 학문 전통을 갖고 있다. 과거의 학교들은 새로운 교육모델을 제공할 수 있다. 전통교육에서 강조되었던 교사와 학생 간의 장기적 관계는 우리에게 새로운 길을 제시한다. 전통교육에서 가르쳐왔던 윤리와 사회적 책임에 대한 헌신은 현재 한국의 상업화된 교육 시스템과 북한의 경직된 교육 시스템을 넘어서는 수단이 될 수 있다.

현대 문제에 대한 새로운 창조적 접근방식을 제시하는 수단으로서 정부, 경제 및 인간 관계와 관련된 과거 사례를 조사하는 것은 전통적 유교 교육의 핵심이며 오늘날 교육에 더욱 적합한 새로운 접근방식이 될 수 있다.

유교 교육은 남성을 대상으로 한 것이지만 우리는 그 전통을 변화시켜 여성에게도 적용할 수 있다. 또한 유교, 도교, 불교의 가르침에 대한 접근방식을 통해 우리는 경쟁에 과도하게 집착하는 것에서 벗어나 새로운 협력 문화로 나아갈 수 있다.

가정

과거 한국인들이 가졌던 가치가 항상 더 낫다고 주장하는 것은 잘못이겠지만, 높은 자살률과 널리 확산된 우울증 및 가정 내에 심각한 문제가 있음을 파악할 동기가 부족하여 한국의 활력을 갉아먹는 오늘날, 이러한 가치들을 살펴볼 필요가 있다. 우리 사회는 가족 관계에서 전통적으로 집중해 왔던 것들과 타인에 대한 진정한 관심에서 벗어나 깊은 상처를 입었다. 이 문제는 남북한 양쪽이 모두 마찬가지이다. 유교, 불교 및 도교 전통의 가족 습관과 가치에 대한 검토를 통해 우리는 어떻게 가족 구성원 간의 긴밀한 유대 관계를 수립하고 협력과 상호 지원을 장려할 것인가에 대한 모델을 얻을 수 있다.

영적 생활과 의미 있는 경험

우리는 불교, 도교 및 유교를 통해 삶의 경험을 더욱 깊고 의미 있게 만드는 많은 방법들을 배울 수 있다. 우리는 어떻게 내면의 평화를 찾아 낼 것인가와 얄팍하고 척박한 소비문화를 뛰어 넘을 수 있을까에 대해 자문해봐야 한다. 한국의 영적 전통은 전 세계의 모든 스타벅스와 이케아보다 한국의 미래에 훨씬 더 중요하다.

자연과의 교감^{풍수}, 조상에 대한 의식과 존중^{효도}, 불교의 주의 깊은 명상, 유교 주자학의 윤리 및 깨달음을 결합한 한국의 전통은 지적이지 못한 현대 사회에 절대적으로 필요한 대안을 제공한다.

무엇보다도 그러한 과거의 철학적 전통을 포용함으로써 근대 한국인의 목을 조이고 있는 눈에 보이는 물질적 풍요로움에 대한 강박관념에서 벗어나 자유로워질 수 있다. 한국의 전통 문화는 본질적인 진리를 강조한다. 우리 삶에서 최고의 가치, 진실성, 동정심 및 존경을 갖고 있는 그러한 측면들은 눈에 보이지 않고 헤아릴 수 없는 것이다. 과거의 한국인들은 그들의 상황에서 물질적 측면이 가장 중요하지 않았기 때문에 소박한 방에 만족스럽게 앉을 수 있었다.

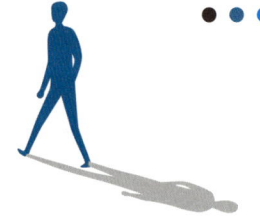

미국의 사이코 민주주의

미국 보스톤 정신분석 연구소^{Boston Psychoanalytic Society}의 랜스 도즈^{Lance Dodes} 박사는 MSNBC에 출연해 도널드 트럼프^{Donald Trump}를 다음과 같이 묘사했다.

"그는 스스로도 통제가 안 된다. 이런 사람을 두고 우리는 정신이 이상해지고 있다 내지는 간단히 정신병환자라고 한다."

일리 있는 말이다.

트럼프는 하루는 북한과 중국을 전쟁으로 위협하다가 갑자기 다음 날 그 지도자들에게 애정을 퍼붓는 중이다. 그는 기후변화로 인류의 생존이 경각에 달렸다는 과학적 증거가 차고 넘치는데도 기후변화 연구를 중단시켰다. 측근들과 함께 미국이 모든 군축 협정을 탈퇴하도록 종용했고, ^(사전 논의도 없이) 우주 군사화 프로그램을 성공적으로 발족시킴으로써 재앙을 우리 턱 밑까지, 1950년대보다도 가까이, 어쩌면 세계 사상 가장 가까이 불러왔다.

지난 2월 5일 연두교서에서는 지금의 '경제번영'은 전임 대통령 그 누구도 이루지 못한 것이라며 자화자찬하기 바빴다. 그런데 지금의 이 호황은 고삐 풀린 투자은행들을 등에 업은 기업들이 주식을 환매하며 탄생했을 뿐, 진짜는 아니다. 그러면서도 수많은 파산 직전 인구, 홈리스, 재소자 등은 못 본 체했다. 정색하고 누구에게든 아무 말이나 하는 탁월한 능력을 다시금 선보인 것이다. 다시 말해 트럼프는 교과서 상 사이코패스의 모든 특징을 몸소 보여줬다.

아무리 트럼프라도 조력자가 없었다면 여기까지는 오지 못했을 것이다. 최악질 사이코패스 존 볼턴^{John Bolton}의 도움이 있었다. 볼턴은 이 세상에 핵전쟁을 불러올 생각만으로 신이 나는 사람으로 그동안 시리아, 우크라이나, 베네수엘라, 중국, 러시아와의 전쟁을 동시에 지지해 왔다. 미래의 전망이 어두워질수록, 그의 열정은 뜨거워진다.

시인 윌리엄 버틀러 예이츠^{William Butler Yeats}는 '재림'^{The Second Coming}을 쓰며 볼턴같은 사람을 생각했던 게 틀림없다. 볼턴은 "피로 어두워진 파도^{blood-dimmed tide}"의 "빗장을 열어^{loosed}", "선한 자는 모든 신념을 잃고 악한 자는 격정으로 가득한^{the best lack all conviction, while the worst are full of passionate intensity}" 대혼란

을 가져왔다. 여전히 양심이 남은 또는 전두엽 피질 기능이라도 가능한 자들이 마치 난파선을 탈출하는 쥐떼처럼 미 국무부와 국방부를 떠나자, 볼턴은 정책과정의 공백을 독차지한 것이다.

그렇다면 나머지 워싱턴 정가의 모습은 어떠한가? 요즘의 '민주당'을 한번 살펴보자.

낸시 펠로시 Nancy Pelosi, 민주당, 캘리포니아 하원의장은 트럼프가 '파병부대 격려'를 위한 그녀의 아프가니스탄 방문계획을 공개하자, 자신의 안전을 위협할 것으로 추정, 이를 강력하게 비판했다. 하지만 그렇게 진보적인 펠로시도 애초에 미국이 왜 아프가니스탄에 들어가게 되었으며 왜 아직도 아프간에 머무르고 있는지에 대해서는 물론, 아프가니스탄에서 희생된 (아프간 시민은 차치하고) 미국 노동자의 수치에 대해서는, 왜 미디어에서 더 이상 미국 군대 이야기를 보도하지 않는지에 대해서는 말이 없다.

대신 중국이 위구르의 수백만 무슬림을 탄압한 소식을 알리기 바빴다. 구체적인 증거를 찾으려는 노력은 없었다. 지난 20여 년간 미국 군대에 희생된 수백만 무슬림에 대해서는 역시 아무런 말이 없었다. 정작 군국주의에 대한 논의는 무시하면서 정의로운 세상을 지지하고 있는 것이다. 엄밀히 말하면 펠로시는 열성熱性 사이코패스이다.

버락 오바마 Barack Obama 는 어떤가? 오바마 이름만 들어도 눈가가 촉촉해지는 사람들이 있는데, 혹시 오바마 특유의 그 유쾌한 태도 때문에 그가 자신의 자아실현을 위해 보통 사람들을 이용한 사실을 간과

한 것은 아닌가? 진정한 개혁가에게 명예훈장처럼 따라붙는 개인적 공격을 피하기 위해 오바마가 어떻게 Goldman Sachs와 JP Morgan에 영혼을 팔았는지 잊은 것은 아닌가? 거저 얻은 존경은 훨씬 더 달콤한 법이다.

그의 아내 미셸 오바마^{Michelle Obama}는 최근 '비커밍'^{Becoming}이라는 책을 냈다. 정식 출간 전부터 베스트셀러가 된 이 책은 오늘날의 정치적 디스토피아를 상징한다. 그녀는 베일에 가려졌던 개인사를 능수능란하게 풀어내며 미국 내 거버넌스의 몰락과 문명사회의 야만적인 타락은 완전히 가려버렸다. 힐러리 클린턴^{Hillary Clinton}처럼 미셸도 자신이 권력을 가질 자격이 있다고 생각하는 것이리라. 그녀는 책에서 작금의 이 악몽이 시작된 첫 8년을 이끈 조지 W. 부시^{George W. Bush}를 자신의 '공범'이라고 칭했는데, 이는 단순 말실수가 아니다. 정신병 말기에 접어든 진보진영의 몰락을 보여주고 있다.

오바마 부부는 애초에 진정한 '반전' 진보주의자는 아니라고 하는 사람도 있을 것이다. 결국 남는 것은 '사회주의' 진보주의자, 버니 샌더스^{Bernie Sanders} 뿐이다. 그리고 그는 실제로 트럼프의 연두교서에 그답게 대응했다.

공화당, 민주당 할 것 없이 트럼프의 연설에 담긴 무의미한 제스처와 거짓 주장에 박수를 친 것만으로도 최악인데, 샌더스의 근시안적 시각도 비판받아야 한다. 그는 노동자의 임금과 사회 전반의 '불공정'에만 주목하느라 군비의 엄청난 증가나 러시아 및 중국과의 전쟁 위협, 심각한 부의 집중 등 그의 친구 오바마 정권에서 발생한 여러 문제는 무시했다. 투표자 억압이 있었다는 점이 유감스럽다고 했을 뿐, 그러한 행위가 흉악범죄라는 점은 "대체 무엇 때문인지" 언급을 잊었다.

어쩔 수 없이 샌더스를 지지했더라도 그가 지난 선거에서 한 일을 꼭 기억하자. 그는 유세에 운집한 수만 명 노동자의 고통 어린 삶에 대한 연설을 했다. 이 절절한 연설에서 '혁명'을 이야기하며, 한 달 집세도 내기 어려운 사람들에게 자신이 '부자들'과 싸울 수 있도록 현금을 보내달라고 청했다. 그리고 지지자들은 그의 요청에 응답했다. 그들은 목표를 위해 단결했고, 샌더스를 승리의 길로 이끌었다.

그런데 경선 표를 조작했든, 샌더스에 대해 가짜 뉴스를 퍼뜨렸든, 클린턴이 앞서나가자 샌더스는 침묵했다. 그는 마치 자신을 지지한 보통 사람들의 표가 무너지는 것이 그들 모두의 문제가 아닌, 자신의 개인적 문제인 듯 굴었다.

샌더스는 민주당 전당대회에서 너무나 빠르게 클린턴에 굴복했고, 그의 선거운동을 위해 희생한 모든 이들은 빈손으로 그저 어리둥절할 수밖에 없었다. 여러분은 어떤지 모르겠지만 필자는 연설에서 공정한 사회를 역설하고, 노동자의 돈으로 선거운동을 하다가 권력에서 발을 빼지 않으려 그 지지자들을 배신하는 것 역시 숨길 수 없는 사이코패스의 신호라고 생각한다.

하지만 우리에게는 알렉산드리아 오카시오-코르테즈^{Alexandria Ocasio-Cortez}가 있지 않은가. '민주사회주의자'를 자처하며 혼란에 빠진 미국 청년들의 상상력을 사로잡은 그녀다. 그런데 그녀의 말에서는 진심이 느껴질지 몰라도, NATO와 러시아 제재를 찬성하는 점, 민주당에 묶여있다는 점 등을 보면 딱히 낙관적이지 않다.

지난 마틴 루터 킹의 날, 오카시오-코르테즈가 "소수의 부자들을 존재하게 하는 제도는 부도덕하다"라고 한 발언은 많은 이들의 마음을 울렸을 것이다. 다만, 의회에서의 발언은 로비스트의 마음을 사기에 충분했다. 아마도 그 때문에 그녀는 부자들이 전쟁도발, 시세조작, 전 세계를 좀먹는 화석연료 등을 통해 부정으로 축적된 재산의 몰수는커녕, 해외 조세피난처의 폐쇄를 위한 법안도 제안하지 않았을 것이다.

'진보주의' 카말라 해리스^{Kamala Harris}도 있다. 해리스는 자녀가 초등학교에 무단결석하는 경우, 그 부모에게 징역을 포함한 형사 처분을 적용하는 법안을 지지했고, 피고에게 증인의 신뢰도에 대한 정보를 제공하지 않도록 했으며, 경찰관을 보호하기 위해 노력했다. 말하자면 그녀는 자해 방지용 정신병동에 머무르는 진보주의자다.

미국 사이코 민주주의의 기원

이런 정치판 사이코패스들이 갑자기 하늘에서 우주선을 타고 떨어진 것은 아니다. 행동은 외계인만큼 이상하지만, 이들은 어느 미친 나라의 산물, 100% 미제다. 여전히 금문교와 헐리우드, 자유의 여신상, 그랜드캐년은 건재하지만, 그 이면의 미국은 변해도 너무 변했다.

가족, 이웃, 동포 사이의 사회적 유대는 상업과 소비 열풍 속에 닳아 없어졌다. 정치와 시민사회가 있던 곳에 이제 황량한 사막만이 남았다.

오늘의 이 악몽을 모두 사회 최고위층의 탓으로만 돌릴 수는 없다. 그동안 이들의 병적인 자기중심주의를 독려하고, 심지어 보상까지 하지 않았다면 결코 이 지경까지는 오지 못했을 것이다. 그런데 이 보상을 제공한 것은 부자들 뿐만 아니라, 대부분 상위 중산층이었다. 한때는 중산층이었다가 몰락한 주변의 홈리스를 돌보기보다는 제2의 스티브 잡스, 제2의 빌 게이츠가 되는 것에 집중하는 이들이었다.

이런 사이코적 행태는 사회 모든 계층으로 퍼져나갔다. 변호사, 의사, 교수, 언론인, 기업인, 정부기관장 그리고 물론 노동조합의 '노조간부'도 예외는 아니다. 기득권을 누리는 자에게 이 무자비한 정부와 기업정책의 목적이 무엇인지, 이러한 정책과 그들의 부와의 관계가 무엇인지 물어봐야 소용없다는 것은 이제 상식이다.

Exxon의 주주가 되는 것과 기후변화 또는 민영교도소의 부상과 투자은행의 수익 간의 관계 등은 총명하고 젊은 하버드 대학생조차 떠올릴 수 없는 금기 주제가 되어버리고 말았다.

이러한 사고방식 덕분에 부자 동네에서 '진보주의적' 삶을 추구하는 것이 가능해졌다. 스타벅스에서 창의적인 생각을 하고, 대형마트에서 채식 쇼핑을 하면서, 핵전쟁의 위협과 생태계의 붕괴에는 무뎌지는 것이다. 대형마트에서는 어떤 제품을 미국 포로[노예] 또는 전 세계 공장에 갇혀 반 노예 생활을 하는 노동자가 만들었을지 생각하지 않고, 그저 저렴한 물건을 구입하기 쉽다. 이게 바로 그 유명한 "좌파처럼 생각하고 우파처럼 사는" 태도다.

좋은 교육을 받고, 무엇이 옳고 그른지 판단할 정보에 접근할 수 있는 이들은 그 생각을 타인들과 나눌 필요를 별로 느끼지 못한다. 이들은 오히려 아무것도 모르는 척, 가족들과의 휴가, 멋진 레스토랑에서 먹은 맛있는 음식 같은 지루한 대화만 계속할 뿐이다.

이들 상위 중산층이 트럼프 지지자들을 "멍청하다"고 치부하는 모습은 더더욱 이상하다. 이들은 인상파 작품과 아방가르드 무용의 가치는 알지만, 제대로 된 교육이 불가능한 학교 밖에 없는 동네에 사는 건 어떨지, 그런 동네에 살면 온통 가짜 뉴스만 쏟아내는 미디어 밖에는 볼 수 없고, 인생의 의미를 찾는 절박함에 응답해주는 것은 오직 우파 대형교회 뿐이라는 사실은 상상조차 못한다.

조지 W. 부시[George W. Bush] 정부가 정권을 잡은 이후, 다수의 '선량한 미국인들'은 이 가련한 부정의 문화에 빠졌고 사이코 민주주의로 가는 첫걸음을 떼고 말았다. 그리고 이제는 부끄러운 줄도 모르고 트럼프가 보여주는 천박함이 자신에게는 무해할 것이라고 믿게 된 것이다. 그러나 소설가 토마스 만[Thomas Mann]이 독일 정치가 잔혹한 광란으로 타락한 1930년대를 묘사한 것처럼 "지루함은 무해함의 동의어가 아니다."

병리학적 특성

정확히 무엇이 잘못된 것인가? 우리는 이제 민주당이 무엇을 잘하는지 알고 있다. 정책논의에서 제3자는 배제하고, 반대해야 마땅한 여당과 시시덕거리면서, 뒤로는 퇴직수당을 모으는 게 바로 민주당의 리더들이다. 이들은 단 한 발자국도 트럼프의 범죄에 맞설 수 없다.

혹자는 부자 몇 명의 배를 불리느라 지난 2년간 경제 파탄을 겪었으니, 교육을 받은 미국인이라면 하나둘 모여, 부자들과 군국주의, 백인 민족주의가 만드는 작금의 도당을 뒤집을 강력한 시민운동을 조성할 것이라 생각할지도 모르겠다.

그러나 틀렸다.

이 나라의 제도가 아무리 망가져도 고등교육을 받은 미국인들의 '진보' 민주당 그리고 '보수' 공화당에 대한 환상을 깨지 못할 것이다. 선택할 수 있는 정당이 모두 거기서 거기라는 사실을 인정하고 싶지 않기 때문이다. 좀 더 간단히 말하면, "결국 미국에 정당은 하나"라는 사실이다.

침묵의 봄, 여름, 가을, 겨울

1960년대 수백만 시민이 거리로 나와 반체제 시위에 나서게 한 경고신호는 지나친 지 오래다. 현재의 상황은 당시보다 심각하다. 인류

멸망도 가능한 핵전쟁과 기후변화, 불합리한 부의 축적 등이 산재해 있다. 자리를 박차고 행동에 나서지는 못할망정, 이런 문제를 주변 친구나 이웃과 논할 수 있는 사람도 없다.

어쩌면 우리는 로마제국 말년과 같은 데카당스 시대를 지나고 있는 게 아닌가 한다. 도널드 트럼프는 네로 황제의 리얼리티 쇼 버전 내지는 칼리굴라 황제의 모조품 정도 되지 않을까? 트럼프가 세계은행 차기 총재 후보로 자신의 딸 이방카^{Invanka}를 거론하는 것을 보면, 로마제국 후기와 확실히 잘 맞아떨어지는 듯하다.

네덜란드 디자이너 빅터 호스팅$^{Viktor\ Horsting}$ 그리고 롤프 스노에론$^{Rolf\ Snoeren}$이 만든 패션회사 빅터앤롤프$^{Viktor\ and\ Rolf}$는 참신한 오트쿠뛰르를 위해 자극적인 이미지를 찾고자 했고, 실제 그들의 패션쇼 포스터 중 하나는 특히 크게 눈길을 끌어 이들의 회고전에 선택되기도 했다.

Viktor and Rolf Fashion Artists 25주년 기념

그런데 이 포스터는 보는 입장에서는 참 혼란스럽다. 화려한 붉은색 담요를 몸에 두르고 침대에 누운 부유해 보이는 백인 여성이 등장하는데, 머리카락은 제멋대로 구겨진 베개 위에 흩어져있다. 그녀는 수평의 풍경과 달리 수직으로 그려졌고, 르네상스 성모 마리아와 아기 예수처럼 오른 팔에 금발의 아이를 살포시 안고 있다.

그런데 부를 상징하는 이 이미지는 배경의 불편한 상황과 배치된다. 엄마와 아이는 폐허가 된 집, 아마도 허리케인 카트리나 또는 허리케인 마이클의 잔해 앞에 서 있다.

인프라의 붕괴, 기후변화, 긴축재정 등으로 고생하는 보통 사람들의 삶과 이 여성이 대조되면서 그녀의 부와 특권이 더욱 매력적으로, 흥미롭게 그려지는 것이다. 이 이미지가 더욱 재미있는 점은 부자들 그리고 이들을 부러워하는 자들이 보통 사람들의 고통을 간접적으로 경험하게 한다는 것이다. 마리 앙투아네트가 베르사유 궁전 뜰에 작은 농장을 지어 평범한 소작농의 삶을 즐겁게 경험한 것과 비슷하다.

이 이미지에서 미적 쾌감을 느낀다면 사이코패스 같은 행동일 것이다. 결국 부자들은 분기별로 수익을 내려면 채굴산업과 화석연료에 의존할 수밖에 없다. 이들의 이윤추구는 재앙을 부르는 기후변화를 야기했고, 시민들이 스스로 힘을 키울 수 없게 만들었다.

이들은 거대한 벙커와 땅을 사서 기후변화를 이겨낼 수 있을 것이라는 믿음으로 자신도 속이고 있다. New Yorker에 실린 에반 오스노스^{Evan Osnos}의 기사, "슈퍼리치가 최후의 심판을 준비하는 방법" Doomsday Prep for the Superrich에 이와 같은 부자들의 움직임이 생생히 묘사되었다.

이러한 병든 문화가 우리 사회 전반으로 번지고 있다. 청년들은 ^(원하든 원하지 않든) 부유한 아이들이 자기도취에 빠져 노닥거리는 광고를 봐야만 한다. 광고계는 아이들에게 이런 이미지를 롤 모델로 제시하며, 사회적 불평등을 벗어나기 위한 유일한 방법은 많이 가진 자를 찬양하는 것뿐이라는 메시지를 전한다.

구글과 페이스북은 어떻게 미국의 정신을 멈췄나

이 사이코 민주주의는 주기적인 데카당스 시대의 산물일 뿐일까 아니면 다른 원인이 있는 것일까? 고등교육을 받은 자들이 기후변화와 핵전쟁 위험을 가볍게 무시하는 극단적인 인지부조화를 보면 분명 다른 요인이 있는 것 같다.

아마도 빠른 기술 발전으로 주변에서 일어나고 있는 변화를 파악하는 능력이 크게 저하되면서, 우리는 게임과 소셜 미디어, 포르노, 위기대응 능력을 망가뜨리는 그 밖의 오락 활동의 수동적 소비자로 전락한 것이 아닐까.

스마트 폰이 우리의 두뇌 속 프로그램을 재구성한 것은 아닐까? 그래서 생을 마감할 즈음에서야 뭔가 잘못되었다는 어렴풋한 느낌을 가지게 되는 것은 아닐까? 카툰 작가 스티브 커츠Steve Cutts 는 "아 유 로스트 인 더 월드 라이크 미?"Are you lost in the world like me라는 애니메이션을 통해 이 악몽과도 같은 세상을 그려냈다. 이렇게 체득된 수동성은 사회계층과 시대를 아울러 모두에게 영향을 끼친다.

작가 니콜라스 카Nicholas Carr 는 '생각하지 않는 사람들 : 인터넷이 우리의 뇌 구조를 바꾸고 있다'What the Internet is Doing to Our Brains: The Shallows라는 책에서 어떻게 인터넷이 즉각적인 자극에 반응하여 복잡한 사고를 하는 두뇌의 능력을 마비시키다시피 하는지 광범위한 과학적 증거를 제시한다. 이러한 부정적인 영향은 우리가 글로벌하게 서로 소통하는 바로 지금 이 순간, 바로 그 기술에 의해 교묘하고 모순된 방식으로 진행되고 있다.

우리는 정보의 망망대해 위에서, 스스로 생각할 물 한 방울이 없어 갈증을 느끼는 것이다.

니콜라스 카는 인간 두뇌의 신경가소성이 오히려 경직된 행동을 독려하는 등 부정적인 방식으로 작용할 수 있다고 말한다. 인간의 뉴런은 인터넷 서핑을 통해 생성한 회로가 매혹적인 자극을 주기 때문에 계속 이 회로를 사용하려고 한다는 것이다. 구글 검색이나 페이스북 포스팅이 주는 빠른 응답은 뉴런을 자극하고, 쾌락의 흥분제를 분비한다.

오래 전 복잡하고 입체적인 사고, 즉 개인의 오랜 경험이나 사회, 문화적 변화의 경험 등을 위해 사용되었으나, 더 이상 사용되지 않는 신경 회로는 보이지 않는 신경의 자연도태에 의해 가차 없이 제거된다.

신경학자 노만 도이지 Norman Doidge 는 다음과 같이 썼다.

"만약 우리가 정신적 능력의 활용을 멈춘다면, 그 능력을 그냥 망각하는 게 아니다. 두뇌 안에 그러한 능력을 위해 배정된 공간이 다른 기능에 넘어가는 것이다."

니콜라스 카는 이를 더 명료하게 표현했다.

"우리의 뉴런과 시냅스는 생각의 질에는 전혀 관심이 없다. 두뇌에 내재된 유연성 때문에 지적인 쇠퇴가 가능하다."

다시 말해 우리는 몇 시간씩 스마트 폰을 들여다보며 SNS나 메신저를 하느라 기후변화로 인한 리스크 또는 트럼프 행정부가 2월 7일, 중거리핵전력(INF) 조약 탈퇴를 결정한 후 따르는 군비경쟁의 리스크를 판단할 능력을 잃은 것이다. 이런 재앙을 알고 있는 사람도 드문데다가 종말을 불러올 이런 문제들을 친구나 가족과 이야기하는 사람은 더더욱 드물다.

니콜라스 카는 그 이유를 다음과 같이 설명한다.

"여러 심리학, 신경생리학, 교육학, 그리고 웹 디자인 연구가 같은 결론에 도달했다. 온라인에서 우리는 글을 훑어 읽고, 서둘러 여러 생각을 하며, 피상적인 학습을 장려하는 환경에 노출된다. 책을 읽으면서 가볍게 무엇인가를 생각할 수 있는 것처럼 인터넷을 하면서도 깊은 생각을 할 수는 있다. 다만 이를 기술이 독려하거나 보상을 제공하는 것은 아니다."

뉴런의 빠른 자극을 위한 정보 프로세싱 때문에 인류 전체가 '피상적' 사고에 사로잡히는 경우, 직면한 위기를 타개하기 위한 대책을 세우거나 옹호하기는커녕, 그 위기를 이해할 수 있는 사람이 있기는 할까?

사이코패스 뒤의 사이코패스

아직 퍼즐 한 조각이 남았다. 현재의 상황이 모두 인류애 따위는 없는 탐욕스러운 부자 몇 명의 책임이라고 하기엔 뭔가 석연치 않다.

이들의 가면을 벗기고, 장막 뒤를 가만히 들여다보면 기술이 모든 제도를 대체하였음을 알게 되는 것은 아닐까?

그렇다. 우리를 파멸로 몰고 온 이 부자들을 위해 판을 깔아준 궁극의 사이코패스는 무시무시한 괴물이 아니라 네트워크로 연결된 전 세계의 슈퍼컴퓨터 수만 대다. 매일, 매분, 매초마다 이들은 이윤을 극대화하는 소수점 아래 열 번째 자리까지 계산해 내며 제갈길을 가고 있다.

바로 이 슈퍼컴퓨터가 JPMorgan Chase, Goldman Sachs, Barclays, Bank of America의 최종 결정을 내리는 것이다. 이들 컴퓨터는 인간이 할 수 없는 일, 즉 윤리적 거리낌 없이 지구 전체의 금전적 가치를 평가하고 철저히 알고리즘에 기초하여 이윤을 추출할 수 있기 때문이다.

투자은행의 뒤를 버티고 있는 이 슈퍼 컴퓨터 들에게 빌 게이츠^{Bill Gates}와 제프 베조스^{Jeff Bezos}는 즉각적인 궁극의 이윤을 추구하기 위해 떠나는 길에서 만나는 재미없는 부록 같은 것이다.

슈퍼컴퓨터가 마침내 인간 문명을 제어할 수 없는 수준이 될 때까지 기다릴 필요는 없다. 당장 컴퓨터에 생태계가 무엇을 필요로 하는

지, 아니면 인간성이 무엇인지 생각하지 않고, 이윤만을 근거로 사회의 우선순위를 설정하면 그만이다. 눈, 비디오, 게임 등이 인간 두뇌의 신경 네트워크를 재구성해서 도파민에 의한 단기적 사고만을 장려하더라도 컴퓨터가 인간을 대신하면 그만이다. 슈퍼컴퓨터가 스스로 의식을 갖기 한참 전에 인간을 대신하게 될 것이다.

우리 인간은 아직 완전히 정신을 놓지는 않았다. 다만 알아차리지 못하는 사이, 불편한 일들을 많이도 슈퍼컴퓨터에게 맡기고 있다. 다중병렬 슈퍼컴퓨터라는 눈먼 자들이 인류라는 애꾸눈을 벼랑 끝으로 몰고 있는 형국인 것이다.

평양에 간 폼페이오

 도널드 트럼프와 김정은의 회담은 나폴레옹 3세조차 시기할 만큼 시끌벅적했다. 이제는 우리가 정확히 무엇을 목도하였는지에 대해 생각해 보자.

 북미회담이라는 행사는 마치 헤비급 챔피언 쟁탈전처럼 꽤 노골적으로 홍보되어 왔다. 트럼프는 끊임없이 전쟁을 들먹인 해리 해리스Harry Harris 대사와 마이크 멀린Mike Mullen 전 합참의장 등 강경파의 도움으로 만약 자기 뜻대로 일이 풀리지 않으면 참혹한 결과가 있을 것임을 암시했다. 모하마드 알리Mohammad Ali가 조 프레이저Joe Frazier와의 결투 전, 반복해서 프레이저를 조롱한 것과 크게 다르지 않았다. 그리고 트럼프에게는 책임이 따르거나 지루할 수도 있는 실제 입법 행위와 정책보다 이 재미있는 과정이 훨씬 편안한 선택이었다.

리얼리티 쇼에 핵확산방지 전문가 데니스 로드맨$^{\text{Dennis Rodman}}$까지 부록으로 붙은 이 만남을 위해 싱가포르가 낙점된 것은 우연이 아니다. 싱가포르는 그냥 국가가 아니다. 아시아와 중동, 동남아시아의 세계자본이 흘러 드는, 이번 회담이 개최된 카펠라 호텔처럼 호화스러운 호텔이 무성한 초현실적 공간이다. 빈곤인구가 적은 싱가포르는 마치 빗장도시처럼 조심스레 역내의 분쟁으로부터 스스로를 차단시켜왔고, 덕분에 싱가포르를 일컬어 '사형이 있는 디즈니랜드'라는 우스갯소리를 하기도 한다. 싱가포르의 5성 호텔들은 일반 서민이나 전문가를 위한 시설이 아니다. 이번 행사는 그 의미도 모르는 자가 'CVID' 같이 현란한 단어를 주문처럼 반복해서 외는 목소리로 점철되었다. 진실과 정의에 대한 관심은 어느 곳에도 없었다. 전 과정이 심각하게 반(反)지성적이었다. 미국은 트럼프가 중간선거까지 버틸 수 있을 정도의 혼란만을 조성하기 위해 이성적인 토론없이 감성과 연계에 기대는 전략을 썼다.

우리는 언론 또는 회담에서 전혀 언급되지 않은 다음 사항에 주목할 필요가 있다.

1) 중국, 일본, 한국, 러시아, 미국이 동아시아에서 벌이고 있는 소름 돋는 군비경쟁
2) 핵확산금지조약을 노골적으로 위반하는 미국의 차세대 핵무기 증강

3) 남북한 내 건조지 확산 등 한반도와 동북아지역에 기후변화가 끼치는 영향
4) 남북한 모두에서 점증하는 부의 편중과 그로 인한 사회 및 정치의 왜곡
5) 더 이상 의미 있는 뉴스를 찾기 어려울 정도로 쇠퇴한 언론

트럼프가 노벨평화상을 수상할 수도 있다는 의견을 듣고 위안을 얻었을지도 모르겠다. 또는 트럼프의 대담한 행동이 과거 로널드 레이건$^{Ronald\ Reagan}$이 미하일 고르바초프$^{Mikhail\ Gorbachev}$에게 접근했을 때와 매우 유사하다는 사설을 읽었을 수도 있다.

그렇지만 냉전의 종식도 그렇게 유사한가? 독일과 폴란드, 소련이 조약을 맺은 기이한 역사의 한 순간을 기억해야 할 것 같다. 독일은 1938년 체코스로바키아를 분할할 당시, 폴란드가 보후민^{Bohumin}을 원하자 이를 지지하였다. 이에 소련이 소련-폴란드 불가침조약을 파기하겠다고 위협하였으나 독일과 폴란드의 지배세력 간에 협력관계가 형성되었다. 그런데 1939년 8월 23일, 소련과 독일이 불가침조약을 체결하였고 이어고 9월 1일 독일이 폴란드를 침공했고, 같은 달 17일 소련은 폴란드의 그 외 지역을 침공했다. 당사자들 간에 신뢰가 없었고, 시민 의견 청취 없이 몇몇 사람들이 의사결정을 독점했기 때문에 협력을 위한 이러한 협약은 아무 의미가 없었던 것이다. 결국 그로부터 2년 후인 1941년 6월 22일, 독일이 소련을 침공하며 그들의 조약을 위반하

고, 인류 역사 상 가장 잔혹한 군사 작전을 시작했다.

현재 미국을 보면 의사결정과정이 전문가는 고사하고 의회의 의견조차 없이, 시민들이 용납할 수 없는 몇몇 인물들 곁에서 펼쳐지고 있다. 이런 희비극은 트럼프의 정치적 천재성 때문이 아니라, 미국 내의 미 있는 정치 담론의 실패에 의해 발생되었다. 지식인들은 자신들만의 세상으로 물러났고, 형편없는 교육과 언론에 노출된 대부분의 시민은 혼자 힘으로 세상사를 버텨야 한다.

차일디시 감비노Childish Gambino의 뮤직비디오 'This is America'는 9·11이나 찰스턴 교회 총기사고와 같이 끔찍한 폭력이 새로운 오락거리로 쉽게 잊혀지는 미국의 페티쉬적인 소비문화를 완벽하게 표현하고 있다. 미국의 시민들은 새로운 흥분을 추구하는 소비자로 몰락하고 있다.

꼭두각시 주인과 꼭두각시를 하나로 합친 마이크 폼페오

마이크 폼페오Mike Pompeo 미 국무부 장관이 대북 협상의 중심인물로 부상한 배경에 바로 이러한 문화적 환경이 있다. 폼페오는 미국의 역대 국무부장관들과는 완전히 다른 인물이라고 해도 과언이 아니다. 그는 수십억 달러 자산가인 찰스Charles와 데이빗 코치David Koch 형제의 명령을 받들며 권력을 잡았고, 극소수의 부유한 후원자 외에 다른 사람들의 생각에는 관심도 없다. 공식 기록에 따르면 그는 올해 한 번은 CIA

국장으로, 최근에는 국무 장관으로 이렇게 두 차례 북한을 방문했는데 북한의 비핵화계획을 계획을 함께 논의하고 김정은 국무위원장과 김영철 부위원장과 심도 있는 만남을 갖기 위해 정부관리들과 동행했다.

트럼프 백악관에서 나오는 허위정보의 양과 국가기밀의 남용 등을 고려하면 폼페오가 정말 두 번만 북한을 방문했는지, 정부관리들만 데리고 갔는지 믿기 어렵다.

분석가들은 근거도, 논리도 없이 북한이 한국과 미국에 선제 핵타격을 할 것이라는 터무니없는 시나리오를 상상하는데 망설임이 없다. 이번에는 나도 상상의 나래를 좀 펴보도록 하겠다.

평양 행 비행기에는 아마도 북한과 천연자원개발을 위한 독점계약을 맺기 위해 북한을 찾는 코치인더스트리스$^{Koch\ Industries}$의 대표들이 타고 있었을 것이다. 북한에는 석탄, 우라늄, 철, 금, 마그네사이트, 아연, 구리, 석회석 및 전자산업에 꼭 필요한 희토류 금속이 상당량 매장되어 있다. 한국광물자원공사에 따르면 그 가치가 미화로 약 6조 달러에 달한다고 한다. 실제로 접근할 수 있는 광물의 양은 그보다 적다고 해도, 북한이 가진 노천 채굴이 가능한 광물의 가치는 하찮지 않다.

북한 내 사회기반시설 건설을 위한 독점계약을 원하는 기업들과 미국산 수입농산물을 팔기 위한 독점적 시장접근권을 얻어내려는 기업들도 타고 있었을지 모른다.

한가지는 확실하다. 폼페오는 평양에서 김정은을 만나 핵 확산금지에 대한 어떠한 진지한 대화도 나누지 않았다. 폼페오는 핵 확산 금지 협약을 시행하고 외교조약을 협상하는 기술적이고 까다로운 과정에 대해서는 아는 것이 없다. 그는 수년간 의회에서 말도 안되는 이유로 이란과의 핵 협정을 훼손하기 노력했다. 게다가, 그의 전임자인 렉스 틸러슨Rex Tillerson이 국무부의 거의 모든 고위급 공무원을 해임, 강등 또는 사직하도록 했기 때문에, 폼페오의 국무부에는 자기만 아는 냉소적 관료주의자들만 남았기 때문에 폼페오는 말그대로 어떠한 진지한 협상에도 임할 능력이 없다.

미국이 이란 핵협상을 폐기하기로 한 결정은 폼페오의 열렬한 지지를 받았지만 미국 외교의 정통성에는 최후의 일격이었다. 이 복잡한 조약을 위해서는 진정한 비확산 전문지식과 투명하게 문서화되는 협상이 필요했고, 다른 국가와의 협력도 요구되었다.

오늘의 미국은 국제법과 외교관례를 그 역사상 유례없을 정도로 무시하고 있다.

우리는 한번도 가지 않은 위험한 해역에 와 있다.

폼페오의 비즈니스 경력과 캔자스에서의 정치 이력을 보면 그가 평양에서 어떤 이야기를 했을 지 쉽게 추측이 가능하다. 북한의 천연자원 개발을 위해 미국기업과 계약을 맺는 것, 값싼 북한 노동력을 이용할 수 있도록 미국기업과 계약을 맺는 것을 언급했을 것이다. 만약 '비확산'이라는 말이 한번이라도 나왔다면, 무력 외교로서 "우리에게 석탄, 구리, 강철, 우라늄 그리고 금광 계약을 다오. 그렇지 않으면 침략하겠다"는 형식으로 사용되었을 것이다.

폼페오는 2003년 이라크 전쟁 이후 다국적 기업의 주도 하에 이뤄진 이라크의 개발을 모델로 삼고 있다. 당시의 개발 콘셉트는 이라크의 화석연료자원을 분할하고, 이라크는 한번도 요구한 바 없는 사회기반시설 건설을 위해 벡텔^{Bechtel}과 헬리버튼^{Halliburton}에 계약을 몰아주는 것이었다.

이 모델은 현재 폼페오의 고객들이 워싱턴에서 구상 중인 이란의 경제개발모델과 다를 바 없다. 그들은 벌써부터 정권 교체 또는 전쟁 후 화석연료의 분할을 계획 중이다.

폼페오는 북한에서 무엇을 논의했는가

대북 협상 내용을 가늠하기 위해 지난 5월 14일 평양에서 돌아온 후 폼페오가 기자회견에서 무슨 이야기를 했는지를 살펴보자.

"미국인들이 들어가게 될 겁니다. 일반 시민이 아니라 민간 부문이 북한에 가서 에너지 그리드 건립을 돕게 될 겁니다. 북한은 엄청난 양의 전기를 필요로 하고 있습니다." Voice of America

'민간 부문 미국인들'이 물밀 듯 북한으로 달려가 에너지 그리드 건립을 할 수 있다는 폼페오의 제안은 일반 납세자의 부담이 아닌, 긍정적인 무엇인가로 비춰진다. 하지만 단시간 내 이익을 탐욕스럽게 추구하는 사기업들은 북한이 원하든 원하지 않든, 엉성한 에너지 그리드를 짓고 말 것이라는 점이 중요하다. 그리고 이 에너지 그리드는 폼페오의 최우수 고객인 코치 형제가 채굴한 저렴한 석탄으로 가동될 것이다.

북한이 필요한 것은 엄청난 양의 에너지가 아니다. 비영리 NGO와 학계 전문가의 도움이 필요하고, 한마음으로 진정한 문제를 해결하기 위해 노력하는 세계인들과 소통할 수 있는 기회가 필요하다. 북한 주민들을 교육시켜 채굴의 환경파괴적 영향을 이해할 수 있도록 해야 한다.

북한 주민들이 행복하게 살기 위해서는 '엄청난 양의 전기'를 소비해야 한다는 가정을 하고 있고, 이것이 미국 언론의 일반적인 논조가 되었지만 그러한 가정에는 어떠한 근거도 없다. 북한이 많은 양의 에너지를 소비하지 않고, 수익에 눈이 멀어 근시안적 결정을 해야 하는 기업들의 정치 개입을 겪지 않고 발전할 수 있는 방법은 얼마든지 있다.

미국 기업들이 베트남이나 중국보다도 저렴한 북한의 숙련 노동자를 착취해 거액을 벌 수 있는 저임금 공장을 가동하기 위해서라면 모를까, 북한주민들은 그렇게 많은 에너지가 필요하지 않을 가능성이 크다. 이들에게 북한은 중요하지 않다. 그저 가혹한 노동착취로 부를 축적할 새로운 기회를 찾는 것이 중요하다.

폼페오는 석탄 사용으로 인한 대기오염과 기후변화의 파괴력은 안

중에도 없다. 그는 기후변화는 헛된 믿음이며, 또는 화석연료는 경제발전에 반드시 필요하다는 논리를 조장하기 위해 코치형제가 설립한 엉터리 연구기관이 발간하는 쓰레기과학 보고서를 버젓이 홍보한 기록이 있다. 또한 그는 하원의원으로서 공장에서 발생되는 오염물질로부터 시민을 보호하는 미국의 규제에 일관된 반대입장을 취해왔다.

폼페오는 기자회견에서 이런 발언도 했다.

"사회기반시설과 북한 주민이 필요한 모든 것을 개발하기 위해 북한과 함께 일할 것이며, 미국 농업계는 북한 주민이 고기를 먹고 건강하게 살 수 있도록 지원할 것입니다."

폼페오의 상상 속 사회기반시설은 아마도 고속도로와 발전소, 정수장, 초고층 아파트단지, 부자들을 위한 호화 쇼핑몰 등을 포함할 것이다. 일반 주민의 피땀과 지도층의 무분별한 방종으로 이루어진 사회기반시설이다.

북한의 개방은 무모한 소비와 쓰레기의 촉진을 의미할 것이다. 북한이 처음부터 전문지식을 개발하지 못하도록 외부 전문가에 많은 의존을 하도록 하려는 계획으로 보인다. 게다가 국내 정부기관을 파괴하고 미국 전역을 사유화하려는 트럼프 정부의 행보를 생각해보면, 북한의 모든 사회기반시설 역시 이윤을 추구하는 다국적 기업에 의해 운영될 것이고, 그렇게 추구한 이윤은 일반 북한 주민에게는 별로 돌아가지 못할 것이 뻔하다.

폼페오의 어이없는 발표 중 미국산 고기를 먹는다는 발언이 가장 거슬리는 부분이 아니었나 싶다. 상당 수의 연구에서 미국 소들이 일반적으로 먹는 합성호르몬과 항생제가 심각한 건강문제를 유발할 수 있다는 결과가 나온 마당에 미국산 소고기를 먹고 건강해질 것이라는 가정을 하다니. 나라면 미국 소는 어떻게든 피하겠다.

단백질 섭취를 늘리는 것이 건강에 도움이 된다 하더라도, 북한주민에게는 환경을 심각하게 훼손하는 미국의 공장식 축산농장과는 다른 방식으로 자신들의 땅에서 소규모로 닭이나 돼지를 기르는 것이 훨씬 좋을 것이다. 미국 농장들은 소에게 건초 대신 옥수수 사료를 먹이기 때문에 소들이 대기 중으로 탄소를 배출하게 되고, 그 결과 환경을 끝도 없이 오염시키고 있다. 수입 소고기는 북한에게 바람직하지 않다.

현재 북한이 필요한 것은 농업산업으로 인해 지난 수십 년간 파괴된 토양과 산림을 재건하기 위한 노력이다. 맥도날드처럼 정작 기초영양소는 부족한 패스트푸드의 형태로 미국산 농산물에 중독되는 것이야 말로 북한주민이 원하지 않는 일이다.

트럼프가 아무리 트위터로 떠들어도, 이산가족상봉이나 사회 및 의료분야에 NGO가 참여한다는 소식은 없다. 북한주민의 진정한 관심은 무엇인가에 대해 지식인들이 진지하게 논의를 하고 있다는 소식조차 없다.

대신, 언론이 이런 저런 중요한 회의가 열릴 것이라는 암시를 하며 우리를 애태울 뿐이다. 미 의회는 완전한 비핵화라는 불가능한 과제의 완성을 트럼프 정부가 확인할 수 때까지 대북제재를 유지해야 한다고 선언했다. 그런데 이 정부는 그런 능력도 의지도 가지고 있지 않다.

미국의 표면과 이면의 격차

미국 국무부 본청인 해리 트루먼 빌딩의 전면부는 인턴쉽을 위해 워싱턴 DC를 방문하는 전 세계 대학생들이 기념사진을 찍는 인기장소이다. 1941년 지어진 이 석회석 전면부는 WPA^{미국 공공사업촉진국} 건축양식을 정제한 양식으로 절묘하게 절제된 우아함을 가지고 있다. 시간이 흐르면서 파시즘에 맞서 싸운 외교관들이나 유엔을 설립하기 위해 조지 마셜^{George Marshall} 국무장관과 늦은 밤까지 고생한 자들을 떠올리게 하는 고풍스러운 아름다움이 묻었다.

그러나 이렇게 달콤한 상상은 오늘날 그 이면에서 발생하는 일과는 하등의 관계가 없다. 렉스 틸러슨 전 국무장관은 모든 윤리적이고 능력 있는 전문 외교관들을 이 건물에서 쫓아내는 데 많은 시간을 할애했다. 그는 고위 외교관들을 노골적으로 해고하거나 스스로 떠나지 않을 수 없는 불쾌한 환경을 조성했다.

국무부 종말의 마지막 단계가 다소 급하기는 했지만, 오랜 기간 이어진 교착 상태가 정점에 달했을 뿐이다.

국무부의 종말은 연방정부의 종말이라는 더 큰 사건의 일부이고, 그 시작은 1970년대였다. 로널드 레이건과 그의 부자 측근들이 권좌에 앉은 1981년, 그들은 연방 공무원이 기존에 누리던 보호조치를 박탈하고 이들의 노동조합을 훼손하기 위해 신속하게 움직였다. 전문 공무원들은 권위의 기반을 잃기 시작했고 더 이상 정치인을 견제할 수 없었다. 정부기관은 더 이상 지식인들에게 매력적인 직장이 아니었고, 지식인들은 변호사가 되거나 은행에 취업했다.

레이건 정부는 정책 민영화의 첫 걸음을 내디뎠으며, 장기적 정책이 아닌 이윤을 추구하는 사설 싱크 탱크, 컨설팅기업, 그 밖에 정부에 기생하는 기관들에 납세자의 세금을 배정하기 시작했다. 정부는 자체 전문성을 개발하기 위한 자금에 목말랐고, 어쩔 수 없이 컨설턴트들에게 의존하게 되었다. 이는 기업과 정부의 권력 관계가 영구적으로 달라지는 것을 의미했다.

국무부 내 전문성을 찾으려는 전쟁은 조지 부시^{George W. Bush} 정부 출범 이후 더욱 급박해졌다. 부시 대통령은 백악관으로 언제든 기회만 주어진다면 세계대전을 시작할 준비가 되어 있는 우익 극단주의자들을 데리고 왔다. 그런데 정부 내의 저항도 만만치 않았다. 무엇보다 클린턴 전 대통령이 임명한 조지 테넷^{George Tenet}이 CIA에 버티고 있었고, 자유주의 성향의 공화당 출신 콜린 파월^{Colin Powell}이 국무장관이 되었다. 이 둘이 영웅은 아니지만 각자의 자리에서 오래 살아남아준 덕분에 딕 체니^{Dick Cheney}와 도널드 럼즈펠트^{Donald Rumsfeld}처럼 자신의 불법행위에 저항할 수 있는 사람은 모조리 제거해버릴 기세인 자들의 활동이 부분적이나마 성공하지 못 했다. 여전히 연방정부에는 외교와 안보를 진지하게 생각하는 훌륭하고 의욕적인 자들이 남아 있었고, 이들은 체니 부통령의 임기가 한창일 때도 공개적으로 부시정부의 정책에 반하는 보고서를 발표했다.

이러한 저항의 목소리로 인해 체니와 그 측근들의 시도한 이란과의 전쟁이 두 번이나 ^(또는 그 이상) 좌절되자, 우파 진영에서는 공무원 체제 전체를 무너뜨리고 그 기능은 기업에 위탁해 버리기로 결정했다. 민간 부문은 이윤을 추구하기 때문에 명령을 불복종하시 않을 것이라는 게 이유였다.

정부에 남아있던 사람들도 달라졌다. 평범한 공무원들의 대우는 형편없어진 반면, 고위공무원들은 특전을 받았고, 퇴직 후 컨설턴트로 일하며 거금을 벌 수 있게 되었다. 원래 미국의 정책결정은 정부의 기능인데 이것이 이윤추구 단체의 손에 맡겨졌으므로, 현 정책입안 제도가 위헌임은 공공연한 비밀이다.

국무부가 전문성을 상실하고, 의사결정과정에서 국무부의 입지가 무너졌더라도, 폼페오가 진짜 권력을 쥐고 있고 책결정을 이행할 능력이 있음은 분명하다. 무엇보다 그는 의회를 완전히 무시하고, 법률 절차 문제를 유린할 수 있기 때문에 역대 국무장관들보다 강력한 위치에 있는 것으로 보인다.

그의 힘이 어디에서 오는지에 대해 답하기 위해서는 지난 30년 동안 연방 정부와 주 정부 전체를 둘러싼 변화의 과정을 고려해야 한다. 정부만 위축되어 기업을 견제할 능력을 잃고, 정책입안을 이윤을 쫓는 법조계와 로비스트, 컨설턴트에게 전가한 것이 아니다. 미국의 시민들은 정책입안이라는 민주적인 과정에 더 이상 개입하지 않는다.

이러한 상황을 두고 스코치폴Theda Skocpol은 〈민주주의의 쇠퇴 : 미국 시민생활의 변모〉Diminished Democracy : From Membership to Management in American Civic Life라는 책에서 모든 계층의 미국인들이 민주주의에 일상적으로 참여하던 관행이 어떻게 사라지게 되었는지에 대해 설명한다. 과거 미국인들은 학부모 모임이나 라이온스 클럽 조찬, 동네 행사 등에서 다양한 배경을 가진 사람들을 주기적으로 만났고, 퇴역군인 모임과 여성단체, YMCA나 보이스카우트 등의 모임 등을 통해 한데 모인 반면, 오늘날 미국 시민은 혼자 지내거나 소수의 친구들과 스타벅스에 앉아 대중문화 이야기를 한다.

과거 세대에서는 그런 단체들도 선거를 했고, 많은 시민들이 이런 지역 단체들을 관리하는 과정에 참여했다. 1980년대 이후, 그 중에서도 특히 지난 15년간, 대부분의 시민들은 소셜 미디어를 통해서만 의견을 교환할 뿐, 참여와 헌신이 필요한 활발한 단체활동은 하지 않고 있다.

그 결과는 무엇인가? 선거운동과 정책입안은 여전히 계속되지만, 공화당과 민주당이 독점한 선거에는 시민의 생활 속 민주 단체가 낄 자리는 없고 그러다 보니 점점 더 일상과 동떨어지게 된다. 정부는 불투명하고, 참여를 독려하지 않는 '경영' 스타일을 모델로 삼았고, 민주적 과정은 시들어버렸다.

일반 시민들이 민주주의 과정에 참여를 하지 못하는 동안, 부유계층과 기업들은 엄청난 돈을 지출하여 자신들의 이익을 충족하는 NGO를 설립할 수 있었고, 자신들의 목소리를 대변할 수 있는 신문과 잡지를 찾거나 광고예산으로 인수해서 이 뉴스 저 뉴스 다니며 북한의 위협이나 자유무역의 이점이라는 허상을 설파할 수 있는 '전문가'에게 자금을 댔다. 그리고 그러는 와중에 폼페오는 한숨 돌릴 수 있을 것이다.

트럼프의 정책을 지지하는 미국의 소위 '보수주의자'는 극소수의 우파 기업이 소유한 상업매체가 조직적으로 허위정보를 보도하는 가운데 미쳐가는 세상을 이해해보려고 애쓰는 무고한 시민들일 뿐 정치적 신념에 의해 탄생된 무리가 아니다. 안타깝게도 부유한 가정에서 자라 고등교육을 받은 운 좋은 사람들은 이런 트럼프 지지자들이 겪어온 상황에 대해서는 아무런 고려도 없이 이들을 '어리석은' 유권자로 치부해버린다.

어마어마한 돈을 투입해 전문가와 언론인을 매수하고, 관객이 없는 행사를 만들어내고, 기업 금융을 지원하기 위한 운동을 하는 듯한 이미지를 만들기 위해 로비스트를 고용하는 방식으로 사람들을 사로잡는 이 과정은 미국을 지지하는 NGO 모임^{NGO People for the American Way}가 1996년 발간한 보고서 'Buying a Movement'에 세심하게 기록되어 있다. 이 보고서는 어두운 자본이 미국 정계를 집어삼킬 무렵 작성되었고, 이후 20여 년간 상황은 더욱 악화되었다.

기업의 영향력 확대는 미국 정책 과정 왜곡의 첫번째 단계에 불과했다. 장기적으로 소수의 개인들이 엄청난 부를 가지면서 미국은 갑부의 부 축적이 기하급수적으로 늘고, 기업이 아니라 개인 부호들이 황제처럼 책임은 지지 않되 정책은 결정할 수 있는 단계로 나아갔다.

그런데 지난 5년간 지속된 감세와 친 기업적 규제완화는 완전히 새로운 정치 세계를 만들어냈다. Wealth-X Report와 이들이 발간한 '2018년 부호 인구조사'에 따르면 부호의 재산은 2017년 24% 증가했으며, 세계 GDP의 12%인 9조 2천억 달러가 이들 손에 있다.

20년 전에는 기업의 대표들이 정책에 대단한 영향을 끼쳤지만 민간 부문을 관리하는 역할을 했고, 느슨하고 관대한 능력중심주의에 대한 책임을 졌다. 그런데 이제 이들은 빌 게이츠[Bill Gates], 제프 베조스[Jeff Bezos], 마크 저커버그[Mark Zuckerberg], 워렌 버핏[Warren Buffet] 등 마치 현대의 예언자라도 되는 듯 한마디만 하면 언론을 휩쓰는 억만장자들에 자리를 내주며 물러났다.

그러나 비밀스러운 돈 더미와 언론 통제로 트럼프를 백악관에 입성시킨 숨겨진 억만장자들이 있다. 강경 친 이스라엘파인 셸던 애덜슨[Sheldon Adelson]과 버나드 마커스[Bernard Marcus], 로버트 머서[Robert Mercer], 그리고 가장 중요한 석탄 석유의 큰손인 데이빗과 찰스 코치 형제가 그들이다. 이 갑부들은 정치에 충분한 돈을 댐으로써 사회 전체를 쉽게 손아귀에 넣고, 자신들의 요구에 가장 먼저 응답할 대통령을 뽑기 위한 도박을 했다. 모순덩어리의 우스운 트윗과 멍청한 보도로 세상 사람들이 혼란을 겪는 상황을 이용할 수 있을 것이란 계산이었다. 지금까지는 이들의 수가 옳았다.

5년 전만해도 이런 시나리오는 불가능했다. 최근의 '세제개편' 이후 눈에 띄게 증가한 부의 대물림은 이 갑부들과 그들의 측근이 권력에 취해 앞으로는 더 과감히 행동할 것임을 암시하고 있다.

합산 자산가치가 대략 1천억 달러를 초과하는 코치 형제가 바로 마이크 폼페오를 만든 힘이고, 폼페오는 미국인이나 국제사회의 요구는커녕, 연방정부 관료로서 자신의 의무가 아닌 코치 형제의 요구에 응답하고 있다.

물론 폼페오는 미 육군사관학교인 웨스트포인트를 수석으로 졸업한 똑똑한 사람이다. 그러나 그는 다른 그 누구도 아닌 코치 형제에 대한 흔들림 없는 충성을 통해 이 자리까지 올랐다. 얼마나 똑똑한 사람인지 보여주는 대목이기도 하다. 그는 이렇게 급격히 부가 집중되는 세상에서 굳이 힘없는 자들을 위해 시간을 낭비할 필요가 없음을 일찌감치 깨달은 것이다.

그렇다. 현재 폼페오는 무시할 수 없는 진짜 권력을 쥐고 있고, 해리 해리스 대사 및 다른 인물들과 북한문제를 두고 샅바 싸움을 하고 있다. 그러나 폼페오의 권력은 미 국무부의 공무원이나 CIA 또는 국방부에서 오는 것이 아니다. 그의 권력은 코치형제가 가진 광범위한 네트워크와 폼페오가 빚을 지고 있는 다른 이익단체로부터 나온다.

폼페오는 코치 형제^{찰스와 데이빗 코치}와 그들과 연계된 석탄채굴 이익단체로부터 미 의회의 그 누구보다 많은 돈을 받았다.

Documented Investigations의 이사를 역임 중인 리스 그레이브스^{Lisa Graves}는 한 인터뷰에서 폼페오가 사회에 처음 나왔을 때부터 코치 형제와 밀접한 관계였다고 설명했다. 폼페오는 반사적으로 코치 형제가 제안한 입법을 지지하고 캔자스 유권자의 문제는 무시했다. 그러다가 그는 기업을 규제하고 환경을 보호하고 시민들이 스스로 의사결정을 할 수 있도록 양질의 교육을 제공하는 정부의 능력을 제한하자는 코치의 운동에 앞장서게 되었다.

이렇게 정부를 무력화하기 위해서는 허울좋은 싱크탱크를 만들고, 정작 정부의 권력남용문제는 해결하지 못하면서 기업의 범죄행위에 맞설 능력만 제한하는 '제한된 정부' 같은 생각을 옹호해야 했다.

Food and Water Watch를 이끌고 있는 위노나 호터^{Wenona Hauter}는 "폼페오는 가장 높은 가격을 제시하는 입찰자에게 자신을 팔 수 있는 기회주의자"이며, "그는 GMO 식품 표기를 요구할 수 있는 주 정부의 권한을 막았을 때 이미 캔자스 유권자를 무시했다. 그의 충성심은 유권자가 아니라 몬산토^{Monsanto}와 위험한 농화학 물질, 그리고 모든 농부가 이 물질에 비정상적으로 의존하도록 만드는 것을 향해 있었다."고 말했다.

폼페오는 의회에서 쓰레기 과학을 옹호하고, 기후변화를 부인하며, 코치 형제가 출자한 단체가 출간한 가짜 연구결과를 배포해 마치 환경오염의 영향과 코치형제의 뻔뻔한 범죄행위가 존재하지 않는 듯 주장하는 데 거리낌이 없었다.

호터는 다음과 같이 말했다.

"코치형제가 수천만 달러를 들여 기후변화에 대한 공감대를 부정하기 위해 쓰레기 과학을 선전했다는 걸 압니다. 그런데 우리는 이들이 완벽한 거짓말을 하고 있다는 것도, 과학계는 기후변화에 대해 공감하고 있다는 것도 압니다."

코치형제의 노력은 이게 끝이 아니다. 코치 반대 단체인 'UnKoch My Campus'은 코치형제가 자신들의 위선적 '자유시장' 정책, 즉 국가의 번영을 위해서는 기업 규제완화가 필수적이라는 논리를 옹호해줄 교수를 만들기 위해 어떻게 대학의 교수임용에 적극적으로 개입했는지를 보여주는 문건을 발표했다. 코치형제는 여러 대학의 교수진 임용과 고용유지 결정 시 비밀리에 자신들의 발언권을 주장하는 방식으로 영향력을 행사했다.

이들은 또한 대학생과 고등학생에게 법인세와 정부의 규제는 최소한으로 줄어야 한다는 메시지를 보내기 위해 어마어마한 돈을 투자해 '청년기업가' Youth Entrepreneurs를 육성하기도 했다.

싱가포르 정상회담에 대한 전망

김정은과 트럼프의 정상회담은 어떻게 될까?

나폴레옹 3세나 바이에른의 '미치광이 왕' 루트비히 2세에 버금가는 글로벌 리더십을 목도하고 있다.

안보와 국제관계 전문가들도 생각이 많을 것이고, Fox News와 CNN은 큰 돈 벌 생각에 들 떠있는 걸 알 수 있을 것이다. 좋은 정책 결정일수록 흥미거리에 집중하는 상업언론에게는 중요하지 않은 문제이다. 트럼프는 이번 회담을 준비하기 위해 Fox News를 보다가 Friends도 보다가 트위터로 아리송한 말을 끄적거리는데, 잘못될 게 뭐가 있겠는가?

그리고 루돌프 줄리아니[Rudy Giuliani]가 언론이 호들갑스럽게 타전하기 좋도록 국내·외의 폭력사태를 가슴 철렁한 메시지와 함께 알려주고 있다.

줄리아니는 트럼프가 전 FBI 수사국장인 제임스 코미[James Comey]를 처벌할 수도 있음을 시사했다. 전직 관료가 다른 전직 관료를 상대로 위협을 가하는 모습은 1850년대 이후 농담으로도 들은 바 없다. 줄리아니는 또 트럼프가 김정은이 회담을 구걸하도록 강요했다고 주장하기도 했다. 후자는 논점을 흐리고, 결과가 무엇이든 개의치 않는 전형적인 관심 돌리기 수법 같지만, 최대한 모욕을 주려는 의도로도 보인다. 트럼프는 이에 대해 어떠한 언급도 하지 않았다.

이 요상한 발언은 그렇다고 재미가 있는 것도 아니다. 급격한 정부 통제의 붕괴와 무력사용을 향한 움직임을 암시하고 있다.

카펠라 회담은 몇 가지 심각한 결과를 가져올 것이다.

우선, 이번 정상 회담은 FBI 수사 막후에 있는 세력과 최후의 결전을 앞두고 권력을 유지하기 위해 트럼프 정부가 선택한 정치적 삼각측량의 수단이다.

민주당은 공화당을 이기기 위해 그들의 전술을 베껴 이번에는 자신들이 강경파임을 외치면서 상당부분 우파 논리로 돌아섰다. 그들은 북한이 다섯가지 조건을 충족하지 못한다면 대북제재 완화에 반대한다고 선언했다.

이러한 민주당의 우경화는 ^(러시아에 대한 지대한 관심과 함께) 마치 트럼프가 탐욕스러운 민주당 ^(그리고 공화당) 주류에 반대되는 개방적인 진보성향 인사인 것처럼 보이게 한다. 미국 역사 상 가장 역진적이고 부패한 대통령으로서는 대단한 성과임에 틀림없다. 그러나 민주당의 변혁은 거기에서 멈추지 않는다. 하원의원에 도전하는 민주당 후보의 절반 가량은 군대와 정보기관에서 일한 경험이 있고, 다수가 심각한 이해의 상충을 겪고 있어 러시아와 이란, 중국 또는 북한에 대한 강경입장을 내려놓기 어렵게 하고 있다. 간단히 말해 오늘날 민주당은 한 때 민주당의 이름으로 데니스 쿠시니치^{Dennis Kucinich}와 폴 웨스톤^{Paul Wellstone} 같이 사려 깊은 정치인을 지지한 단체들과 아주 최소한의 관계만 유지하고 있다.

둘째, 이번 회담은 미군 내 강력한 분파가 미국과 이란, 러시아 또는 중국과 ^(또는 셋 모두와) 직접적 군사행동을 요구하는 시점에 열린다. 그 목적지가 시리아가 될지, 남중국해, 아니면 심지어 북한이 될지는 모르지만 전면적 군사대립을 향한 움직임은 빠르게 진행 중이다.

트럼프가 북한과의 평화에 대해 ^(법적강제성이 없는) 트윗을 날렸다는 얘기는 들어 봤을 것이다. 하지만 새로운 주한대사인 해리 해리스가 지난 5월 30일 "북한은 여전히 코 앞에 다다른 위협이다. 미국까지 날아올 수 있는 핵무기와 미사일을 갖춘 북한을 결코 용납할 수 없다"고 발언한 것도 아시는지?

여러분은 모르고 지나쳤더라도, 중국과 북한은 이 발언을 놓치지 않았을 것이다.

지난달 미국의 대중 압력은 극단으로 치달았다. 중국인의 미국 방문 비자 발급을 제한하고, 산업 스파이 활동을 하는 중국기업을 고발하고, 법과 국제조약의 굴레에서 벗어나 대규모 무역보복을 시행할 것을 요구하는 목소리가 커졌다.

미국은 말레이시아와 필리핀, 호주, 한국으로 하여금 중국에 적대적인 입장을 고수하고, 북한의 미래에 관한 논의에서 중국을 완전히 소외시키도록 압박하고 있다. 세계경제의 중심이자 지구촌 인구의 6분의 1이 살고 있는 중국과 이렇게 억지로 대립을 조성하는 것이 좋은 전략일 리 없다.

중국은 미국이 하지 못 하는 기후변화 문제 해결과 재생에너지 발전을 위해 진지한 노력을 하고 있음은 말할 것도 없다.

그런데 한국, 일본 및 다른 동맹국들 간의 논의를 보면 미국과의 동맹에 대한 열의가 훨씬 희미해짐을 알 수 있다. 오히려 이들의 침묵에서 상반된 감정의 교차를 느낄 수 있다.

우리는 현재 미국 외교정책에서 '적색거성' 효과를 보고 있다. 적색거성은 별이 소멸하기 직전 단계로 핵에 있는 수소를 소진하고, 별을 움직인 핵반응이 멈추는 시점이다. 별의 중심부는 중력에 의해 수축, 수소를 흡수하고, 힘을 잃은 중심부 근처에서 느리고 불분명한 융합반응이 시작된다. 그 결과, 이 별은 더 광대한 표면영역까지 나아가지만 그 강도는 훨씬 감소한다. 결국 이 적색거성은 에너지를 다 쓰고, 마지막으로 한번 백색왜성을 형성한다.

이와 유사하게 미국이 동아시아에서 발산 중인 막대한 군사력이 아시아 전문가 육성의 실패와 대사관과 싱크탱크의 전문성 상실, 미국과 아시아를 연결한 문화적 학술적 교류의 실종과 맞물린 모습은 새로운 아이디어나 정책을 생산할 수 있는 중심부의 힘을 잃은 미국이 통제 불가능한 방법으로 팽창은 하겠지만, 그리 오래 가지는 못할 것임을 시사한다. 이 팽창은 필연적으로 축소될 수밖에 없다.

우리는 미국이 북한과 진정한 대화를 추구하는 동시에 세계대전을 향해 다가가는, 이 모순적이지만 불가능하다고 할 수만은 없는 시나리오를 염두해야 한다. 중국과의 전쟁에 시동을 거는 미국 내 목소리에 침묵하는 주류 언론이 추악하게도 우리의 귀를 막고 있다. 이번 정상회담은 경제의 군사화라는 미국의 치부를 가려주는 무화과 잎사귀의 역할도 했다.

우리에게는 근본적인 방향의 전환이 필요하지만, 트럼프와 김정은의 초기 추진력이 도움이 될 수도 있다.

우리는 정치적 의미의 합기도를 수련해야 한다. 다시 말해 우리는 트럼프와 김정은이 자신들의 영달을 위해 시작한 이 힘이 새롭고 긍정적인 방향을 향할 수 있도록 해야 한다. 이는 불가능하지 않다. 다만, 시민으로서 엄청난 집중력을 가지고 관심을 기울여야 한다.

우리는 이 회담을 십분 활용해 애정을 가지고 조심스럽게 올바른 방향으로 나아갈 수 있도록 해야 한다. 이번 회담 이후, 브레턴우즈 회의[1944년]와 유엔회담[1945년]에서 확립된 글로벌 거버넌스에 활기를 불어넣어야 한다.

자기도취에 빠진 정치인들에게 모든 공을 넘겨서는 안 된다.

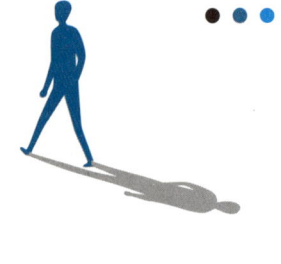

해외에 북한이 소개되고 있는 세 가지 방식… 위험하거나 가난하거나 신비하거나

잠시 시간이 있다면 교보문고의 영어 도서 섹션에 가보는 것이 좋다. 영어 도서 섹션의 중간에 위치한 해외 독자들을 위해 영어로 출간된 북한 관련 도서들을 발견하게 될 것이다. 이 책들은 밝은 색상의 매력적인 표지들로 덮여 있다. 북한 관련 서적에는 세 가지 장르가 있다.

북한을 호전적인 국가로 묘사하는 자들의 이면

첫 번째는 끊임 없이 전쟁을 벌이고 무기를 사용하여 한국, 일본 및 미국을 공격하려 하는 호전적인 군사 독재국가로 북한을 묘사한 유사 학술 서적이다. 이 책들은 독자층이 다소 제한되어 있으며 북한의 의도나 군사력을 진지하게 비교 분석하기 보다는 한국, 일본 및 미국이 고가의 무기 시스템을 구매해야 한다고 사람들을 설득하기 위한 수단으로 출판되고 있다.

이러한 무기 시스템의 구매는 단순히 북한에 대한 오해의 결과가 아니며 군수 산업을 통해 돈을 벌어들이는 은행 및 다른 투자자들이 소수의 사람들을 위한 이익을 창출하기 위해 일반인들이 낸 세금을 사용하는 방법의 일환으로 의도적으로 그러한 이미지를 널리 홍보하는 것이다. 나는 많은 이들이 북한의 위협에 대한 이 지루한 책들을 정말 끝까지 읽었을 것인가에 대해 의심이 든다.

북한 관련 서적의 두 번째 장르는 수많은 지독한 시련과 끔찍한 고통을 겪은 뒤 한국이나 미국에서 자유를 찾은 용감하고 고결한 사람들이 북한의 압제적이고 범죄적인 환경으로부터 탈출하는 것을 묘사한 책들이다. 대개 탈북자들이 서구 작가의 '도움'을 받아 쓴 이러한 이야기들은 극적인 반전과 서사 구조를 조합함으로써 북한을 세계의 다른 어느 나라보다 끔찍하게 보이도록 만들었고 서양과 서구 문화가 안전하고 평화롭고 자유로운 환경을 제공함을 시사함으로써 위험하고 무서운 북한과 대조를 이루고 있다.

이 흥미진진한 이야기들은 모험 소설로 더 잘 분류되며 실제 경험을 바탕으로 한 섹션들이 포함되어 있음은 의심의 여지가 없지만 더욱 강렬하고 호소력을 갖도록 서구 편집자들에 의해 각색되었다. 이러한 책들은 북한에서의 생활에 대해 자세히 설명하는 것이 아니라 에드거 앨런 포의 소설들처럼 가슴 아프거나 끔찍한 장면들을 설명하는 데에 더욱 중점을 두고 있다.

이 책들이 북한 사람들이 자신들의 의지에 반해서 한국에 머무르도록 강요당하는 방법과 한국이나 미국에서 학대 및 조종당하는 방법 또는 지배 계급이 노동자와 농민을 학대하는 전 세계의 다른 많은 개발 도상국들과 북한 사이의 유사점에 대해서는 아무 것도 묘사하지 않는 점에 주목할 필요가 있다. 이러한 이야기들에서 북한은 여전히 독자적인 상태로 남아 있다는 사실이 중요하다.

증언이 아닌 퍼포먼스를 하는 듯 보이는 북한이탈주민 행사

나는 약 2년 전 서울에서 열렸던 공개 행사에서 작가로서 새로운 경력을 쌓으려고 노력하는 한 탈북 여성 옆에 앉을 기회를 가졌다. 그녀는 탈북자 중 가장 유명 인사는 아니지만 탈북자의 이야기를 출판 시장에 내놓으려고 열심히 노력하고 있었다. 그녀는 그 행사에 에이전트와 함께 왔는데 이벤트를 진행하는 과정에서 중요한 역할을 했다. 그녀는 행사를 위해 진한 화장을 하고 매력적인 드레스를 입었다. 그녀는 북한에 있는 형제 자매들의 대변인이라기 보다는 모델이나 가수가 되려고 노력 중인 사람처럼 보였다.

가장 중요한 것은 그녀가 청중의 질문에 답변했을 때 북한이라는 나라 전체가 전 세계 어느 곳보다도 억압적이고 폐쇄적이며 전체주의적임을 시사하면서 북한에 대한 모든 것들을 무조건적으로 비난했다는 사실이었다. 그녀는 북한의 어떤 것에 대해서도 긍정적인 말을 할 수 없었고 지나치게 부정적이었기 때문에 자신이 자란 나라를 묘사하기 보다는 정해진 대본에 따라 말하는 것처럼 보였다. 이러한 '북한 탈출' 이야기를 읽으려고 시도할 때마다 나는 인위적인 구성에 금방 질려버리게 된다. 나는 북한에 가본 적은 없지만 이런 이야기들이 북한을 기상천외할 정도로 악의 소굴로 보이도록 윤색되어 있다고 말할 수 있다. 반면에 비록 극소수지만 이 이야기들 중 일부는 북한의 검소하고 상업주의에 물들지 않았으며 스마트폰이 없는 생활의 미덕을 시사하고 있다. 또한 이러한 '탈출 소설' 장르는 필연적으로 북한이 자유롭고 개방된 시장 경제를 채택하지 못했고 정부가 자유 무역을 개방하려는 의지가 없으며 자유 무역을 위한 시장 개방에 대한 정부의 의지가 결여된 것이 현재 북한이 직면한 기근과 빈곤의 원인임을 암시하고 있음에 주목할 필요가 있다. 시장 경제가 미국과 한국에 미친 엄청난 피해를 살펴본다면 코카콜라와 디즈니 상품의 소비가 국가에 긍정적인 것으로 보기는 어렵다. 전 세계인들은 이른바 자유 무역에 매우 적대적이다. 더욱이 한국에서 대량 광고를 통한 소비 문화의 홍보로 인해 엄청난 불행이 발생했다. 그러나 또한 우리는 북한 사회의 잔인성이 미국, 일본, 한국에서처럼 부와 지위의 찬미에서 비롯된 지배 계급들의 이기심과 관련이 있는지에 대해 스스로 자문해볼 필요가 있다.

소비재 상품의 보유에 따라 가치가 결정되는 문화의 진흥은 북한이든 한국이든 관계 없이 사회에 강력한 영향을 미치며 우리가 그러한 문을 여는 가치에 대해 진지하게 의문을 제기해야 할 수도 있다. 사람들이 그토록 가난한 시기에 그러한 소비 주도 경제에 문을 여는 것이 가치가 있는지에 대해 심각하게 고민해봐야 할 것이다. 북한이 직면한 문제들에 대한 해결책이 시장 경제라고 말할 이유가 과연 있을까? 소비에 집착하는 한국이 어떤 의미에서든 북한의 모델이 될 수 있을까?

예를 들어 강철환이 피에르 리굴로의 도움을 받아 쓴 베스트셀러 '평양의 수족관 : 북한 강제 수용소에서 보낸 10년' The Aquariums of Pyongyang: Ten Years in the North Korean Gulag 을 살펴보자. 저자 강철환은 자신과 가족들이 어리석고 세뇌된 북한 사람들과는 대조적으로 매우 강인하고 유능했음을 상세하게 설명하고 있다. 그는 북한의 강제 수용소에서 살아남아서 북한을 탈출할 수 있었다. 그는 한국에서 코카콜라를 마실 수 있게 되었을 때에 느꼈던 안도감에 대해 말하고 있다.

북한 감옥의 야만성에 대해서는 의심의 여지가 없지만, 북한 감옥이 전 세계의 다른 감옥들보다 더욱 끔찍한 곳이라고 확신할 수는 없다. 어쨌든 이 책에서 칭찬하고 있는 미국은 북한을 비롯한 다른 어느 나라보다도 많은 인구를 감옥에 수감하고 있으며 특히 미국의 감옥은 악랄하고 위험하여 많은 사망자가 발생하고 있다. 미국과 북한 감옥들의 잔혹성에 대한 비교는 도움이 될 수 있겠지만 저자에게 그러한 비교는 관심의 대상이 아니었다.

다음으로 우리는 성매매범들로부터 학대 받았던 탈북 여성의 고통스러운 이야기를 다룬 박연미의 저서 '살기 위해서' In Order to Live 를 살펴보기로 하자. 이 책은 대부분 실제 사건들에 기반한 것이 분명하다. 그렇지만 이 책의 저자는 여전히 선진국에 견줘 북한이 얼마나 뒤떨어져 있는지 듣고 싶어하는 서구 독자들에게 영합하려는 것으로 보인다.

미국인으로서 박씨의 책을 읽었을 때 북한을 익숙하지 않은 곳으로 소개하기 때문에 필자와 같은 독자들이 이 책에 끌린다는 느낌을 받았다. 북한은 한국인이나 미국인이 자신이 살고 있는 사회에서 제도와 도덕이 붕괴되는 데에 대한 두려움과 우려를 투영할 수 있는 장소 역할을 한다. 이 책은 여성 학대가 한국과 미국을 포함한 전 세계에서 보편적으로 벌어지고 있다는 사실에 대해 눈을 감도록 부추기고 있다. 여기에서는 사람들이 보편적으로 겪는 인간적 경험을 무시하고 북한을 정말로 특이한 공포의 대상으로 그리고 있다.

우리는 북한인들이 겪고 있는 기아와 박탈 또는 자유의 부재를 미국의 흑인들이나 멕시코의 원주민 또는 한국에 사는 캄보디아 이민자들의 경험과 비교한 적이 없다. 그러한 비교는 전체적인 맥락에서 북한을 이해하는 데에 크게 도움이 될 것이다. 그러나 그러한 비유는 문제의 진정한 원인이 북한의 이데올로기보다는 무자비한 시장의 속성이나 부의 집중에서 비롯되었음을 시사할 것이다.

북한에 대한 오리엔탈리즘적인 기술들

북한 관련 서적들의 세 번째 장르는 제3자들의 보고서나 단기간의 북한 여행을 통해 스스로 관측한 바에 근거해 작성된 서방 전문가들의 글로 이러한 글들은 북한의 모든 측면을 제대로 작동하지 못하고 전체주의적이며 범죄적 특성을 가진 것으로 다루고 있다. 그런 책들의 범위는 다양하며 일부는 다른 책들보다 더 객관적이지만 대부분은 이 고립되고 끔찍한 나라가 얼마나 기괴하고 으스스하며 기이하고 잔인하며 비인간적인지를 허구적으로 묘사한 이야기들로 되어 있다. 이러한 책들은 북한의 지역별로 다른 문화나 지리적 차이를 제제로 설명하지 않으며 현직 정부 관리, 정책, 인프라나 핵무기를 제외한 과학 기술에 대해 상술하고 있지 않다. 북한과 관련된 인기 있는 영어 도서에서 지난 500년간 북한의 각 지역이나 도시의 고유한 특성이나 지역별 제도적 변화에 대해 설명한 것을 본 적이 없다. 프랑스나 독일에 관련해서는 그러한 지역적 특성이나 제도적 측면을 다룬 책들이 많이 있다. 그렇지만 어떻게든지 북한은 전혀 하나의 국가로 취급되지 않는다.

직설적으로 말하자면 이 책들은 북한을 이해하려는 시도가 아니라 차라리 다른 나라들과 달리 동양에 대한 환상으로 국가 전체를 나타내려는 문학적 프로젝트에 가깝다.

이러한 분석을 위한 접근 방식은 서양인들이 터키와 아랍에서 시작해서 나중에는 인도, 중국, 일본으로 확대된 동양에 대해 매력을 느끼는 데에서 시작된 '오리엔탈리즘'의 오랜 전통에서 전혀 벗어나지 않는다. 서양인들은 이러한 '동양' 문화를 유럽의 모든 규범으로부터 벗어났으므로 매력적이지만 궁극적으로는 기이하고 알 수 없는 신비한 세계로 보기를 원했다.

19세기와 20세기 오리엔탈리즘의 전통은 다른 문화를 이해하려는 노력과는 아무 관련이 없었고 오히려 에드워드 사이드의 고전 연구 '오리엔탈리즘'에서 입증된 것처럼 국내 문화와 정치를 정당화하고 설명하기 위한 수단으로서 가장 중요했다.

영국은 인도가 매우 낙후되어서 합리적으로 만들어야 했기 때문에 인도를 식민지로 만들 권리가 있었다. 그러나 진실은 영국이 주로 경제적 이익을 위해 인도를 착취하는 데 관심이 있었다는 것이다. 영국인들은 인도나 터키를 기이하고 흥미롭지만 부패하고 비이성적인 문화로 묘사함으로써 그러한 동양 국가들보다 훨씬 더 기이하고 잔인하게 여겨왔던 중앙 아시아와 아프리카 지역에서 이익을 얻기 위해 잔인한 식민지 전쟁에 참여했을 때 우월감을 느낄 수 있었다.

북한은 이 북한 전문가들의 손에 의해 미국에서 정확히 이 역할을 수행하고 있다. 코카콜라를 마시지 못하거나 한국의 아이돌 그룹들을 볼 수 없는 폐쇄적이고 억압적인 사회로 묘사될 때 그러한 설명은 북한에 대한 설명만큼 가치가 있는 것이 아니라 오히려 한국과 미국의 소비 지향 문화를 정당화하는 역할을 한다. 대중 문화. 북한 연구 서적을 읽는 독자들은 돈이 충분하다면 자신이 이러한 모든 소비재에 접근할 수 있고 자신이 원하는 것을 자유롭게 구매할 수 있다는 점에 대해 감사하게 생각할 것이다. 그러나 한국의 현 상태를 기이하고 권위주의적인 북한과 대비해 이를 정당화하는 것은 증가하는 자살과 과도한 경쟁에서부터 시작해 SNS 중독 및 가정의 붕괴에 이르기까지 현재 한국을 휩쓸고 있는 심각한 병폐들로부터 사람들의 주의를 돌리는 데에 도움이 된다. 이는 매우 심각한 문제들로 언론 매체들은 여기에 대해 언급하는 것을 꺼리고 있다. 끔찍한 북한에 관한 이야기는 한국의 현상을 정당화하는 데에 이용된다. 그렇다고 북한에 비극이나 잔인성이 없다는 의미는 아니다.

미국이 스스로의 존재를 정당화하기 위해 북한을 이용하는가

서구의 전문가들이 쓴 두 권의 북한 관련 유명 도서인 브라이언 R. 마이어스의 '가장 순수한 인종: 북한인들이 스스로를 보는 방법' The Cleanest Race: How North Koreans See Themselves 과 미국에서 가장 유명한 한국 정치학자 빅터 차의 '불능 국가: 북한, 과거 및 현재' The Impossible State: North Korea, Past and Present 를 살펴보자.

북한 전문가를 자칭하는 브라이언 R. 마이어스는 미국 언론에 현 통치자 김정은 및 그의 아버지 김정일과 할아버지 김일성에 대한 극단적인 개인 숭배가 북한을 얼마나 지배하고 있는지에 대해 기고하면서 북한의 정치 선전에서 찾아볼 수 있는 한민족의 순수성에 대한 강조가 2차대전 이전 일본의 파시즘으로부터 영향을 받은 결과라고 주장한다.

마이어스의 책의 많은 부분은 사실이지만 문제는 그것이 특이하게 기이하고 무서운 나라의 이야기를 만드는 방법으로 사용되었다는 것이다. 나는 개인적으로 북한의 구호에서 인종적 순수성을 사용하는 것에 대해 불안하게 생각한다. 그것은 오해와 차별을 부추기는 것이 위험한 전략이라고 생각한다. 그러나 마이어스의 책은 북한의 인종 정책과 미국이나 유럽 정치에 사용되는 인종 정책 사이의 유사성을 전혀 밝히지 않는다. 그러한 비교는 지나치게 계몽적이지만 저자가 자신의 독자들이 보기를 원치 않았던 정치에서 '인종적 순수성'의 문제는 후진적인 북한에만 국한된 것이 아닌 보편적이라는 사실을 알 수 있도록 할 것이다.

마이어스는 축구 경기나 학생 집회에서 드러나는 북한의 행동을 심하게 병든 정치 체제를 대표하는 것으로 해석한다. 그의 책 속에는 북한이 자신들 나름의 방식으로 북한인들을 이해하거나 또는 북한 문화의 왜곡이 억압적인 정부뿐만 아니라 북한이 겪었던 잔혹한 전쟁과 외부적 요건으로 인해 강요되었던 지독한 고립의 결과였음을 분석하려는 시도가 전혀 없다. 그러나 내게 있어 이 책의 모든 전제는 지성에 대한 심한 모욕으로 여겨진다. 그렇다. 인종적 순수성을 지향하는 북한의 이데올로기는 뭔가 불안한 것이 있다. 그러나 무자비한 경제 확장을 목적으로 외국에서 수백만 명을 살해하고 자유와 민주주의의 명목 하에 천연 자원 확보를 위해 전쟁에서 열화 우라늄의 사용을 정당화하는 미국의 이데올로기는 어떨까? 그것은 위험한 이데올로기이다. 그러나 마이어스의 책에서는 '북한은 미국이 제국주의 및 팽창주의 이데올로기를 가진 것과 마찬가지로 인종주의적 이데올로기를 갖고 있다'고 이야기하지 않는다. 그러한 북한 전문가들에게는 북한을 스탈린 시대 러시아나 나치 독일을 제외한 다른 국가들과 비교하는 것이 불가능하다.

마이어스는 북한이 자신의 존재를 정당화하기 위해서는 그와 같은 미국에 대한 적대감이 필요하다고 시사한다. 물론 그 진술은 사실이다. 북한의 정치 지도자들은 미국에 대해 저항한다는 명목으로 주민들을 모으고 그들의 권력을 정당화한다.

물론 미국이 지속적으로 북한을 공격하겠다고 위협하고 종전 평화조약을 체결하지 않고 있기 때문에 북한 정치인들이 이러한 주장을 쉽게 할 수 있을 것이다. 그러나 마이어스가 제기하지 않으며 제기할 수도 없는 질문은 미국이 스스로의 존재를 정당화하기 위해 북한을 이용하는지 여부이다.

이 문제에 대해 깊이 생각하지 않은 사람들에게는 이 질문은 터무니 없을 수도 있겠지만 물어볼 만한 가치가 있는 질문이다. 미국은 기후변화에 대처하고 자국 내의 지독한 부의 편중을 줄이거나 수천 개의 핵무기로 인한 핵전쟁 위험을 줄이는 데에 자원을 할애할 수 있었다. 그러나 오히려 미국에서는 광적인 무기 구축 사업에 점점 더 많은 투자가 이루어지고 있다. 무기 제작은 몇 안 되는 미국 내 제조 산업 중 하나가 되고 있다. 미국 경제의 군사화가 정당화되는 이유는 무엇인가? 상상화된 북한의 위협은 경제 왜곡을 정당화하는 데에 있어 큰 부분을 차지한다. 북한은 미국의 광기 어린 경제 정책을 정당화하는 데 사용되는 위협이다.

'불능국가'는 북한이 아니라 미국이다

다음에는 CSIS의 우수한 한국 전문가 빅터 차와 그의 판타지 소설 '불능 국가: 북한, 과거 및 현재'에 대해 살펴보도록 하자.

이 책에서는 북한을 이해하기 어려운 이상한 나라로 너무 기이하고 이해할 수 없을 정도로 무너져서 붕괴되어야 마땅한데 계속 유지되고 있는 사회로 소개하고 있다. 빅터 차에게 있어 북한의 미스터리는 그것이 작동한다는 것이다.

이 책에서는 전기 사용이 극도로 제한되어 자동차가 많지 않기 때문에 '불능' 도시로 간주되는 평양의 거리에 대해 상세하게 묘사하고 있다. 그러나 모든 기후변화 전문가들은 최대한 빨리 자동차를 제거하고 전기 사용을 크게 제한해야 한다고 말할 것이다. 그 문제에 대해서 북한 청소년들이 기업의 이익 증대를 추구하기 위해 중독되도록 독려하는 스마트폰에 빠져들지 않는 것이 좋은지 나쁜지 여부를 묻는 것은 좋은 질문이다.

또한 이 책은 북한 주민들의 상대적으로 검소한 생활을 기이하고 후진적인 것으로 여김으로써 부패한 미국 문화를 조장한다. 이러한 접근 방식은 자연과 조화를 이루며 지속 가능한 삶을 살았던 미국 원주민들을 '야만인'으로 묘사하면서 광물 자원을 착취하고 야생 동물들을 무차별적으로 사냥해 멸종에 이르게 했으며 거대 도시들을 건설해 환경에 큰 피해를 가져왔던 서구인들과 매우 유사하다.

이 책은 자유롭고 개방된 국가인 미국과 대조적으로 북한이 조잡하고 조작된 선전을 통해 김씨 일가의 학정에 대해 사람들을 오도하는 방법을 설명하고 있다.

그러나 이 책에 대해서 실제로는 자동차를 운전하고 큰 집에서 살면서 많은 에너지를 낭비하지 않는다면 자유롭지 못하다고 제시함으로써 미국 사회의 깊은 모순으로부터 사람들의 주의를 돌리도록 하는 선전 선동의 걸작이라고 주장할 수도 있을 것이다. 궁극적으로 "불능국가"는 실제로 잔인하고 억압적임에도 불구하고 북한이 아니라 오히려 미국 자신이다.

트럼프 행정부의 증가하는 광기와 국내에서의 통치 붕괴를 둘러싼 정치적 혼란은 미국 정치의 오랜 부패의 결과일 뿐이며 그 기원은 2000년 선거 당시로 거슬러 올라간다. 북한은 미국의 활동을 제어할 수 없다.

빅터 차에게 북한은 미국에서 점점 확산되고 있는 권위주의에 대한 실질적 불확실성을 투영할 수 있는 장소이다. 미국인들이 신문을 선전으로 가득 채우는 방식에 대해 스스로 정직할 수 없다면 대상이 '미국'이 아닌 '북한'일 경우에는 적어도 이 진실을 간접적으로 인식할 수 있을 것이다. 내부의 사회적 모순을 그처럼 생경한 북한에 전달, 계획하는 것은 많은 미국인들로 하여금 미국으로 알려진 '불능' 국가에 대해 더욱 편안하게 느끼도록 만든다.

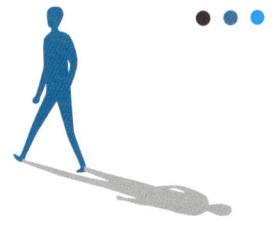

일왕에게 욱일장 받고 주한미대사 부임한 해리 해리스

많은 한국인들은 최근에서야 해리 해리스^{Harry Harris} 주한 미 대사가 방위비 인상 압박을 강하게 요구하는 행동을 보며 깜짝 놀란 듯하다. 이혜훈 국회 정보위원장을 미 대사관저로 부른 해리 해리스 대사가 대놓고 방위비 압박을 하는 모습은 한국인으로서는 매우 무례한 감정이 들게 할만 했다. 이혜훈 의원은 "해리스 대사가 관저로 불러 방위비 분담금 50억 달러를 내라는 요구만 20번 정도 반복했다"고 말한 바 있다. 심지어 해리스는 최근 미국과 이란 갈등의 앞마당인 호르무즈 해협에 한국군 파병까지 요청하고 말았다.

그간 한국 언론은 남북 화해 분위기 조성 국면에서 미국의 심기를 거스르지 않기 위함인지 해리스 대사의 실체에 대해 충분한 양의 보도를 하지 않는 모습이었다. 이 때문에 정치권에서도 해리스 대사의 무례한 행동을 미처 예상하지 못하고 적절하게 대응하지 못한 듯하다. 이제라도 해리스 대사가 어떤 배경을 가진 사람인지 한국인들이 제대로 알 필요가 있다.

호주의 보수세력이 환영했던 호주 미 대사 지명자 해리스

해리 해리스는 2018년 4월 초까지만 해도 미국 태평양 사령부 사령관^{제독} 자리에서 주호주 대사로 임명되어 업무를 시작할 예정이었다. 그런데 2018년 4월 24일 트럼프 행정부는 돌연 해리스 사령관을 주한 미 대사로 지명해 발표했다.

여러 면에서 이러한 지명은 유례 없는 일이었다. 한국 정부가 북한과 평화 무드를 조성하려는 시점에 군 장성을 대사로 임명해 한국과 동아시아로 파견하는 것은 예사 일이 아니다. 과거 일본의 식민지배라는 민감한 역사를 갖고 있는 한국의 대사로 일본 극우와 친밀한 군 장성을 임명했다는 점도 예사롭지 않다. 해리스 대사의 어머니가 일본인이고, 그가 일본에서 태어났다는 사실만으로 이 지명을 반대할 수는 없겠지만, 하필 해리스 제독이 주한 미대사로 지명된 순간 그에게 '욱일장' Order of the Rising Sun 이 수여^{2018년 4월 26일}된 사실은 참 기묘하다. 욱일장 수여는 해리스가 얼마나 일본의 우익들과 친밀한 관계인지를 설명한다. 일본인들은 해리스를 거의 자국민처럼 여긴다.

애당초 많은 호주인들은 호전적인 맹렬 반중^{反中} 해리스 제독의 호주대사 임명을 반기지 않았다. 다만 호주 내 보수세력은 좀 생각이 달랐다. 말콤 턴불Malcolm Turnbull 호주 총리는 전 총리인 토니 애벗Tony Abbot이나 케빈 러드Kevin Rudd보다는 중국에 대립각을 세우는 입장이었으나, 호주의 재계에서는 그래도 턴불 총리를 불편하게 생각했다. 중국의 경제 압박과 채굴, 농업, 교육 등 호주 내 현안 때문에 골드만삭스조차 턴불 총리의 발목을 잡고 있었다. 이 때문에 미 군부 내 반중파에게는 호주 내의 반중국 여론을 잠재우기 위해 해리스 제독은 반드시 필요한 존재였다. 게다가 그는 보통 군 장교가 아니라, 아시아 전역에서 군사적, 경제적, 문화적으로 중국에 대항할 동력을 이끌 적임자다. 그의 호주 대사 임명은 자연스러운 수순이었다. 또한 그는 격식이나 군대의 법칙에서 벗어나 조롱과 도발을 쏟아내는 언행으로도 알려져 있다.

중국에 맞설 미국의 '한반도 카드'로 해리스가 발탁되다

그런데 미국이 중국과 맞서기 위해 중요한 또 다른 국가가 있었으니 바로 한국이다. 한국에도 대중對中관계가 틀어지지 않기 위해 애쓰는 목소리가 크기 때문이다. 원래 주한 미국대사로는 극우파 퇴역 육군장교인 제임스 터먼James Thurman 전 사령관이 일찌감치 내정되어 있었다. 그런데 왜 마이크 폼페이오Mike Pompeo 미 중앙정보부 국장현 국무부장관은 마지막 순간에 해리스 제독으로 변경한 것일까?

이 급선회에 관한 자료는 내 평생 공개되지 않을지도 모르겠다. 그렇지만 의도는 분명하다. 최근 남북한은 11년만에 처음으로 남북회담을 갖고 합의를 도출했고, 4월 28일 발표된 공동선언문을 보면 양측이 상호협력을 위해 전반적인 의견을 나눴음을 알 수 있다. 이로써 수주 또는 수개월 내에 남북한의 휴전 상황이 끝날 수도 있을 것이다. 미국이 평화협정을 원하느냐 아니냐는 사실상 중요하지 않을지도 모른다.

이렇게 남북관계가 급진전해 트럼프 대통령의 뒤에 버티고 있는 미 군부가 받아들일 수 있는 수준을 넘어서자, 그들은 한국을 놓치지 않기 위해서는 해리스 제독 같은 거물급 인사가 필요하다고 판단한 것 같다. 그는 혹여 협상의 성공이 아시아 내 미국의 입지를 흔들고, 그동안 미국이 전투기와 군함, 잠수함 수의 급증을 정당화하기 위해 중국과의 전쟁 상황을 조성한 마지막 순간에 군축을 하게 될까 우려하는 쪽은 아니다. 오히려 그는 중국과의 광범위한 군사대결을 추구하는 쪽에서 큰 목소리를 내왔다. 좀 더 직접적으로 말하자면 미국 정부 내에는 해리 해리스 만큼 가차없이 과감한 결정을 내릴 수 있는 사람은 거의 없다. 한국은 중국, 일본, 러시아와의 정치, 경제적 통합과 동시에 북한과의 화해를 위한 여정을 시작했고 이것이 거대한 물결이 될지도 모를 일이므로 미국으로서는 이를 막기 위해 그 무엇도 망설이지 않을 누군가가 필요하다.

나는 다만 한국 사람들이 해리스 대사가 친일 인사라거나 반중 인사라든지 하는 배경 외 미국의 관타나모 포로수용소에서 수용자들이 고문과 학대를 당하는 동안 그가 한 일에 대해 더 생각해볼 필요가 있다고 생각한다. 당시 고문과 학대는 주도 면밀하게 구성된 법률의 사각지대 내에서 이뤄졌다. 일반적으로 이렇게 떠들썩한 불법행위에 개입되면 경력이 끝장나기 마련이다. 그러나 우리는 일반적이지 않은 상황에 살고 있다.

고문으로 악명높은 관타나모수용소의 책임자가 해리스

해리 해리스 제독의 경력은 그가 2006년 3월부터 이듬해 6월까지 관타나모수용소의 사령관으로 복무한 이후 도약했다. ^(부시 정부에 의하면 제네바 협약의 대상이 아닌) 이 비밀 군시설이 수용자들에 가학 행위를 하는 장소로 쓰였다는 기괴한 이야기는 수용소 경비요원이었던 조셉 힉맨^{Joseph Hickman}의 저서

해리 해리스 주한 미국대사는 KBS와의 인터뷰에서 "한국도 호르무즈 해협에 파병하기를 바란다"고 말했다. KBS 인터뷰 화면 갈무리.

인 'Murder at Camp Delta' ^{델타 캠프에서의 살인}에 자세히 묘사되어 있다.

이 책에서 힉맨은 해리스의 재임 기간에 발생한 수용자 3인의 죽음에 많은 분량을 할애하고 있다. 당시 이 죽음은 '자살'로 발표되었는데, 최초 보고에 따르면 이 수용자들은 ^(정말 자살이었는지는 확신할 수 없지만) 헝겊을 목 깊숙이 밀어 넣는 방식으로 스스로 목숨을 끊었다. 6년간 조사를 계속한 끝에 힉맨은 이 수용소에서 향정신성 부작용이 있는 말라리아 치료제를 의도적으로 남용 투여해 수용자를 정신적으로 파괴하려는 시도가 있었다는 결론에 도달했다. 이 모든 일은 해리스의 묵인 또는 감독 하에 일어났다. 힉맨이 '미국의 전투실험실'이라고 칭한 이 곳에서 해당 약에 대한 결정을 내린 사람이 해리스다. 당시 운영된 고문 프로그램과 관련된 행위로 감옥에 간 사람은 CIA 전 직원인 존 키리아코^{John Kiriakou}가 유일한데, 놀라운 것은 해당 범죄행위를 대중에 공개했다는 이유로 형을 살았다는 것이다. 그는 해리스가 운영한 고문 프로그램에 대해 다음과 같이 말했다.

"그 프로그램에 인체실험도 있었다는 믿을 만한 주장이 있습니다. 상상도 못하겠고, 정말 끔찍합니다."

이는 살아 있는 수용자를 대상으로 은밀하게 화학전 연구를 진행한 것으로 악명 높은 일본제국 육군 소속 731부대와 닮았다.

트럼프 행정부 들어 승진한 고문 캠프 관리자는 비단 해리스 뿐만

이 아니다. 현재 CIA 국장으로 지명된 지나 해스펠(Gina Haspel) 역시 광범위한 고문 프로그램을 감독했고, 그 결과 꾸준히 승진할 수 있었다. 해리스 당시 사령관은 이 수용자들의 사망원인에 대한 조사를 요청하지 않았을 뿐만 아니라 그들의 자살을 두고 공공연히 아래와 같은 모욕적인 발언을 했다.

"그들은 똑똑하고, 창의적이고, 투지가 있습니다. 그들은 우리의 목숨에도, 자신들의 목숨에도 관심이 없습니다. 그들은 절망해서가 아니라, 우리에 대한 비대칭전의 일환으로 자살을 했을 것이라 생각합니다." 미국 잡지 마더존스(Mother Johnes) 인용

그는 끔찍한 정신적 학대로 목숨을 끊은 수용자들의 죽음을 비인간적인 적군의 사악한 음모로 치부했다. 이렇게 뻔뻔스러운 언동에도 불구하고 그는 기소되지도 않았고, 해고는 커녕 연달아 승진을 한 끝에 2013년 태평양 함대의 사령관에 임명되기에 이르렀다. 같은 해 5월에는 예상을 깨고 하와이 소재 태평양사령부 전체를 이끄는 사령관으로 선발되었다.

미 군부 내 보수파의 지지를 받아 승진해온 해리스

그런데 이러한 승진의 시기도 결코 우연이 아니다. 유연하고 진보

적인 미군으로의 변화를 이끄는 군내 진보세력에 대한 보수의 견제가 해리스가 사령관의 승진으로 이어졌다는 분석이다. 당시 태평양사령부는 맹목적 군국주의에 대한 불만으로 가득했다. 군국주의가 군대의 전략적 계획과 책무를 약화시킨다는 불만이었다. 태평양사령부에는 기후변화 문제를 안보위협 문제만큼 중요하게 다뤄 안보의 개념을 재정립해야 한다는 목소리를 내는 분파가 커져가고 있었다. 이들은 기후변화 및 기타 안보 문제와 관련해 중국과도 협력해야 한다고 생각했다. 이러한 주장이 아주 뜬금 없는 것도 아니어서, 실제 지난 수십 년간 태평양사령부는 전기 배터리와 기타 대체에너지 인프라 개발을 위한 내규모 프로젝트에 전념해 왔고, 태평양 및 동아시아 지역 국가와 힘을 모아 기후변화에 대응하고, 관련 재해 발생 시 인도주의적 지원을 제공하기 위한 네트워크 형성을 위해 글로벌 프로젝트를 시작한 바 있다.

말하자면, "태평양사령부는 기후변화 대응을 위해 파트너 국가들과 새로운 동맹의 초석을 쌓고 있었고, 이 프로젝트가 확대되었다면 한국전쟁 이후 미국 군대를 정의해 온 군사동맹체계에 직접적인 도전이 되었을 것이다."앤드류 드윗(Andrew DeWit) 일본 도쿄 릿쿄대학 정치학 교수 말 인용 결과적으로, 태평양사령부는 기후변화 대처 및 여러 협력 분야에서 중국과의 광범위한 논의에 참여하게 되었다. 이러한 노력은 2016년 9월 3일 항저우회담에서 발표된 버락 오바마Barack Obama 대통령과 시진핑Xi Jinping 주석의 선언에 잘 드러난다. 이 회담에서 양국은 기후변화 대응에 힘을 모으고 군사협력도 확대하기로 합의했다.

그런데 이 상황은 수익을 보장해 줄 ^(그리고 군 장교에게는 안락한 퇴직생활을 보장해 줄) 값비싼 함정과 전투기를 계속 팔아야 하는 무리에게 매우 거슬릴 수밖에 없었다. 더욱이 태평양사령부가 연 2회 열리는 환태평양해군합동연습, 일명 림팩^{RIMPAC}에 중국 해군을 포함하기로 결정하면서 보수파들은 더욱 화가 났다. 이는 태평양사령부가 미 군부 내 존재하는 중국의 위협이라는 슬로건을 부정하는 것이자, 미국 정계의 로비스트 그리고 중국인을 인종주의적으로 공격하는 미국 극우단체로부터 정책독립을 선언하는 것으로 해석됐다.

이렇게 보수진영의 반발이 커짐에도 불구하고 사령부 내 기후변화 대응 노력은 수그러들 기미가 없었다. 이러한 대결구도는 2013년 3월 9일, 당시 사령관인 새뮤얼 라클리어^{Samuel J. Locklear III} 제독이 하버드대학교에서 한 연설에서 기후변화를 태평양 지역의 가장 일차적인 장기 안보 위협으로 꼽으면서 정점에 이르렀다. 너무 당연한 사실이라 청중은 하품을 했을지 모르지만 사실 함축된 의미를 생각하면 획기적인 발언이었다.^{미국 일간지 보스턴글로브(Boston Globe) 인용}

높은 지적 업적으로 '군대의 하버드'로 알려진 라클리어 제독은 기후변화를 안보 정책의 우선순위로 삼고, 화석연료의 사용을 줄이려 하는 태평양사령부 내 강력한 한 분파를 대표한다. 퇴역장교들이 만든 다큐멘터리 영화 〈The Burden〉은 화석연료의 악영향을 기후변화 뿐 아니라 군대의 효율성 측면에서 파헤치며 사령부^(그리고 다른 부처들)의 관련 노력을 가장 잘 담아내고 있다.

우파 진영이 단호하게 대응하지 않았다면 라클리어 제독이 하버드에서 한 연설로 미국의 전략이 근본적으로 바뀔 수도 있었다. 즉, '테러와의 전쟁'에서 벗어나 기후변화에 중점을 둔 더욱 복잡한 전략이 탄생할 수도 있었을 것이다. 하지만 특수부대와 정보부 예산으로 이익을 추구하거나, 전통적 항공모함전투군과 까다로운 전투기로 부를 축적하는 군부의 실세들은 이러한 상황을 용인할 수 없었다. 라클리어는 _(대부분 대중에게 공개되지 않았지만) 즉각 군 내부의 맹공을 받았다. 2개월이 채 지나지 않아 가차 없이 그의 자리는 해리 해리스에게로 넘어갔다. 해리스는 과거 관타나모 때와 같은 이유로 태평양사령부에 배치되었다. 반대파를 누르고 실무전문가의 반대를 넘어 최악의 미국 정책을 관철시키기 위한 것이었다.

해리스가 중국과의 협력을 끝내거나 사령부의 기후변화 연구를 중지할 수는 없었다. 그러나 그는 그러기 위해 안간힘을 썼다. 그 과정에서 그는 일찍이 태평양사령부에서는 찾아볼 수 없을 정도로 유력한 정계인사로 부상해 일본에서 많은 연설을 했고, _(일본인들은 그를 토종 일본인으로 여긴다) 호주와 기타 아시아태평양 국가에서도 연설했다. 그의 연설은 객관적으로 전략을 평가하거나 과학적으로 심각한 문제를 분석하는 것이 아니라 공개적인 정치 비난에 가까웠다.

해리스도 수십억 달러를 가진 독립 연구단체를 통제할 수는 없었다. 이들은 재생 에너지와 환경 관련 프로젝트를 진행해 왔고 결코 포기할 뜻이 없었다. 다만 해리스는 안보 관련 논의는 그가 강조해온 '항행의 자유' freedom of navigation 캠페인에 초점을 맞추도록 했다. 결국 '항행의 자유'란 중국이 영유권을 주장하는 남중국해의 섬들 인근 해역으로, 때로는 배타적경제수역 12해리 넘어서까지 미국이 정기적으로 군함을 보내야 한다는 것을 듣기 좋게 표현하는 것이다. 그리고 이러한 불필요한 도발 중국 군함이 정기적으로 하와이 해안 근처까지 항해를 한다면, 또는 미국의 하와이 영유권을 문제 삼는다면 미국은 어떻게 반응할 지 상상해보라 이 태평양사령부 전략 계획의 중심이 되었다.

2017년 도널드 트럼프가 대통령으로 당선되자 군부 내 '중국과의 전쟁'을 추구하는 분파는 트럼프를 강력히 지지했다. 트럼프와 오랜 유대가 있었기 때문이 아니라, 자신들의 주장을 후원해 줄 누군가가 필요했기 때문이다. 이들은 특히 러시아 또는 이란과의 전쟁을 계획하는 그룹 또는 '테러와의 전쟁'에 많은 투자를 한 그룹을 반대하며 존재감을 드러냈다. 이들은 또한 기후변화와 같은 비전통적 안보 이슈에 배정되는 예산 그리고 많은 예산을 배정받는 작은 분파의 예산을 통제하기 위해 분투했다.

트럼프처럼 독특한 행동을 하며 인기를 얻어온 '희귀종' 해리스

트럼프처럼 해리스도 언론에 흥분 섞인 발언을 쏟아내며 주목을 끌었고, 자신만의 헌신적인 지지자들을 확보하게 되었다. 다소 거친 스타일에 특유의 매력이 있기도 하고, 사람들은 그를 고지식할 정도로 솔직한 사람으로 인식한다.

네이비타임즈$^{Navy\ Times}$는 중국전문가 보니 글레이저$^{Bonnie\ Glaser}$가 한 다음의 말을 인용해 해리스를 소개했다.

"그는 마음에 있는 말을 하고, 권력자에게도 진실을 얘기하되 공개적으로 하는 사람입니다. 말하자면 희귀종이죠."

지난 2월 그가 군사위원회에서 한 아래의 발언은 이러한 묘사의 전형적인 사례라고 하겠다.

"태평양사령부가 오늘밤 싸워야 한다면, 난 그 싸움이 정정당당한 싸움이 아니길 바랍니다. 칼싸움이라면 총을, 총싸움이라면 대포를, 그것도 미국 동맹국 모두의 대포를 가지고 싸울 겁니다."

미국 태평양사령부의 사령관으로서 할 수 있는 가장 저돌적이고 격앙된 발언이라 할 수 있다. 사실 그는 지난 500년간 평화를 유지하고 전쟁을 막은 모든 군사 관례들이 자신에게는 적용되지 않는다며 떠벌리고 있다. 그런데 누구도 공격하지 않기 위해 우유부단한 태도를 취하는 정부 관료에 지친 군 내부에서는 그런 해리스가 활기 차고 신선한 존재로 비춰진다.

미국 정부 시스템의 붕괴와 군부 힘의 성장의 결과가 해리스

그러나 해리스의 영향력이 증가하는 것은 단순히 트럼프 당선 이후 '중국과의 전쟁'을 추구하는 분파가 부상한 결과만은 아니다. 미국 정부 내 전반적으로 군대의 힘이 커지고 있는 것과 연관이 있다. 2016년 선거 이후 워싱턴 행정부가 무너졌고, 이는 결국 정부 부처 중 제대로 기능을 하는 곳은 군대 하나 남게 된다는 뜻이다. 미국 군대가 발생시키는 폐기물 총량을 생각하면 이런 발언이 터무니 없이 들리겠지만, 이상하게도 군대는 특유의 경직성 덕분에 오히려 정치인의 직접적인

미 태평양사령부 제독 시절의 해리 해리스의 모습

개입으로부터 보호받을 수 있고 그러므로 연방정부 그 어떤 부처에서도 불가능한 장기적 계획을 세울 수 있다.

제2차 세계전쟁 이후 미국에 의해 정립된 글로벌 체계의 운영을 점차 미 군부가 수행하게 되었지만, 군 장교가 정의를 위해 싸우든 부패에 탐닉하든 간에 사람들은 군대에 접근하기가 어렵고, 군대라 하면 그저 탐사 보도의 주제로 느끼는 경우가 많기 때문에 미국 정치를 이해하게 어렵게 되었다. 군 장교에게 제공된 가이드라인을 보면, 민간인은 물론 다른 정부부처 또는 군대 내 다른 부서와도 교류하지 못하도록 지시하고 있다. 따라서 그간 군대의 영향력이 매우 확대되었지만, 실제로는 그리 커 보이지 않는 것이다.

하지만 상황은 그보다 더 복잡하다. 군대의 중요성이 커진 것은 행정부 붕괴의 결과일 뿐 아니라, 시민사회 와해의 결과이기도 하다. 학계와 비정부기구, 재계, 기타 시민사회의 여러 영역을 이끌었던 거물들이 체계를 잃은 채 비겁해진 나머지, 결국 자기의 목소리를 드러내는 용감하고 조직적인 모습은 군인만 보여주는 경우가 많았다. 브래들리 매닝Bradley (Chelsea) Manning과 에드워드 스노우든Edwin Snowden, 제프리 스털링Jeffrey Sterling의 전설과 그 밖에 군부와 정보국 내에 알려지지 않은 많은 이들이 그 결과다. 이들은 분명 군국주의에 반대했으나, 역설적으로 이들이 군대 내에서 행한 일들이 오히려 군의 정치적 역할을 강화했다. 이란과의 전쟁 같은 이슈를 논할 때는 민주당이 아니라 군 부대가 야당의 역할을 하고 있다.

이 새로운 세상의 주인은 해리스 사령관 같은 각 지역 전투사령부^(아프리카사령부, 중부사령부, 유럽사령부, 북부사령부, 태평양사령부, 남부사령부)의 사령관들이다. 이들은 각 국가별 대사보다 방대한 각자의 '책임지역' 내에서 임무를 수행하며, 정치인들의 방해공작에서 자유로이 스스로 예산을 관리한다.

이들의 행동이나 예산 사용 내역은 제한된 몇 명만 알 수 있고, 이들의 이름은 힘 없는 정치인의 우스운 주장으로 가득한 일간지에는 잘 등장 하지도 않는다. 이들은 미디어의 주목은 피하면서 군대를 출동시키고 정책을 실행할 수 있다는 점에서 미디어에 전면 노출되며 곤욕을 치러야 하는 트럼프 대통령보다도 큰 능력을 가지고 있다. ^{'군사정책전문' 마이클 클래어(Michael Klare) 기자의 말 인용} 태평양사령부의 사령관은 수천억 달러의 예산을 집행할 수 있어 왠만한 대기업 CEO를 넘어서는 권한을 가진다. 또한 태평양사령부 사령관은 워싱턴 정가의 의미 없는 정쟁을 무시하고 정책을 세우고 실행할 수 있다.

'보수학자' 빅터 차와 '보수군인' 해리스의 차이

해리스는 이전의 주한미국대사 후보였던 빅터 차^{Victor Cha} 조지타운 대학교 교수와는 확연히 다른 인물이다. 빅터 차는 워싱턴 내에서 광범위한 컨설팅을 제공하는 학자로 북한을 악마로 묘사하여 ^(그리 되면 컨설팅 계약도 딸 수 있을 테니) 군비증강의 정통성을 확보하고자 했다. CSIS^{국제전략문제연구소}의 한국실장이자 선임고문으로 일한 그는 주요 방산업체의 후원 하에 군사예산을 늘리기 위해 로비와 PR 활동에도 기여했다. 한편으로는 단순한 일반화를 지양한 실제적 연구를 통해 '적대적 제휴: 한국, 미국, 일본의 삼각 안보체제' Alignment Despite Antagonism: The United States-Korea-Japan Security Triangle 라는 책을 펴내기도 했다.

반면 해리스는 중국의 위협에 집중해 예산을 확대하고 자신들의 권력도 확장하고자 하는 1성 장교 및 2성 장교^{제독}들의 리더에 가깝다. 이들에게는 2018년 1월 19일 대중에 공개된 국방전략보고서가 성전이나 다름없다. 이 보고서에 나오는 전략은 정보부와 특수부대가 이끈 '테러와의 전쟁'을 중단하고, '경쟁국가'와의 '진짜 전쟁'에 대비해 군함과 전투기에 방대한 투자를 재개하는 내용으로 요약할 수 있다. 해당 보고서는 "규칙에 의존한 장기 국제 질서의 쇠퇴로 인한 점증하는 국제 무질서"를 언급하며, 그 원인으로 미국의 제도적, 구조적 문제는 물론 중국과 러시아, 테러 집단의 공격적 행보를 꼽고 있다.

트럼프 정부의 혼돈 속에서 금융과 무역, 무역과 안보의 경계가 무너지는 가운데, 해리스 역시 안보와 경제, 문화의 경계를 의도적으로 모호하게 하면서 자신의 영향력을 더욱 증대시켰다. 트럼프는 트럼프 자신을 위해 일하지만, 해리스는 분명한 목표 하에서 실질적 예산과 전문지식을 갖춘 장교들의 목소리를 대변하기 위해 일한다.

미 상원군사위원회는 2018년 2월 14일 청문회에서 해리스를 단독 증인으로 신청했고, 그는 세계 최대 규모인 미국 군대가 중국의 점증하는 위협에 대응하는 데 있어 재원이 얼마나 부족한지를 몇 시간에 걸쳐 설명했다. 아울러 그는 중국과의 전쟁에 대비할 것과 일본, 한국, 호주, 필리핀, 태국의 비용부담을 대폭 인상할 것을 요구하고, 프랑스와 영국, 인도에 더욱 적극적으로 중국 대항에 참여할 것을 요구했다.

이 증언은 과장이 좀 심했지만 현재 상원군사위원회에서 논의 중인 2018년 국방수권법안 예산인 7천 1백 7십억 달러[비공개예산을 포함하면 훨씬 더 많을 것] 내에서 군함과 전투기의 생산 및 보수를 담당할 기업에 퇴역 장교가 컨설팅을 제공하거나 투자를 함으로써 벌 수 있는 금액을 과소평가해서는 안 된다.

트럼프 행정부는 정부기관들에 조용한 전쟁을 선포했다. 정부가 적이 된 것이며, 공화당은 이러한 혼란을 긍정적 정치상황으로 인식하고 있다. 늦은 밤 트위터를 하며 정책을 구상하다 보니 정책 검토나 책임은 피하고 의사결정 전에 전문가의 의견을 구할 필요도 없어졌다. 이렇게 백악관이 정책의 세부내용을 경시한 결과 군부 내 파벌의 힘이 또 한번 강화되었다.

우리는 이제 더 이상 물러설 수 없는 단계, 클린턴 정부 후반부에 시작된 '군대 기능의 사유화'의 최종 단계에 도달했다. 전쟁은 그 어느 때보다 돈벌이의 문제가 되었다. 전쟁은 곧 주가상승과 고위 군간부의 안락한 퇴직생활 문제인 것이다. 군대는 워싱턴 정가에서, 상원의회에서, 선거에서, 무기상만이 좋은 일자리를 제공할 수 있는 지역에서, 끊임없이 전쟁을 외치는 로비스트에 돈을 대는 투자은행, 기술기업, 방산업체와 밀접히 관계되어 있다.

군 장성은 모두 한때 순수하고 도덕적인 사람이었을 것이라는 가설을 지지하고 싶지는 않다. 그런데 지난 20년간 군대의 리더십이 눈에 띄게 약화되었음은 누구나 알 수 있을 것이다. 사려 깊고, 박학다식한 정책전문가로 1940년대 중국의 공산주의와 민족주의 간 화해를 위해 노력한 존 마샬 장군(General John Marshall) 같은 인물을 찾아볼 수가 없다. 마샬 장군은 본인의 임무라 생각하면 보상을 바라지 않고 불가능한 일에도 도전했다. 5성 장군 드와이트 아이젠하워(Dwight Eisenhower) 역시 퇴임사에서 군산복합체에 대해 경고를 날린 바 있다. 그가 돈을 벌기 위해 방산업체와 컨설팅 계약을 추구하지 않았음은 자명하다. 사실 당시로서는 그런 계약을 하는 것이 수치스러운 일이었을 것이나 오늘날이라면 거절하면 바보 취급을 당하게 될 것이다.

의회의 리더십 약화는 훨씬 더 두드러진다. 여러분도 제이콥 제비츠(Jacob Javits), 제임스 풀브라이트(James Fulbright), 애들레이 스티븐슨(Adlai Stevenson) 등 20세기 중반의 정치인들이 자신의 결함을 인정하고, 공공서비스에 헌신하여 밤낮 없이 정책의 세부사항까지 세심히 살피고, 미국의 장기적 전략을 개발한 것을 기억할 것이다.

이런 정치인들은 더 이상 어디에도 없다. 아마도 1997년 퇴직한 폴 사이먼이 마지막이었던 듯하다. 오늘날 정치인이라 불리는 사람들은 정책의 의미를 모호하게 이해할 뿐이다. 그들은 마치 아이스크림 가게 앞 어린애들처럼, 그저 사람들에게 돈을 받기 위해, 미디어에 좋은 인상을 남겨 표를 더 얻기 위해 애쓰는데 시간을 쏟고 있다.

대부분의 정치인과 비교하면 해리 해리스는 전문가로 느껴진다. 해리스는 공화정 시기 원로원의 권력을 남용한 과거 로마제국의 식민지 총독과 닮았다. 또는 ^(19세기 후반에서 20세기 초반) 청나라에서 급부상한 군벌과 더 유사한 듯도 하다. 과거 중국 제국에서 이들 군벌은 자신들의 점령민들과 긴밀한 경제관계를 형성하고, 독립적인 경제적, 정치적 존재로서 어마어마한 정치권력을 얻었다. 청 왕조의 부패가 심해지자 제국은 군벌이 ^(다양한 외세권력의 도움으로) 지배력을 행사하는 지역들로 쪼개지고 말았다. 이 군벌은 1940년대 내내 강성한 권력을 누렸다. 군벌은 서태후의 비밀궁 주변을 어슬렁거리는 그 어떤 이보다 훨씬 많은 전문지식을 가지고 있었다. 절망한 진보세력은 중앙정부는 개념조차 잡지 못한 개혁을 수행하기 위해 위안 스카이 장군처럼 진보적인 군 지도자에 주목했다. 그러나 위안 스카이도 스스로 황제가 되기 위한 시도 끝에 점차 무자비한 정치인이 되어갔다.

해리스는 한국에서 무슨 일을 할까

해리스가 한국에서 할 일은 무엇일까?

해리스의 역할은 한국이 빠르게 북한과 통합을 이뤄 미국과의 군사동맹에서 멀어지지 않도록 하는 것일 게다. 미 군부의 다수가 이 군사동맹을 통해 중국의 위협에 집중하고자 한다. 앞으로 해리스는 한국이 중국과의 전면적인 충돌에 대비한 전열에 호주, 일본과 함께 서도록 압력을 넣느라 바쁠 것이다.

그러나 아무리 노력한들 보수적인 한국인들조차 실체가 없는 중국의 위협 앞에서 미국과 장단을 맞추는 것을 의아하게 여길 것이다. 중국의 경제력이 성장하고 그에 따라 동북아시아에서 미국의 외교력이 감소하고 있다는 사실 그리고 노골적으로 인종차별을 내세우는 트럼프 행정부의 성격을 비밀에 부칠 수는 없다. 국제법과 기후변화 대응에서 발을 빼기로 한 미국의 결정 역시 말로 표현할 수 없을 만큼 막대한 손실을 안겼다.

만약 해리스에게 주어진 임무가 이란과의 전쟁에 한국을 줄세우는 것이라면, 그는 앞으로 상당히 어려운 일을 해야 할 것이다. 한국에는 그런 갈등을 원하는 사람이 단 한 명도 없기 때문이다. 게다가 한국은 중국의 위협도 달갑지 않겠지만, 그러한 군사행동의 결과 발생할 러시아와의 최후 결전은 더더욱 반기지 않을 것이다.

또 하나 한국인들이 알아야 할 게 있다.

한국 국회는 힘 빠진 미 국무부가 여전히 한반도 문제에 결정권을 가질 것으로 가정하고 있는 거 같다. 그러나 태평양사령부는 명목상으로만 국방부 장관의 명령을 받고 있다. 전 세계 다양한 권력기관과 복잡한 문제의 결정에 태평양 사령부가 결정권을 갖고 있다. 국방부와 사령부가 비공개로 체결한 군사, 정보, 경제 협약의 복잡한 그물은 제1차 세계전쟁을 불러온 비밀외교와 유사한 폐해를 지니고 있다.